U0908888

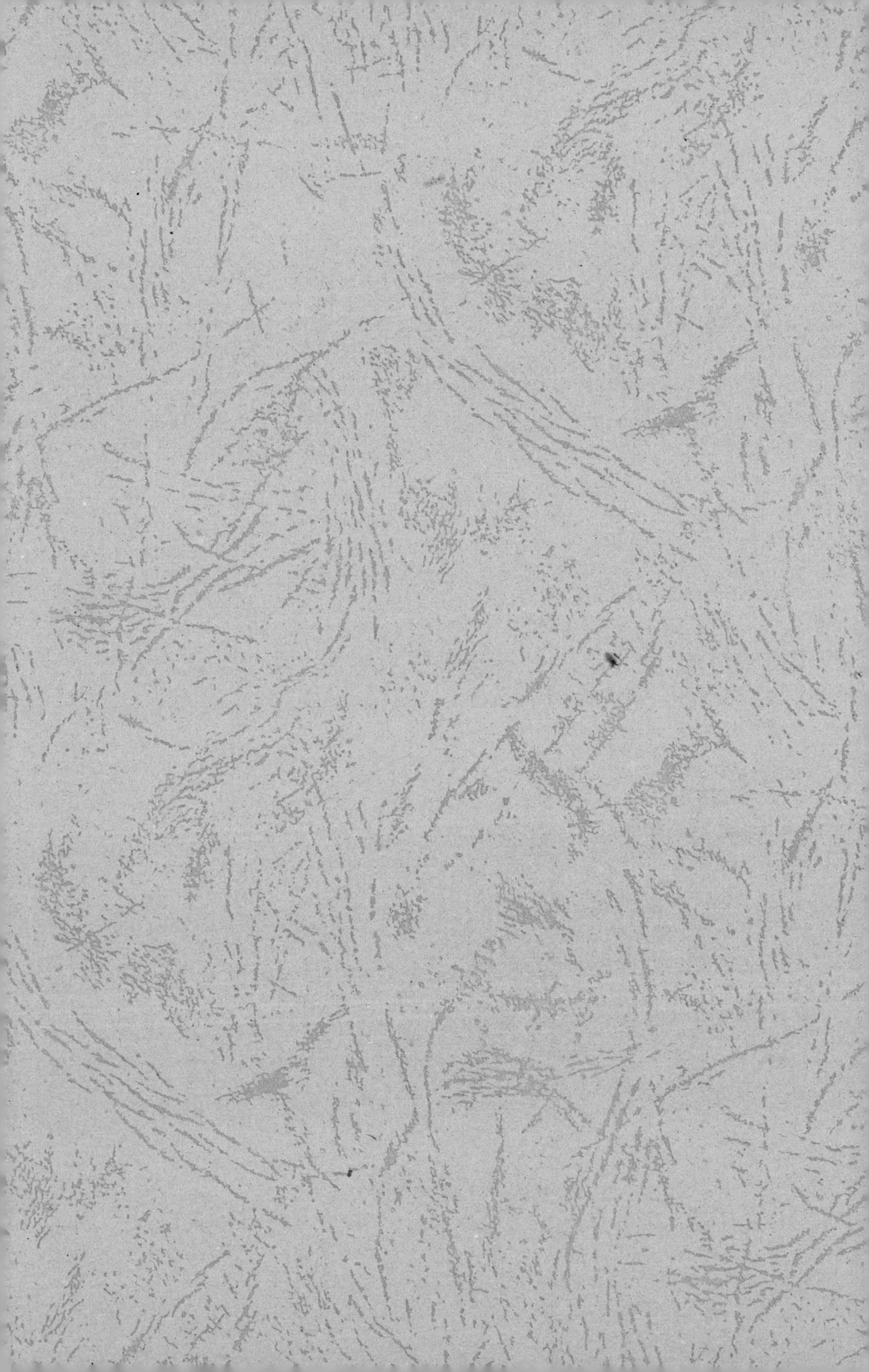

城市发展与国家安全

——第六届中国国家安全论坛论文集

主　　编：巴忠倓
副主编：糜振玉　俞　源

时事出版社

图书在版编目（CIP）数据

城市发展与国家安全——第六届中国国家安全论坛论文集/巴忠倓主编.
—北京：时事出版社，2008.6
ISBN 978-7-80232-161-8

Ⅰ.城…　Ⅱ.巴…　Ⅲ.①城市—发展—中国—学术会议—文集②国家安全—中国—学术会议—文集　Ⅳ.F299.2　D631

中国版本图书馆 CIP 数据核字（2008）第 080076 号

出版发行：时事出版社
地　　址：北京市海淀区万寿寺甲 2 号
邮　　编：100081
发行热线：（010）88547590　88547591
读者服务部：（010）88547595
传　　真：（010）68418647
电子邮箱：shishichubanshe@sina.com
网　　址：www.shishishe.com
印　　刷：北京百善印刷厂

开本：787×1092　1/16　印张：17.625　字数：314 千字
2008 年 6 月第 1 版　2008 年 6 月第 1 次印刷
定价：35.00 元

主　　编　巴忠倓

副 主 编　糜振玉　俞　源

贺　　信

论坛组委会：

今天，我因事不能出席论坛，请转达我对顾秀莲副委员长、郝建秀副主席的问候！并向出席论坛的专家学者们致意。

本届论坛的主题是“城市发展与国家安全”，这是我国经济社会发展的重要课题。

城市是经济、政治、文化的中心，在国家经济社会发展中具有极为重要的作用。在国内外新形势下，我国改革开放的事业迅猛发展，但也出现了涉及经济、政治、社会、文化、生态等安全方面十分突出的问题。这就需要我们以中共十七大精神为指导，用马克思主义中国化的最新成果，深入贯彻落实科学发展观，分析当前和今后在城市发展与国家安全方面所出现的新问题、新矛盾，研究应对之策。

希望参加此次论坛的专家、学者，以崇高的使命感及严谨的治学态度和睿智，为中国特色的社会主义的城市发展与国家安全出谋划策，做出新的有益的贡献！

预祝论坛取得圆满成功！

赵南起

2007年12月7日

目　录

科学建设城市　保障城市安全

——在第六届中国国家安全论坛上的讲话

顾秀莲

各位专家学者、各位来宾：

很高兴来参加中国政策科学研究会国家安全政策委员会主办的第六届中国国家安全论坛，首先对会议的召开表示热烈的祝贺。对与会的各位专家学者、各位来宾致意。这次会议的主题是“城市发展与国家安全”，我感到，这个主题抓住了我国经济社会发展现阶段的关键。长期以来，中国一直是一个以农业和农村为主的国家，在现代化进程中，城市在我国政治、经济、文化和社会生活各方面越来越成为主导者。如何解决好城市的发展和安全问题，关系到我国全面建设小康社会的战略全局。下面我就“科学建设城市，保障城市安全”的问题，谈几点意见。

一、我国正处在城市化快速发展的关键时期

城市化是社会生产力发展的必然产物，是一个国家或地区在实现现代化

过程中的必由之路。在城市化过程中，农村人口向城市聚集，导致了物质利用效率和生产效率的提高，促进了技术的快速发展，使工业化得以实现。人们在创造前所未有的物质财富的同时，也在创造新的精神财富和新的生活方式。人口集中，导致学校、医院等构成现代社会基础的各种机构的出现，便捷的交通与通讯设施推动了人们的生产方式、生活方式和行为方式向着现代化的方向转变。因此，城市化水平是衡量一个国家现代化程度的重要指标。根据联合国有关组织的统计，截至到今年，世界各国已经有50%以上的人口生活在城市。可以说，全世界步入了城市化时代。

建国初期，我国作为一个传统的农业国家，城市化水平仅为10.6%，大约只有4000万人口生活在城市；到1978年，我国的城市化水平也只达到17.9%，也就是只有1亿多点的城市人口。改革开放以来，我国城乡建设经济发展迅速，城市化水平迅速提高。根据国家统计局发布的报告，到目前为止，我国城市总数达661个，城镇人口已达5.77亿，全国的城市化水平已达43.9%。2006年我国地级及以上城市的生产总值超过13万亿元，占全国GDP的约63.2%，其中仅环渤海、长三角和珠三角三大城市群地区的生产总值就占到全国GDP总量的37.4%。这些都说明了我国的城市化进程已经驶入迅速发展的快车道，城市已经成为拉动我国经济建设发展的主导力量。

世界城市化发展规律表明，一个国家城市化水平达到30%时，城市化进程就会加快。据有关方面预计，到2020年，我国城市化水平将达到55%，也就是说，今后每年我国的城市人口将以近一个百分点的速度提高，相当于每年新建一个1200万以上人口的特大型城市。这可能是人类历史上一个国家最大规模的城市化运动，对其带来的方方面面的影响，我们必须给予高度的重视。

二、要认真研究城市发展和城市安全中存在的问题

大家都知道，改革开放后，我国的城市化快速发展。由于我国原有的城市基础建设滞后，规划经验不足，管理体制落后，人口素质不高，特别是对于城市快速发展导致的环境和公共安全等问题，缺乏系统的研究和科学的认识，导致在城市发展和城市安全中出现了一系列问题，诸如环境污染、交通

拥堵、传染病扩散、水资源和能源匮乏、贫富差距扩大、犯罪增加等等。国际国内的经验表明，城市化迅速发展、社会面临巨大转型的时期，也是各种社会矛盾多发、社会矛盾易受激化的高风险时期。我们在看到城市化在给我们带来效率、便利和进步的同时，也要正视城市化带来的问题。对我国的城市发展和城市安全中存在的一些特点或问题，我们必须有清醒的认识。

一是几千年的农业社会传统对我国城市化进程的不利影响。农业社会最大的特点是自给自足的生产生活方式，因此不需要集约化的城市管理体系。比如污水排放，在农村的条件下可以自然排放，利用自然界的自净功能和一些简单的工程设计，就不会对环境造成严重的长期污染。可是在城市中，这样的方法就行不通。现在我们很多城市的污水处理系统和排水系统不完善，经常污染环境。暴雨来临时还会出现内涝，甚至发生人员伤亡。再就是道路交通的整体设计规划和管理、公共服务等方面的问题也很突出，这些都说明我们缺乏对城市建设和管理的经验，对类似问题的认识还比较肤浅，习惯于用管理农村的方法来管理城市。

二是计划经济体制形成的城乡二元结构制约了城市化的发展。长期以来，我国采取了工农产品剪刀差的方式，使农村支持城市和工业化的发展，但发展起来的城市和工业对农村和农业的“反哺”则严重不足，这就造成了城乡间发展不均衡，收入分配不均衡，贫富差距不断扩大的问题。尽管近年来“三农”问题已经成为中央和全党高度重视的问题，投入了很大的力量去解决，但与城市建设投入的巨资相比，对农村的投入还是比较少。我国还远没有建立起足以支撑大量城市人口的现代农业，这已经成为制约城市长期稳定发展的因素。

三是庞大人口数量的农村劳动力进入城市。改革开放以前，我国 80％以上的人口生活在农村，城镇与农村有严格的户籍制度分别管理。现在数以亿计的农村富余劳动力转移到城市，并且为城市发展贡献了力量，但是在现有户籍制度管理下，他们不能真正地享有城市市民的公共福利和平等权利。这些被称为“流动人口”的劳动力，往往要付出很高的代价在城市就业和定居，一旦环境发生不利的变化，他们更容易受到影响，由此带来严重的社会治安问题。同时，城市吸纳农村劳动力，也给城市劳动力带来就业压力，城市出现了较高的失业率。由此可能引发严重的社会矛盾。

四是生态环境面临严峻考验。最近几年，我国的环境污染事件频频发生，如四川沱江工业废水污染、松花江苯污染、太湖蓝藻、滇池水质恶化等等。这些突发的污染事件不仅威胁着居民的生活，而且由于各种有害垃圾的数量远远超出目前能够妥善处理的范围，大量日常生活中产生的空气污染和垃圾污染也在时刻损害着人们的健康。据有关报告披露，如果环境污染得不到有效治理，2020 年前，我国的空气污染将导致 60 万城市人口过早死亡，每年发生 2000 万例呼吸系统疾病，550 万例慢性支气管炎和健康受损病例。这不仅会给个人和家庭带来痛苦，也会给社会带来严重的负担。

五是一些政府机构对城市危机的控制与处置能力不足。在经济全球化、信息网络化的时代，各种事件的影响和传播速度大大加快，特别是在城市，对自然灾害、重大事故反应迟钝，对拆迁、公共安全的偶发事件处置不当，都有可能放大成一场社会危机。而目前我们各级政府危机处理水平还不高，还难以适应城市化快速发展的需要。以上这些问题，都需要我们认真研究和解决。

三、要创造性地寻求中国特色的城市化道路

胡锦涛总书记在十七大报告中指出：科学发展观“是我国经济社会发展的重要指导方针，是发展中国特色社会主义必须坚持和贯彻的重大战略思想”。我们一定要以科学发展观为指导，立足我国社会主义初级阶段这个基本国情，深刻认识城市发展和城市安全面临的新课题新矛盾，创造性地寻求中国特色的城市化道路，全面建设小康社会。

为实现科学建设城市、保障城市安全的目标，我建议可以从以下几个方面入手，加强研究并提出积极有效的解决措施：

一是要完善我国城市建设和安全的法律法规体系的建设。我国已经制定了一些关于城市建设的法律和法规。日前，全国人大常委会审议通过的《城市规划法》对城市减灾防灾提出了明确的要求，但总的来说，我国城市建设和安全的法律法规体系还不够系统配套，特别是对城市危机的管理和处理还没有实现有法可依。需要加大力度，尽快立法。

二是政府部门对城市建设和城市安全建设要有科学的认识和战略眼光。要从全面建设小康社会、构建社会主义和谐社会的战略高度，从城市社会和经济综合协调发展的角度，去谋划城市发展与安全。要认真总结我国城市化的经验教训。我国在城市化发展方面已经积累了许多独特的经验，也有一些教训，需要我们进行认真总结。同时，要虚心学习外国特别是发达国家城市

化的经验。发达国家有许多经验值得我们学习，也有许多教训值得我们借鉴。比如，如果我们能及早汲取伦敦治理空气和泰晤士河治理污染的经验，就可以避免我们许多城市重走先污染、再治理的老路。

三是要实现城市发展与人民生活方便的统筹兼顾。根据科学发展观，我国城市发展必须坚持“以人为本”的方针，城市的发展必须满足人民群众日常生活的需要，不能一味贪大，不能盲目提出瞄准所谓“国际化大都市”，而应该致力于建设环境和谐、适宜人居住的城市。

四是要加强对城市发展和城市安全研究。不论城市发展还是城市安全，都是一个复杂的系统工程，需要通过深入调查和缜密研究才能提出科学的解决方案。所以必须加强对城市问题的调查研究工作。

中国政策科学研究会国家安全委员会的领导和同志们，在这方面做了大量的工作，这次会议既是对前期研究工作的一次总结，也是对今后工作的推进和部署。因此，我向大会的召开表示衷心的祝贺，预祝会议圆满成功！

谢谢大家！

二〇〇七年十二月七日

深入贯彻落实党的十七大精神
着力推动城市安全科学发展

——在第六届中国国家安全论坛上的讲话

巴忠倓

尊敬的顾秀莲副委员长、郝建秀副主席，
各位专家学者，各位领导：

中国共产党第十七次全国代表大会号召全党高举中国特色社会主义伟大旗帜，以邓小平理论和“三个代表”重要思想为指导，深入贯彻落实科学发展观，继续解放思想，坚持改革开放，推动科学发展，促进社会和谐，为夺取全面建设小康社会新胜利而奋斗。

第六届中国国家安全论坛的主题是“城市发展与国家安全”。之所以选择“城市发展与国家安全”作为论坛主题，是因为我国城市安全形势的发展，需要我们研究应对我国城市安全面临的挑战。城市安全集中体现了国家利益、人民利益。特别是大城市，往往是一个国家、地区的政治、经济和文化中心。在全球化、城市化的背景下，城市安全已经成为我国国家安全中重要的战略问题。

我报告的题目是：《深入贯彻落实党的十七大精神，着力推动城市安全科学发展》。

一、世界城市安全形势

从世界范围来看，当前占全球土地面积3％的城市，创造了全球70％的产值，集中了超过一半的人口和80％的基础设施。全球形成了众多基于城市发展而形成的交通枢纽、金融中心、制造中心和文化科技中心，这些城市是国家、地区乃至世界发展的核心区域。

冷战结束后，传统安全和非传统安全交织，城市安全显得更加脆弱。现代城市高度依赖基础设施，水、电、交通、通讯等等网络，造就了现代生活方式，也造成城市安全问题的多元性和多发性。如：2003年“8·14”纽约大停电使城市完全瘫痪；2002年东京地铁故障，半小时近10万人滞留，交通陷入混乱。由于人口高度密集，以及城市间人员交流频繁，疫病流行、自然灾害等，都会给城市带来沉重的承载压力。以每年冬季爆发的流感为例，全球200个主要城市用于流感防治的费用，就相当于这些城市财政支出的8％，超过了同期教育投入的水平。

现代城市目标大、薄弱点多，也成了恐怖袭击的重点对象。特别是攻击一些具有特定意义的大型城市，更能给对方的社会心理造成严重的影响。美国“9·11”恐怖袭击、伦敦地铁爆炸案、日本东京地铁毒气事件、印尼巴厘岛爆炸案等，不仅造成巨大的经济损失，而且带来了社会恐慌和政治动荡，对整个国家乃至全球安全造成严重威胁。因此，城市安全是世界各国共同关注的战略问题，并从组织、机制、立法等方面采取多种措施构建城市的安全保障体系。

二、我国城市发展与安全的现状

改革开放以来，我国城市的数量和规模迅速增加，城市建设量大、面广，传统的城乡二元结构发生重大变化。目前，国内生产总值的近3/4和第三产业增加值的五分之四以上都来自城市；全国绝大部分文化事业、文化产业、先进医疗卫生设施、科研机构、高等院校，以及机场、铁路编组站、沿海和内河港口都集中在大中城市。城市化在促进市场拓展、推进新型产业化、培养高层人才、创新科学技术、解决农村富余劳动力出路等方面发挥了重大作用，但这些变化也带来各种社会矛盾，从而使城市安全面临多样性挑战。

（一）城市发展迅速，地位提升

根据建设部门统计，从1978年至2005年，全国城市总数从193个增加到661个，城市等级规模也发生了巨大变化。特大城市从13个增加到54个，大城市从27个增加到85个，中等城市从59个增加到226个，小城市从115个发展到296个。2005年末，全国设市城市的建成区面积为3.25万平方公里，城市范围内人口密度为870人/平方公里。

至2006年末，全国城镇人口5.77亿，城市化水平为43.9%，比2005年提高0.9%。2006年全国城市的全社会固定资产投资为9万3千多亿元，占全社会固定资产投资的85%；城市人均全社会固定资产投资1.6万多元，是改革开放初期（1980年）的40倍。全国设市城市（不含市辖县）完成城市市政公用设施固定资产投资额达6000多亿元；城市供水综合生产能力2.4亿立方米/日，污水处理厂处理能力6000余万立方米/日，城市用水普及率92%，燃气普及率83%，污水处理率56%，生活垃圾无害化处理率54%，建成区绿化覆盖率33%，城市人均公共绿地面积8.3平方米，房屋集中供热面积26.5亿平方米，城市道路长度26万公里，每万人拥有公交车辆约98标准台。随着改革开放的力度加大，经济迅速发展，我国城市发展面临前所未有的机遇，城市在经济社会发展中的地位大幅提升。

（二）城市安全面临的挑战

当前，城市安全内涵正随着安全环境的变化，由以军事安全为主要内涵的传统安全观念，向包含政治安全、经济安全、金融安全、生态安全、信息安全、交通安全、居民生活保障安全、防止恐怖主义、疾病蔓延等诸多非传统安全问题在内的综合安全观念转变。

城市安全是指城市在政治、经济、军事、社会、文化、生态环境、人身健康以及资源供给等方面保持的一种动态稳定与协调状态，以及对自然灾害和社会与经济异常，或突发事件干扰的一种防范能力。城市化进程既是积聚财富的过程，也是积聚风险的过程。城市规模越大，功能越复杂，潜在的危机也就越容易诱发。当前，我国城市发展的特点是：一方面经济社会的基本功能在全方位扩展，对全社会的贡献增大，人民生活水平不断提高；另一方面，城市在人口、资源、环境、公平公正、公共保障等方面社会矛盾日益显露，处理不妥就容易导致经济失调、社会失序、心理失衡、道德伦理失落，从而危及城市安全。

我国70%以上的大城市、半数以上人口和76%以上的工农业产值分布在气象灾害、海洋灾害、洪水灾害和地震灾害严重的沿海及东部平原丘陵地带。自然生态本来就十分脆弱的城市由于人口和工业的迅速增加和高度集中，承载能力受到严重挤压。全国平均每年有2亿人受灾，因灾害造成的经济损失都在1000亿以上。这些灾害所波及的地区，几乎都与城市有关。禽流感、松花江水苯污染、乌鲁木齐大面积停暖、重庆开县天然气泄漏、无锡太湖遭遇大范围蓝藻，以及一些城市遭受洪涝灾害等灾难性事件频发，已经对我们发出了不容忽视的警示信号。

同时，随着社会的转型，在政治、经济和社会等各个领域也都发生了程度不同的危机事件。近年我国发生多起严重的安全事故，尤其是矿井重大安全事故接连不断，重大交通事故频频发生，在一定程度上已经成了社会经济生活中挥之不去的阴影。各地严重的治安案件数量有增无减，地区性的恶势力有所抬头。在近年来出现的一些群体性事件中，参与及波及的人数有所增加，规模不断扩大，对抗性不断加剧，暴力性、危害性也有所增长，组织性趋向明显，加上一些大众传媒，特别是网络这一新兴传媒的推波助澜，使一些事件的负面效应以几何级数增大，增加了处置的难度。

（三）城市安全管理滞后

当前尽管通过各级政府的努力，我国城市管理体系不断健全，但在危机对策和安全管理方面，还面临着一些历史的、现实的问题：统一的危机防范与救助系统尚未完全形成，危机应对缺乏必要的人力与物力支持，综合性风险评估薄弱，危机决策水平不高，应对危机的社会参与度不足，信息共享欠缺，法律法规的制定有待完善，危机管理中还存在着某些死角等等。

尤其需要看到的是，在城市发展的固有矛盾与传统安全问题还没有得到很好解决的情况下，发展中出现的新矛盾和非传统安全问题又接踵而至，两者交织在一起，使城市安全问题更趋严重复杂。

三、我国城市发展与安全的指导方针与应确立的理念

通过以上分析我们认识到，城市安全直接关系到国家和人民的利益与生存。城市安全任何时候都是国家安全的重要部分，要把城市安全提到国家安全的战略高度来认识与应对。城市安全的核心是要具有驾驭、控制、解决危机的能力。研究和落实城市发展与安全，必须自觉以科学发展观为指导方针，解放思想，求真务实，努力使城市发展与安全走上科学发展的道路。

推进我国城市安全科学发展，应确立以下理念：

（一）确立坚持以发展解决矛盾的理念

发展是中国解决所有问题的主要途径。我国城市发展与安全产生的矛盾，大多数是发展过程中的矛盾，也只有靠继续发展来解决。解决经济社会生活中的各种矛盾，如降低和消除贫富差距，解决看病难、上学难、住房难的问题，维护城市稳定和安全，都要靠发展；解决人们的思想认识问题，坚定信念，也要靠发展。我们必须依照党的十七大精神，始终不渝地坚持发展，着力把握发展规律，创新发展理念，转变发展方式，提高发展质量与效益，实现又好又快发展，解决城市发展与安全难题，将城市发展与安全这两只轮子同时推向前进。

（二）确立“以人为本”推进城市发展与安全的理念

“以人为本”是城市发展与安全的价值取向问题。要始终把实现好、维持好、发展好广大人民的根本利益，作为城市发展与安全工作的出发点和落脚点；做到发展为了人民，安全为了人民，发展、安全依靠人民，发展、安全成果由人民共享。人民生活水平提高、社会心理和谐、生态环境安康，才能使城市建设与安全走上健康发展之路。

（三）确立城市各领域全面协调可持续发展的理念

全面协调可持续发展，是城市发展与安全的内在要求。必须将城市安全纳入城市经济社会发展的整体规划，加强经济社会各个构成要素的优化整合。注重生产力和生产关系、经济基础和上层建筑相协调；注重城市经济社会发展速度与质量、效益、安全及城市资源利用的约束力和环境的承载力相协调；注重城市化进程中，城市发展用地、工业发展用地与农民失地后的生存发展相协调；注重城市建设规划与城市安全规划相协调。

（四）确立统筹兼顾，妥善处理各种利益关系的理念

城市安全与城市经济社会发展各个方面息息相关，城市发展与安全必须统筹兼顾，妥善处理各种利益关系。要着力改善城市安全发展的薄弱环节，统筹城乡发展、人与自然和谐发展；统筹个人利益与集体利益、局部利益和整体利益、当前利益与长远利益。充分调动一切积极因素，化解各种影响城市安全的不稳定因素，推进城市发展与安全的良性互动。

（五）确立“有备无患”意识，坚持城市发展实行平战结合的理念

党的十七大报告号召全党要居安思危，增强忧患意识。这一指导思想同样适用于城市建设和发展。俗话说：“天下虽安，忘战必危。”大战一下子打不起来，不等于天下太平。当前，霸权主义仍在世界横行；西方敌对势力“西化”、“分化”我国的企图仍未停止；“台独”、“藏独”、“东突独”活动异常猖獗；我国的周边环境还很不安宁；国内的某些敌对势力也在变本加厉地进行捣乱和破坏活动。在这种情况下，我国的城市发展和建设必须树立牢固的平战结合、未雨绸缪的理念，并在具体的城市建设规划和实施过程中得到充分地贯彻和落实。

四、努力完善具有中国特色的城市安全保障体系

“十一五”期间，是中国全面建设小康社会的关键期。这一时期，中国城市安全环境将更趋复杂多变，亟需构建和完善与信息时代相适应、具有中国特色的城市安全保障体系。城市安全保障体系构成的基本思路是：在组织机构上，要建立指挥、管理、协调体制；在人、财、物的供应和运用上，要建立快速动员和运行机制；在法律依据上，要制定应急危机处理法规和相关章程；在公民教育上，要建立灌输危机意识，提高民众心理、道德素质和应对复杂局面思想准备的公共教育系统。

构建与完善具有中国特色的城市安全保障体系，要以维护广大人民的安全利益为出发点，从战略层面进行整体设计、系统推进，既要不断激发系统活力，又要实现各组成单元的有机整合；既要借鉴外国先进经验，更要立足于自主创新；既要与城市经济增长和社会改革相统一，又要与改善自然生态环境相协调。

构建具有中国特色的城市安全保障体系，要坚持“战略、管理、技术”三位一体。战略是进行全局性、前瞻性的筹划；管理是建立机构、制章立规，正确决策、有序运行；技术是指挥、控制、通信、交通等便捷可靠。通过战略、管理、技术的完善，全面提升具有检测、预警、保护、反应、恢复和防卫能力的综合防范体系。

我国幅员辽阔，各城市的自然条件、资源构成、民俗习惯等存在很大差异，决定了具有中国特色的城市安全保障体系在不同社会经济背景与时空条件下要有不同的着力点。要求、办法、标准不能一刀切。要区分层次，重点保障关系国家安全全局，具有全局性、战略性、要害性的城市。要重视保障城市居民和关系国计民生等要害部门的安全。由于城市安全呈现多元化，如突发性自然灾害与社会动乱、恐怖袭击等应急反应的方式、手段各异，需要有针对不同情况的专项应急处理预案。

城市要发展，必须重视城市安全建设。这既是构建和谐社会的题中之意，也是现实的迫切需要。城市安全建设是一项艰巨繁重的历史任务，我们既要有紧迫感，又要做好长期奋斗的思想准备，既要有所作为，又不能急于

求成。要尊重规律、尊重科学，精心规划，有计划、分步骤地付诸实施，稳步扎实地推进城市安全科学发展的进程。

最后，预祝本届论坛圆满成功，取得丰硕成果！

谢谢大家！

生态安全是构建和谐社会和可持续发展的基础

国际生态安全合作组织主席　蒋明君

生态安全是城市安全的重要内容。今天，我从更广泛意义上，谈一谈生态安全对我国乃至全人类安全的影响及其对策。

中国改革开放以来，经济迅速增长、社会不断进步，取得了世界瞩目的成就，为中国的现代化建设奠定了物质基础，积累了如何进一步推进改革、促进发展的经验。其中，也吸取了资源过度消耗和生态环境严重破坏的深刻教训，中国经济的高速发展可以说是以资源过度消耗和环境破坏为代价的。当前，资源和生态形势非常严峻，石油对外依存度依然很高，国际石油价格的波动，对中国经济的持续增长产生很大的影响；各种主要原料依赖于进口的现象也更加明显，国际金属和矿石价格不断提高，增加了一些产业发展的成本。在全球气候变暖的情况下，水资源供需矛盾有可能进一步加剧。国家“十五”规划提出环境治理的关键指标，非但没有完成，有一些指标值反而大幅度增加；二氧化硫和二氧化碳的排放位居世界前列；水污染也相当严重，中国七大主要水系，到目前为止平均有1/3为劣Ⅴ类水体，有些地区已严重影响到居民的饮用水安全；水生态严重失衡，江河断流、湖泊萎缩、湿地锐减，沙漠化逐年递增，物种多样性不断下降；固体废弃物大幅度增加，处理率偏低。由于固体废物堆放造成的二次污染也非常严重，尤其是对地下水和土壤的污染。发达国家在一二百年工业化过程中曾经出现过的生态破坏问题，我们在比较短的二三十年间就集中体现出来了，加上国家生态环境的天然禀赋比较差，而中国又是全球人口最多的国家，耗能型经济所占比重过大，生态安全问题就显得更加尖锐。因此，维护生态安全是摆在我们目前的一项重要而紧迫的历史任务，为此必须改变粗放型经济增长方式，以生态环境的承载能力为基础，以遵循自然规律为核心，追求生态与经济的协调发展，真正实现人与自然的和谐。

一、生态安全—是构建和谐社会和可持续发展的基础

和谐社会是人类孜孜以求的理想，其本质就是：一要处理好人与自然的关系；二要处理好人与人的关系。处理好人与自然的关系对于人类的生存和可持续发展至关重要，人与自然是相互依存、共生共荣的关系。生态安全是人类与自然和谐和社会稳定的基础。生态安全是指一个国家的生存和发展所需要的生态环境处于不受或少受破坏与威胁的动态过程。生态安全的基本含义：其一是防止环境污染和自然生态退化削弱经济可持续发展的支持能力；其二是防止环境问题和生态危机引发生态难民的大量产生；其三是生态灾难对一国及周边国家甚至全球带来冲击和影响。生态安全有五个重要组成部分：一是非传统安全（突然性自然灾害、生态危机、社会安全、责任事故、劳动安全、食品安全等）；二是环境安全（全球气候变暖、空气质量、水资源保护、土地荒漠化、海水倒灌、赤潮、臭氧层破坏等）；三是物种安全（生物多样性、外来物种入侵、非典型肺炎、禽流感、转基因技术和产品等）；四是文化遗产的安全（历史文化遗产、自然文化遗产、非物质文化遗产）；五是核安全（核辐射、生化武器、电子辐射等）。

（一）生态安全是国家安全的重要组成部分

维护生态安全，确保国民经济和社会生活正常进行，是每一个国家政府最基本的职能。日益突出的全球生态危机，如全球气候变暖、臭氧层破坏、酸雨、水资源污染、土地退化、森林危机、生物多样性减少和有毒有害物质污染与越境转移等所构成的生态安全问题使人们认识到，生态安全一旦遭到破坏，不仅影响经济发展，还直接威胁人类最基本的生存条件。因此，生态

安全与政治安全、军事安全、经济安全一样，成为国家安全的重要组成部分。政治安全、军事安全、经济安全是生态安全的重要保障，而生态安全则是政治安全、军事安全、经济安全的重要基础。例如：苏丹达尔富尔地区的冲突就是由于争夺水资源而引发的。再如，两年前遥远的北极在北冰洋上面仅是一块白雪浮冰，人烟罕至的荒蛮之地，那里是属于探险家、科学考察人员和少数喜爱极地探险者的天堂，野生动物在千里冰封中平静而安适的生活。可是今天，这一切正在被改变，起因竟是不断困扰地球的温室效应。虽然根据现有的国际法，北极不属于任何国家。北极周围的俄罗斯、美国、加拿大、挪威以及丹麦只有各自沿海200海里的专属经济区。随着北冰洋海底矿产资源的逐渐发现，以及北冰洋冰层融化，开发北冰洋底的自然资源成为可能。为此，北冰洋沿岸的加拿大、俄罗斯、美国、丹麦和挪威五个国家纷纷加入北冰洋争夺战。

2007年8月2日，俄罗斯科考队在北冰洋海底插上一面金属国旗，并在北极地区搜集证据以证明罗蒙诺索夫海岭，从地质角度讲是西伯利亚大陆架的延伸；8月6日美国派出希利号重型破冰船驰往北极海域开展科学考察；8月7日，加拿大军队开始在北极地区进行演习，总理斯蒂芬·哈伯前往演习地助阵；8月12日丹麦一支科考队动身前往北极寻找丹麦拥有北冰洋海域经济开发权的证据。最近，俄罗斯自然资源部表示，通过深海考察所获取海底土壤样本显示："北冰洋海底罗蒙诺索夫山脉与俄罗斯大陆架地质上已连成一体。"俄罗斯方面早在2001年就提出对北极领土的要求，但联合国要求其提供更多证据。俄罗斯自然资源部负责人还表示，据他们预测，在这块海底中可能蕴藏着10万亿吨石油和天然气资源。据悉，俄罗斯对北极深海考察后不久，加拿大政府便宣布在北极增设海军基地，增建驱逐舰和破冰船；丹麦最近也派遣了一队科学家前往同一海域，希望证明海底罗蒙诺索夫山脊是丹麦领土格陵兰岛的自然延伸。

（二）生态安全关系到国家的发展

人类社会的发展历史，实际上也是生态环境的变迁史，更是人类与环境关系不断演化的历史。在人类文明史上，古埃及文明、巴比伦文明、古希腊文明毁灭的原因，除了战争、统治阶级的没落外，更重要的原因是土地失去对生命的支撑能力。从中国几千年文明史可以看出，人类与自然的矛盾从未像今天这样突出，中国经济社会的持续发展，愈来愈面临资源瓶颈和环境容量的严重制约。保护生态环境就是保护生产力、改善生态环境就是发展生产力。破坏自然环境的再生能力，经济的再生产就无法维护，子孙后代也就失去了良好的发展空间。中国人口占世界的21%，资源严重短缺，生态环境极其脆弱。如果生态安全遭到破坏，整个国家将失去基本的生存条件，后果不堪设想。

（三）生态安全关系到民众的切身利益

生态安全有利于保障民众的身体健康，提高生活质量和延长人均寿命，使人们在良好的环境中生产生活。目前，生态环境的形势令人担忧，一些地方水、空气、土壤和固体废弃物等污染仍相当严重，生态恶化的趋势尚未得到扭转，一些地方群众喝不上干净的水，呼吸不上新鲜空气，给社会发展和民众生活带来严重危害。因此，维护生态安全是保障民众切身利益的必然要求。

二、当前生态安全面临的严峻形势

近年来，中国政府高度重视生态环境的保护工作，先后采取了一系列重大政策措施。全国森林资源逐年增加，森林覆盖率目前已达到18.2%，水土流失综合治理成效显著，水土流失面积共减少了11万平方公里；沙化和荒漠化防治取得较大进展，全国沙化面积开始出现净减少，年均缩减1283平方公里；自然保护区面积快速增长，截至目前。全国共建立各种类型自然保护区2349处，面积150万平方公里，约占陆地面积的15%，其中，国家级自然保护区265处，89.4万平方公里，初步形成了类型比较齐全、布局比较合理、功能比较健全的全国自然保护区网络。生态环境的保护虽然取得了积极进展，但生态环境的严峻形势仍没有改变，生态安全还面临前所未有的挑战。

（一）环境污染严重危害民众的身体健康

中国主要污染物排放量已超过了承载能力，造成环境污染严重。流经城市的河段普遍受到污染，近岸海域污染加剧，许多地方出现了“有河皆枯，有水皆污”的现象，给当地经济发展、民众生活带来严重后果。当前，全国有相当数量的农村人喝不上符合标准的饮用水。1/5 的城市空气污染严重，长期生活在空气质量劣于三级标准的环境中，身心健康受到损害。1/3 的国土面积受到酸雨影响，持久性有机污染物的危害开始显现，土壤污染面积扩大。环境污染对人体健康造成直接伤害。世界银行研究表明，在中国，慢性及障碍性呼吸道疾病——肺气肿及慢性支气管炎是死亡的首因，而大气污染是主要根源之一；在中国的主要城市中，估计每年有 17 万多人由于大气污染而过早死亡。部分地区由于水体污染造成肠道疾病甚至肿瘤多发。

（二）生态赤字扩大，严重削弱经济社会的发展

国土资源是人类生存的最基本条件，也是经济社会发展的物质基础。中国水土流失面积达 356 万平方公里，占国土面积的 37％。水土流失已经给有限的土地资源造成了巨大威胁，每年因水土流失造成的土壤流失高达 50 多亿吨，每年有上百万吨的养分随着土壤流失，使得土壤肥力下降。50 年来，因水土流失毁掉的耕地 4000 多万亩，造成退化、沙化、盐碱化草地约 100 万平方公里。沙化土地面积有 174 万平方公里，90％以上的天然草原退化，土壤质量和生产力下降，造成一些地区民众生活和生产条件的恶化，甚至丧失。甘肃民勤和内蒙古阿拉善地区，由于沙尘暴影响，许多地区已失去生存条件，2.5 万人成为生态灾民。

（三）物种资源破坏严重，制约人类社会的长远发展

目前，作为人类社会生存和发展物质基础的生物多样性受到越来越严重的威胁，大量物种资源面临濒危或灭绝。世界自然保护组织发布的“2004 年濒危物种红色名单”表明：1/3 的两栖类动物、1/2 以上的鱼类、1/8 的鸟类和 1/4 的哺乳动物正面临生存威胁，目前全球 15000 多个物种，包括脊椎、无脊椎动物以及植物和真菌正在消失。当前，中国物种种类正在加速减少和消亡，濒危或接近濒危的高等植物达 4000—5000 种，占高等植物总数的 15％—20％。联合国《濒危野生动植物国际贸易公约》列出的 740 种世界性濒危物种中，中国占 189 种，占世界总数的 1/4。据有关专家估计，目前中国的野生物种正以每天一个的速度走向濒危甚至灭

绝，农作物栽培品种数量也以每年15%的速度递减，还有大量物种通过各种途径流失海外。有近500种外来物种入侵中国，每年造成的经济损失高达1200亿元左右。任何一个物种或基因一旦从地球上消失，是不能用任何方法创造出来的。这将大大增加自然环境的脆弱性和降低自然界满足人类需求的能力。对物种资源若不及时保护和合理利用，必将威胁人类自身的生存和发展。

（四）自然灾害频发造成生命财产重大损失

由于生态变化，生态系统功能衰退，导致自然灾害加剧。据不完全统计，历史上中国发生大范围较严重的旱灾平均每两年一次，而1951—1990年，旱灾平均每年7.5次。1998年，长江、松花江、珠江、闽江等主要江河发生特大洪水，这场洪水影响范围广，持续时间长，洪涝灾害严重，据统计，农田受灾面积2229万公顷，死亡4150人，直接经济损失2500多亿元。2006年4月16—18日的沙尘暴，影响范围达200多万平方公里，受害人口达2亿多。就在2007年世界环境日到来之时，江苏无锡市的市民打开自来水，流出的竟是带有臭味的绿水，太湖蓝藻横生是造成这次城市饮用水污染的重要原因；云南滇池也同样发生了由蓝藻侵害引发的城市饮用水污染问题。从国际上看，由于自然灾害和人为对环境的破坏，印度尼西亚已经丧失了24座岛屿。据印尼海事和渔业部长费雷迪·农贝里称：在这24座岛屿中，有4座是2004年12月海啸以后消失的，另外20座是由于过度开发和环境破坏造成的。如果印尼政府不采取应急措施，到2030年将失去至少2000座岛屿。印尼海岸线长达83万公里，拥有17504座岛屿，现已减少到17480座。据世界自然基金会2007年11月份发布的报告称，印尼是世界上受气候变化影响最大的国家之一，并且已经开始承受气候变暖的严重后果。

三、努力实现生态与经济的协调发展

生态环境恶化的原因是多方面的，既有自然原因，更有人为因素，主要是长期沿袭粗放型经济的增长方式和资源不合理开发利用。同时，一些地方的生态环境和资源利用监管薄弱，重开发轻保护、重建设轻管护，也是造成生态恶化的主要原因。随着城市化和工业化的发展，人口增长和资源开发利用对生态环境的压力越大，生态安全就面临更加严重的威胁。因此，必须采取有效措施，切实解决好生态问题，真正实现生态与经济的协调发展。

国际生态安全合作组织作为维护生态安全的专门机构，为探索出一条生态建设与经济发展的新路子，近年来通过与政府部门、社会组织、企业集团、国际金融机构之间的合作，先后在中国、马来西亚、南非等国家创建了五个生态环境与经济平衡发展的范例。一是成功指导建设了“富华·国际生态产业示范基地”，通过这个示范基地的建设，实现了农村经济、社会生态的协调发展，为中国新农村建设树立了最佳范例；二是与上海世茂集团共同打造了“世茂·蝴蝶湾国际生态安全示范社区”；三是指导加拿大 LVC 集团规划建设了北京“山水文园·国际生态安全示范社区”，被称为中国住宅业的一次革命，先后受到中国建设部和联合国人居署的表彰和奖励；四是与中国环境科学学会、中国野生动物保护协会共同发起了“2007 全国生态环境神州万里行”活动；五是在南非开展技术扶贫工作。上述工作均收到了良好的效果。

实践证明，生态建设与经济发展并不矛盾，两者之间完全可以相互协调、相互补充。如果我们先任其污染，然后再去治理代价是相当高的，相反却能相辅相成，事半功倍。我们应吸取其他国家的经验和教训，努力寻求生态建设与经济可持续发展之路。

四、加强国际合作共同应对生态灾难

（一）生态灾难可能对一国及周边国家甚至全球带来冲击和影响

冷战结束后，国家间以军备竞赛、军事对抗的大规模战争和以武力扩张为特点的“传统安全”在减少，而以非军事和非政治因素引起的，具有跨国性和全球效应的“非传统安全”日显突出。像传染病的流行、突发性的生态灾难、生态环境恶化、恐怖袭击等非传统安全问题，对国家安全以及人类安全的影响日益增大，可能造成的危害越来越严重。因此非传统安全是国家安全的重要组成部分，维护生态安全就是维护国家安全。就生态灾难来说，过去一国发生生态灾难，一般认为是区域性的，防灾减灾是一国自身的事情，很少被认为会给周边国家和地区或者全球造成影响，更不会被看作是确保国家安全和稳定的突出问题之一。伴随着人类流动和各种活动的加剧，生态环境的恶化以及自然界本身活动也发生了周期性变化。近年来，如印尼大地震引发的印度洋海啸，土耳其、伊朗、巴基斯坦大地震，美国“卡特里娜”和“丽塔”飓风，孟加拉国超强飓风等重大生态灾难频繁发生。除造成灾难地居民巨大伤亡外之，对一国及周边国家甚至对全球政治、经济和社会都带来了或小或大的冲击和影响。经济全球化、全球信息化使各国相互依赖，在联系互动愈益紧密的背景下，一国或一个地区发生重大生态灾难将不可避免地“殃及池鱼”，给和谐和可持续发展带来负面影响。因此，维护生态安全，共同应对生态灾难是消除和解决非传统安全的一项重要任务。

（二）生态灾难对国家安全的威胁和表现

当今世界生态对人类威胁已相当严重，某个国家和地区单独已无法控制，正是认识到这些问题，联合国相关机构于2006年2月份在中国香港共同建造了“国际生态安全合作组织”。该组织是一个由主权国家参加的政府间国际组织，其宗旨是维护生态安全、保护生态环境；在经济全球化的同时，逐步实现全球化环境一体化；建立国际生态安全预警机制，共同应对突发性生态灾难。1998年8月笔者在俄罗斯亚太国际议上提出将生态安全纳入国家安全体系。事后引起俄罗斯和美国政府机构的高度重视，为此俄罗斯联邦国家安全委员会和俄罗斯自然资源部于1998年12月份正式成立了国家生态安全局。鉴于笔者对生态安全领域的贡献，俄罗斯联邦安全国防司法科学院主席团授予笔者“罗曼诺索夫一级国际勋章”并征得中国外交部门同意邀请我担任该科学院的副院长。目前，该科学院已与中国国际友好联络会建立了长期的合作关系和对话机制。2008年中俄两国对话的主题就是生态安全。1999年初美国专门成立了国家生态安全委员会，由时任副总统的戈尔直接负责国家生态安全委员会的工作。近年来，美国政府日益重视生态环境恶化和生态安全对国家安全的影响，克林顿政府《国家安全战略报告》中就把生态环境恶化和生态安全视为一个重要的安全威胁。布什政府将预防生态灾难与应急救援工作也作为本土安全保障的重要任务。

生态灾难对国家安全的威胁主要表现在以下方面：

第一，导致巨额经济损失和政府财政支出。如1994年美国加州地区北部沿岸6.7级大地震造成的经济损失为400亿美元；1995年6.9级日本阪神大地震造成的经济损失为2000亿美元“卡特里娜”、“丽塔”飓风也造成数千亿美元的经济损失。另据美联邦政府紧急事务管理局统计，除造成巨大的经济损失外，1978—1989年11年里联邦政府应对生态灾难的支出为70亿美元，而在1999—2002年的3年中，则高达390亿美元。我们对1976年中国唐山大地震记忆犹新。7.8级大地震使唐山市瞬间成为一片废墟，24万人死亡，16万人重伤，作为一个人口、工业密集的城市一旦受到自然灾害的危害，损失往往十分惨重。1998年中国长江、嫩江、松花江特大洪水和连年洪涝灾害，沙尘暴及沙漠化蔓延程度之快，以及吉林石化厂爆炸给国家和人民的生命财产造成了巨大损失。2007年11月17日联合国政府间气候变化委员会发布的报告指出：“全球气候变暖已是不争的事实。”报告详细预测了全球变暖的恶果。报告指出，全球气温本世纪可能上升1.1至6.4摄氏度，海平面上升18至59厘米。如果气温上升超过1.5摄氏度，全球20%—30%的动植物物种将面临灭绝。如果气温上升3.5摄氏度以上，40%—70%的物种将面临灭绝。全球气候变暖还将导致自然灾害更加普遍。世界各地区都将受到气候变化影响，受到冲击最强烈的国家将是发展中国家，特别是岛国。最早在2020年，7500万至2.5亿非洲地区居民将面临缺水困境，亚洲地区人口超过百万的大城市极有可能遭遇海平面上升带来的洪涝灾害，欧洲将目睹大量物种灭绝，而北美地区将持续时间更长、温度更高的热浪天气。如何面对全球变暖带来的生态危机、如何阻止地球资源的迅速枯竭？如何找到当代人和下代人在经济社会和生态需求间的稳定平衡？怎样巩固发达国家和发展中国家的合作关系？是摆在我们面前的迫切任务。因此可以说，生态安全不仅仅是环境保护。要遏制生态环境的进一步恶化，实现可持续发展：一是要加深对生态安全理念的认识；二是要加强国家生态安全体制建设；三是要建立国家生态安全法律保障体系。因为和平年代突发性生态灾难远比一场局部战争所造成的损失要严重的多，而且是瞬间的毫无准备的。

第二，造成民众严重的心理恐慌和社会恐慌。美国兰德公司心理学家肯尼斯·威尔斯和格里尔·苏利文指出：凶猛的“卡特里娜”和“丽塔”飓风给灾民带来了一场噩梦，联邦政府重建工作的另一项任务就是尽快恢复灾难给民众造成的严重精神恐惧和心理创伤。

第三，灾难应急或后续救援不得力，就有可能触发地方民众骚乱、社会动荡，造成国内政治危机，影响稳定。

第四，重大灾害的发生迫使该国或地区注意力集中于国内，限制了同时应对本国安全的外部重大事件的能力。

（三）应对生态灾难是当今国际合作的一个新内容

在经济全球化的大环境下，人流、物流、信息流每日都在快速流动，相互依赖。影响力大的国家突发生态灾难可直接波及其他国家。如一农业大国发生干旱或洪水导致粮食歉收，就会直接引发国际粮食市场价格大幅度波动。又例如，“卡特里娜”“丽塔”飓风造成世界原油价格急剧上升，迫使布什政府不得不动用本国的石油战略储备。此外，跨国界的重大生态灾难极易造成灾民四处流散，还会引发诸如霍乱、疟疾等传染病，给周边国家带来一系列稳定与安全的问题。因此，近年来世界范围的重大生态灾难及影响已引起了国际社会的关注，重大生态灾难救援的国际化已成为国际合作的重要工作。

（四）各国必须建立应对重大生态灾难的预警机制

2003 年 2 月，美国兰德公司发表的一份对美联邦政府减灾研究工作的评估报告认为，美国近年来发生的飓风、龙卷风、地震等灾害之所以造成巨大的人员伤亡和财产损失，其中一个重要原因是，大量人口快速地向易受生态灾难袭击的地区移居，如大西洋与太平洋沿岸。伴随着大规模人口移居，导致交通运输和通信电力系统、公共服务设施、住宅建筑等高度集中在高风险地区，也加大了人员伤亡和经济损失的几率。最近，美国兰德公司研究员、物理学家汤姆·拉瑞特和区德·詹在《为应对灾难做好准备》一文中指出，减轻灾害风险需在规划、预防保护等方面加大长期投入，“应急处理应是最后的手段”，而不应是预防灾难发生的首要战略任务。“卡特里娜”和“丽塔”飓风的善后处理证明，应急工作体现了州和联邦政府的能力。重建奥尔良城不是去创造一个未来的城市，而是要使这个城市在遭受生态灾难打击后的损失尽可能降低。政府和民众都要为可能出现的最坏情况做好一切准备。就中国而言，在目前人口大规模流动和城市化发展加快的情况下，生态灾难随时可能发生，防止人口居住和住宅建筑密度过大，以及交通、通讯、电力等公共基础设施过于集中，应成为各级政府和地方城市发展规划与建设的重要问题。因此，要健全相应灾害应急救援和处置机制，通过各种途径提高政府、社会、民众应对生态灾难的意识与自我应急防护能力。

对中国特色城镇化发展新阶段与城市安全的几点认识

中国社会科学院当代城乡发展规划院院长　傅崇兰

一、中国特色城镇化发展新阶段与城市安全的基本概念与意义

（一）中国特色城镇化发展的新阶段

党的“十七大”报告提出：“走中国特色城镇化道路，按照统筹城乡、布局合理、节约土地、功能完善、以大带小的原则，促进大中小城市和小城镇协调发展。以增强综合承载能力为重点，以特大城市为依托，形成辐射作用大的城市群，培育新的经济增长极。”中国经济与社会发展总体上处在工业化中期，城镇化快速期和国际化提升期，这标志着中国特色城镇化进入新阶段。① 这个新阶段是中国改革开放几十年来，经济社会空前发展取得突出成就的结果，并为迈向未来奠定了坚实基础。党的“十七大”报告，指明了

① 《中国共产党第十七次全国代表大会文件汇编》，人民出版社，2007年10月版，第25页。

中国特色城镇化道路的基本特征、发展的客观趋势，发展方向、发展路径和全面实现新的发展的美好未来目标。

城市化是指一个国家或地区的城市不断发展，乡村农业人口不断向城市非农业人口转化，从而使得城市人口不断增多，城市人口比重不断增大，城市规模与数量不断增大，以及乡村生产方式和生活方式不断转变为城市生活方式和现代化的一种社会发展进程。

产业革命后，在世界文明史上产生了新一代以制造业为基础的城市，其性质也从原来的寄生消费性城市转变为生产性城市。世界城市历史演变的基本规律可概括为：一个国家或地区的城市发展进程，同时也是该区域社会经济结构的变革过程，更是人类社会生产方式演变的必然体现与要求。这充分反映在三大产业结构关系的历史演变上：工业革命以来约 300 年间，三大产业生产规模都在不断扩大的基础上，出现了第一产业就业人数逐渐转向第二产业部门，再由第二产业部门转向第三产业部门的总体趋势。在这个过程中，人口的转移和集中是城市化的一种主要体现形式。从而使得城市经济在整个国民经济中的比重和地位都处于不断上升的状态，城市基础设施、安全保障体系、管理体系实现现代化、人性化、生态化，城市（镇）成为区域社会经济发展的主导力量。

因此，城镇化水平是一个国家或地区经济与社会发展的重要标志，也是衡量一个国家或地区社会组织程度和经济管理水平的重要尺度。经济活动的集聚构成了城市化的主要内容，而社会发展、文化繁荣与生态环境良好则构成城市化的实质与目的。其中，我国城镇化更是解决“三农”问题、统筹城乡发展和建设和谐社会的主要途径。①

（二）城市安全的基本概念与意义

1. 城市安全的基本概念与意义

狭义上，城市安全概念主要是指城市的防灾减灾体系，即城市的防灾减灾的组织系统、物质技术基础设施系统、管理法规系统和管理水平。广义上，城市安全与城市化进程的“内涵”与“质量”的概念与标准紧密联系在一起，世界十大环境事件证明了这个理论认识。21 世纪被称为城市世纪，

① 《中国共产党第十七次全国代表大会文件汇编》，人民出版社，2007 年 10 月版，第 25 页。

城市安全包括经济安全、社会安全、科技安全、环境安全等，而且是一个动态辩证的历史范畴，城市安全的解决过程，最终要归结到城市化进程的“内涵”与“质量”的概念与标准上来。

2. 安全的城镇化模式

在中国的现代城市建设和区域城镇化进程中，树立和落实科学发展观，建设可持续发展的城市，要充分体现“以人为本”的精神，从而达到资源节约、环境友好、经济高效、社会和谐的城市发展与建设目的。所以，现代城市安全，既要高度重视城市生产和生活的天灾人祸、社会治安等“传统安全”防灾减灾体系；还必须注重劳工保障等城市工作环境；也要注重人均住房面积与基本服务设施、福利水平等城市生活质量；还要注重城市污水处理、城市水系、人均绿地等城市生态环境质量，使城市各社会阶层都能共享各种公共产品与设施，都能得到各种现代化的服务，呼吸到新鲜的空气，充分享受城镇化所应该带来的各种成果，同时避免现代各种“城市病”问题；并且，有效地解决“发达的城市，落后的乡村”的历史传统问题，以城乡统筹协调发展为基本目标和目的之一。这样的城镇化才是人类发展与追求的安全的城镇化模式。

二、中国城市发展的基本态势

（一）我国城市化进程的阶段分析

中国的城市化经历了一个漫长而曲折的过程。改革开放前，由于长期实行严格的城市户口政策，限制农村人口进城，从1950年到1978年，城市化率由11%增加到18%，28年增加了7个百分点，年均只有0.25个百分点，属于城市化慢速发展的阶段。改革开放后，中国的城市化进程进入加速发展时期，但仍然反映出阶段性的特征。

根据国家统计局的前5次全国人口普查公报，表1反映出第二次、第三次、第四次、第五次全国人口普查，以及2006年各个历史时期中国的总人口、城镇人口，以及乡村人口的规模与相互比例关系。

表1　四次人口普查以及2006年的中国城市化水平比较

	Ⅰ. 第二次人口普查（1964年）		Ⅱ. 第三次人口普查（1982年）		Ⅲ. 第四次人口普查（1990年）		Ⅵ. 第五次人口普查（2000年）		Ⅴ. 经济社会发展公报（2006年）		变化率 Ⅱ—Ⅰ		变化率 Ⅲ—Ⅱ		变化率 Ⅵ—Ⅲ		变化率 Ⅴ—Ⅵ	
全国总人口（亿）	7.23	百分比	10.32	百分比	11.60	百分比	12.95	百分比	13.14	百分比	/	年均	/	年均	/	年均	/	年均
其中：市镇人口（亿）	1.27	17.57	2.07	20.06	2.97	26.23	4.56	36.09	5.77	43.90	+2.49	+0.14	+5.54	+0.69	+9.86	+0.99	+7.81	+1.30
乡村人口（亿）	5.96	82.43	8.25	79.94	8.63	73.77	8.07	63.91	7.37	56.10	−2.49	−0.14	−5.54	−0.69	−9.86	−0.99	−7.81	−1.30
乡村/城市人口比	4.69	/	3.99	/	2.91	/	1.77	/	1.28	/	/	/	/	/	/	/	/	/

资料来源：国家统计局：《全国人口普查公报》，1964年、1982年、1990年、2000年；《中华人民共和国2006年国民经济和社会发展统计公报》。

1. 中国第二、三次全国人口普查时期为城镇化慢速发展阶段

1964年的第二次全国人口普查到1982年的第三次人口普查人口城镇化水平年均增加只有0.14个百分点，所以这一时期属于城镇化慢速发展阶段。

2. 中国第四、五次全国人口普查时期为城镇化由慢速向快速发展转变阶段

1990年的第四次人口普查时，人口城市化水平上升到26.23%。到了2000年的第五次全国人口普查，人口城市化比例为36.09%，其间，中国实现了城镇化由慢速向快速发展的转变。

3. 中国第五次全国人口普查至今为城镇化快速发展阶段

2006年中国人口总数为13.14亿人，其中市镇人口为5.77亿，全国城市化水平达到43.90%，比2000年的第五次人口普查高出了7.81个百分点，年均增加1.30个百分点，呈现出改革开放来人口城市化进程最为迅速的历史时期。从上述分析可发现，改革开放以来，中国人口城市化水平呈现出不断加速发展的趋势。其中，20世纪90年代是中国城乡人口结构的重要转折时期。进入21世纪，不但是各种相对比重，即使是中国农村人口的数量也出现了绝对下降的新特点，反映出中国城市化进程又进入了一个新的历史阶段。

上述几个时期的中国人口城市化水平变化，以及乡村和城市人口比如下图所示。

4. 中国城市化程度仍然落后于世界平均水平

自改革开放以来，中国的人口城市化速度大致为同期世界城市化速度的两倍，体现出中国进入了城市化加速发展阶段。但是中国城市化程度仍然十分落后。2000年的中国城市化水平，仍比世界平均水平低11个百分点，比中等收入国家平均水平低22个百分点，比高收入国家低42个百分点。中国的城市化水平也滞后于同期国家的工业化水平。

5. 中国城镇化滞后于工业化

2000年城市化水平达36.09%，同期工业化水平为51.68%，城市化滞后于工业化15.59个百分点。进入21世纪，由于受第三产业发展的影

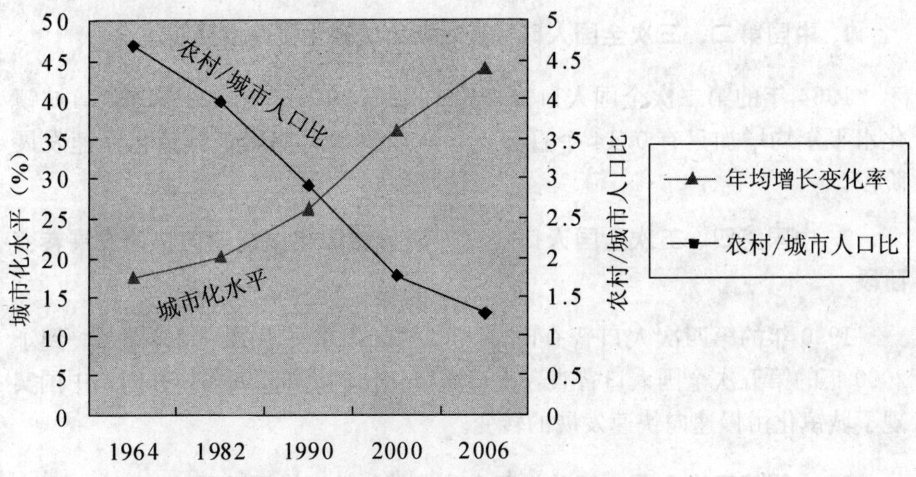

图 1　几个历史时期中国城市化进程比较

响，中国第二产业产值在整个国民经济中的比重出现下降的趋势。到2006年，中国的工业化水平为48.7%，同年的城市化水平上升为43.9%，虽然城市化滞后工业化的程度比改革前期不断缩小，但是仍然存在，与后工业化时期发达国家城市化程度超过工业化程度的普遍规律更有差距。

据预测未来10年内，中国还将有1.5亿至2亿农村人口转移到城市，中国城镇人口将达6.5亿左右，城市化水平将接近50%，平均年增长速度为0.8个百分点。2020年，中国的城市化水平将达到60%左右。①

（二）空前发展　突出成就

1. 空前发展，突出成就之一：大中小城市和小城镇协调发展的城镇体系结构不断优化

党的“十七大”提出：中国特色城镇化的目标之一就是“按照统筹城乡、布局合理、节约土地、功能完善、以大带小的原则，促进大中小城市和小城镇协调发展”。

这个目标的提出，是建立在我国大中小城市和小城镇协调发展的城镇

① 《沈阳今报》2006年10月20日。

体系结构不断优化基础上的。在这方面我们已经取得空前的发展和突出成就。

(1) 改革开放前30年的城镇体系是“两头小、中间大”。改革开放前30年间，由于严格的城市户籍制度、长期实行严格控制大城市的政策，以及由于为了减少商品粮户口规模，而采取的撤销不少原有建制镇的措施，因而导致大城市与小城镇数量发展缓慢，而中等城市数量发展较快的“两头小、中间大”的城镇体系结构。

(2)“八五”、“九五”期间形成“两边大，中间小”的城市体系结构。改革开放后，中国城市体系的发展进入了一个新的历史时期，主要反映在：城市数量得到迅速的发展。从1978年到2000年，全国城市总数由191个迅速发展到675个，新增城市351个，平均每年增长22个城市，是改革开放前的5倍，为世界各国所罕见。其中100万人口以上的特大城市由22个发展到38个，新增25个；50万—100万人口的大城市由30个发展到54个，新增27个；而小于50万人口的中小城市也由原先的151个发展到583个，净增311个，体现出整体协调发展的趋势。

20世纪80年代中期以后，“八五”、“九五”期间，中国的改革开始从农村转向城市，特大城市严格的人口户籍控制开始松动。在保持中小城市稳定发展的同时，百万人口以上的特大城市迅速发展，“自上而下”的政府动力机制，最主要作用在各高等级中心城市，而“自下而上”的民间动力机制则主要作用在当地小城市，特别是县级市。很多20万—50万人口的中等城市，在缺少外来投资和国家扶持的情况下，只靠当地民间资金难以在短期内发展升级为50万—100万人口的大城市，从而形成“两边大，中间小”的城市体系结构。

(3) 20世纪90年代后期城市化进程呈现出大城市、特大城市超速发展的趋势。20世纪90年代后期，中国的城市体系结构演变进入了另一个新的历史时期，即百万人口以上的特大城市超速发展，200万人口以上的省会城市比例也迅速增多，整个国家的城市化进程呈现出大城市、特大城市超速发展的趋势。这是工业化中期、城镇化快速期、国际化提升期的新特点与客观情况。特大城市加速发展具有必要性与必然性。正如“十七大”报告所预期的，以增强综合承载能力为重点，以特大城市为依托，形成辐射作用大的城市群，培育新的经济增长极。2010年，百万人口以上的城市和200万人口以上的特大城市将形成一批与综合国力相匹配的新的经济增长极。

2. 空前发展，突出成就之二：三大城市群已形成“辐射作用大的城市群”，并“培育出新的经济增长极”

20 世纪 90 年代中期以后的中国的城市化进程，除了上述的特大城市加速发展之外，还有另一个显著的特点，那就是我国长三角、珠三角、环渤海三大城市群形成“辐射作用大的城市群”，并不断“培育出新的经济增长极”。它们分别带动了泛珠江“9＋2”区域发展，带动了长江流域和沿海地区域发展，带动了京津冀区域发展，提高了整个国家的综合竞争力。

(1) 我国以特大城市为依托、辐射作用大的城市群的基本特征。城市群是二战以后世界城市发展的一种主要特点与普遍规律。其是指在一个跨行政区的巨大区域范围内，具有特大城市、大城市，还具有众多的中等城市与小城镇，这些不同等级的城市通过密集的交互作用，形成统一的区域整体，称之为城市群。

我国新阶段城市群具有以下几个主要特征：

第一，密集的交互作用。不但是各个都市区内部的中心城市与周围郊区之间有密切的相互作用，而且不同的城市之间也具有十分紧密的社会文化与产业经济联系。

第二，现代交通走廊。在区域内部具有航空、铁路、公路等现代交通网络，同时具有多节点的现代通信技术联系，特别是区域性现代高速公路交通网络的形成。这样十分有利于城市群内部各城市间人员与信息的密切互动，以及经济与产业相联系等。

第三，多核心。区域内具有若干个经济规模大、科技发达、文化繁荣的特大城市和大城市，这些核心城市与区域中小城镇共同构成一个国家的核心区域。如“大北京”是双核中心，三个核心区。

第四，城市群的整体“增长极”效应初步形成。根据城市学与“增长极”理论，单个城市构成其周边地区与腹地的增长极。对于城市群来讲，由于城市群内部各个城市之间具有十分密切的交互作用，所以城市群具有整体扩大效应的特点，这就不仅是单个城市的增长极作用，实际上已经扩大与升华到城市群的整体“增长极”效应，其影响范围已扩展到整个国家，甚至具有世界性意义。所以城市群的形成与完善程度，是衡量一个国家或地区城市化程度与现代化水平的一个十分重要的指标。

改革开放以后，中国城市化水平在整体提高和加速发展的同时，区域城市结构也在不断优化与完善，东部沿海地带的特大城市区已逐渐凸显。特别是 20 世纪 90 年代后期，在京津塘地区、长江三角洲地区和珠江三角洲地区逐渐形成了人口众多、经济发达、城市密集具有国际影响力的城市群，并呈现出城市发展的高密集化、网络化和连绵化的特征。其中，长江三角洲地区是中国经济最活跃、发展最迅速的核心地区之一，区内大中小城市密集，城市体系发育完整，城市之间或城镇之间很多只是相距几公里，交互作用十分强烈。

第五，城市群在中国改革开放中的重要带动作用。长江三角洲城市群在整个国家中占有十分重要的地位。其无论从国民生产总值，还是从固定资产投资、社会消费品零售总额，还是外商投资和进出口总额在中国都占有很高的比重。长江三角洲的土地面积仅占整个中国土地总面积的1.14%，但是2005年，整个长三角城市群的地区生产总值为33898.33亿元，占同期整个国家的地区生产总值182320.6亿元的近1/5（18.59%）；城镇固定资产投资达12998.12亿元，占同期整个国家城镇固定资产投资总额75096.5亿元的17.31%；社会消费品零售总额10738.85亿元，占同期全国社会消费品零售总额67176.6亿元的15.99%；全年进出口总额达5024.77亿元，比重超过整个国家同期进出口总额5024.77亿美元的1/3（35.34%）；全年实际外商直接投资为263.34亿元，在整个国家同年实际外商直接投资总额603.25亿元中的比重更高达43.65%，充分反映出该城市群在中国改革开放中的重要带动作用。

表2　长江三角洲城市群在整个国家中的重要地位

	土地面积（万平方公里）	地区生产总值（亿元）	城镇固定资产投资（亿元）	社会消费品零售总额（亿元）	进出口总额（亿美元）	实际外商直接投资（亿美元）
长江三角洲	10.99	33898.33	12998.12	10738.85	5024.77	263.34
整个国家	960	182320.6	75096.5	67176.6	14219.1	603.25
所占比例（%）	1.14	18.59	17.31	15.99	35.34	43.65

资料来源：江苏省统计局：《江苏省统计年鉴2006》，电子版，表19—3、表23—2至表23—16。

京津塘、长江三角洲、珠江三角洲三大城市群，具有集外贸门户职能、现代工业职能、现代金融与信息职能、文化先导职能于一身的特点，现已成为中国社会经济最发达、经济效益最高的区域，而且逐步具有世界或大洲性的枢纽作用。

第六，中国城市化进程将由现在的数量扩张型向质量提升型转变。进入21世纪，中国社会经济发展进入了新的历史时期，同时蕴含着新的矛盾。虽然一两年后城乡人口比例就会接近1∶1的水平，届时农村还有6亿多的人口，但是由于城市流动人口绝大部分是青壮年劳动力，随着以后农民工子女入学等问题的解决，加上今后中国城市化水平的逐年提高，不少农村地区的实际人口老年化程度已经超过了城市，现在中国沿海地区，特别是三大城市群，已经出现了"民工荒"和劳动力紧缺的问题。可以预见，在不久的将来，随着中国人口城市化进程的继续加速，中国城市流动人口将在原有城乡转移的基础上，城市之间、特别是跨省的城市群之间的人口迁移将会逐渐形成与加剧。这是城市竞争力与区域竞争力的必然体现，也说明将来中国城市化进程将由现在的数量扩张型，向质量提升型转变。

3. 空前发展，突出成就之三：城市居住环境不断得到改善

改革开放后，在人口城市化水平不断提高的同时，中国城市居住环境也得到不断的改善。特别是近几年来，城市居民的居住条件、绿化条件、公共交通条件，以及自来水普及率、天然气使用率等方面，都得到很大的发展，充分体现出"宜居型"城市的发展方向。

（1）城镇居住条件大大改善。根据建设部"城市建设统计公报"，2003年，全国660个设市城市的建成区面积已达2.8万平方公里，城市面积39.9万平方公里。1997—2002年全国城镇住宅竣工面积约34亿平方米，同时约有5亿平方米的危旧住房得到改造，近5000万个城镇家庭改善了住房条件，年均住宅竣工面积达到6.8亿平方米。1997年中国城镇人均住房住宅面积为17.6平方米，到2002年时已增长到22平方米，2005年进一步提高到26平方米，户均住房面积为79.15平方米，住房自有率已达到80%以上。这个数字已明显居于世界较高水平，甚至超过了中国香港地区和日本。[①] 城市住房已经可以满足居民基本居住需要，住宅的功能、配套设施水平也有明显提高。[②]

（2）城镇的水、电、气等基本设施建设也日益完善。根据卫生部统计，2004年我国城市自来水普及率达到96%，比1998年提高了两个百分点。[③] 2006年中国城市的供水普及率已到98%，每天新增城市供水能力4500万立

① 《中国经济周刊》2006年7月10日。

② 建设部《统计公报》，2006年。

③ 中华人民共和国卫生部：《第三次国家卫生服务调查主要结果》，2004年12月。

方米。同时广大城镇的改水、改厕也取得明显进展，与1998年相比，城市水冲式厕所由65%增加到79%。

（3）城镇居民生活质量日益改善。中国城市基本建设中对城市居民生活质量，以及对城市生态保护发展促进最大的因素是近几年全国各大中城市城镇燃气工作的迅速普及。2003年，中国城市燃气普及率为76.7%，2004年增加到81.5%，增加了4.8个百分点。到2005年全国的城市燃气普及率更高达92%，一年整整增加了8.5个百分点。2004年中国城市用气人口达到2.78亿人，2005年全国生产天然气500亿立方米—600亿立方米，天然气储气能力达到823万立方米，天然气消费量达到175.4亿立方米，液化石油气消费量达到1367.3万吨。①

21世纪以来，中国城市居住环境不断优化的另一个重要的方面，是城市绿化与休闲功能的不断增强。2002年中国城市绿化率达28.15%，绿地率达23.67%，人均公共绿地达6.83平方米。② 到2005年，全国城市建成区绿化覆盖率达32.54%，绿地率达28.51%，人均公共绿地面积达7.89平方米。③ 全国不少都市地区正在向城区园林化、郊区森林化、道路林荫化、庭院花果化的城乡一体化目标迈进。当然，目前中国城镇的绿化程度与国际标准或国外先进国家相比，如联合国推荐的人均城市公园面积60平方米，仍然存在较大的差距。

（4）城镇交通基础建设具有较大的发展。2004年全国公共交通运营车辆总数已经达到28.7万标准台，运营线路网络总长度达15.8万公里，客运总量427亿人次，分别比2001年增长了32.5%、48.6%、21.7%。同年城市出租汽车数量由2001年的87万辆增加到2004年的90.4万辆，增长4%。每万人城市居民拥有公交车辆由2001年的6.1辆增长到2004年的8.4辆，增长37.7%。到2005年底，中国内地已有北京、上海、天津、广州、长春、大连、武汉、深圳、重庆、南京共10个城市有城市快速轨道交通系统投入运营，总运营里程440千米。目前中国城市人均道路面积与5年前相比增长了48%。④

（5）城镇居民的人均收入水平得到显著的提高。在上述城镇各种基础设施建设不断发展、城市居住环境不断得到改善的同时，近年来，中国城镇居

① 《中国城市燃气行业年度报告》，2004年、2005年、2006年。

② http：//2004. chinawater. com. cn/newscenter/slyw/20020324/200203230024. htm.

③ 全国绿化委员会办公室：《2006年中国国土绿化状况公报》。

④ 仇保兴：《中国城市交通发展展望——在第13届智能交通世界大会上的发言》。

民的人均收入水平也得到显著的提高。1995 年，全国城镇居民人均收入水平为 4284.21 元，2000 年达到 6279.98 元。到 2006 年，全国城镇居民人均收入水平达到 10490 元，其中，东莞以 25320 元列第 1 名，接下来依次是深圳（22567 元）、上海（20668 元）、北京（19978 元）、广州（19851 元）等城市。2006 年中国城镇居民人均可支配收入 11759 元，全年比上年增长 12.1%，扣除价格因素，实际增长 10.4%。①

三、中国城镇化进程面临的两个主要问题

改革开放后，中国城市化进程处于不断加速发展的状态，但是在世纪之交，两大问题却日益突出。一个是城市的可持续发展面临着严重的资源紧缺与生态环境问题；另一个是城市化进程的区域差异明显，甚至有扩大的趋势。这两个问题都影响到整个国家城镇体系的可持续发展以及和谐社会建设的有效实施。

（一）可持续发展面临着严重的资源紧缺与生态环境问题

我国城市发展与城镇化是在区域自然资源环境承载力总体脆弱的情况下推进。

1. 人多地少，人均资源拥有量少是中国城市化进程的一个基本国情与主要制约因素

现在中国人口密度已达到 134.375 人/平方公里，是世界平均水平的 3 倍，耕地面积却仅占国土面积的 10.3%，不到世界平均水平的一半，人均耕地资源甚至只有印度人均水平的 43.7%。这样的双重作用使得中国经济活动用地十分紧张，人均耕地拥有量已经从新中国成立初期的 0.18 公顷，下降到目前的 0.076 公顷。2000—2003 年四年全国非农建设征用耕地更超

① 谢伏瞻："2006 年国民经济运行情况"，国家统计局国务院新闻办公室举行的发布会，2007 年 1 月 25 日。

过了 5450 万亩，[①] 平均每年高达 1362.5 万亩，广东等地的城市发展与建设已面临有项目无地可用的严重困境。

2. 城市经济发展和城镇化进程还有待于进一步优化产业结构和提高资源利用率

中国 80%以上的投资与资源消耗都集中在城市地区。改革开放以来，中国城市化进程取得引人注目的成绩，但在很大程度上是靠“三高”（高投资、高能耗、高污染）来支撑的，资源利用率不高。城市制造业重点用能产品的能耗要比发达国家高出 25%—90%，整个制造业平均高 40%左右。所以，中国城市经济发展和城镇化进程还有待于进一步优化产业结构和提高资源利用率。

3. 在城市发展和建设中，普遍存在着资源的低效利用与浪费现象

由于在城市发展过程中，普遍存在着资源的低效利用与浪费现象，经常产生过多的废弃物和环境污染，从而导致城市与区域生态环境的严重破坏。比如：现在中国单位 GDP 废水、固体废弃物排放的水平大大高于世界平均水平，单位 GDP 二氧化硫、氮氧化物的排放量是经济合作组织国家平均水平的 8 倍左右；[②] 每年工业固体废弃物 7.8 亿吨，年污水排放量 800 多亿吨，二氧化硫年排放量达 2000 万吨。现在中国酸雨面积已占国土总面积的 30%，已成为世界酸雨的 3 个主要集中地区之一。全国空气质量达标城市仅占 1/3，75%的河水不适宜饮用或鱼类养殖。

（二）中国城市发展面临的另一个主要问题，是城市发展的区域差异或不平衡

1. 长期以来中国城市的发展就具有明显的区域不平衡性

中国幅员辽阔，由于各地自然条件、社会经济基础条件、开发历史长短的不同，以及对外开放时间与程度的不同等因素，长期以来中国城市的发展就具有明显的区域不平衡性。这种不平衡性不但体现在东、中、西三大地带上，也体现在一个省的内部：无论是经济强省（比如江苏省的苏南与苏北、广东省的珠江三角洲地区与粤北地区），还是相对落后的省份（比如云南省

① 吴明熹：《改革征地制度维权农民》，《建设科技》2004 年第 6 期。

② 解振华：在首届环境与发展中国论坛上的演讲，2005 年 4 月 23 日。

以昆明、曲靖、玉溪为中心的东部地带与泸水、保山等西部地带），各个省份在区域城市化进程中，普遍具有明显的内部差异性。而对于整个国家的东西部来讲，这种差异性则更为明显。比如：改革开放之初的1978年，中国东部地带的城市数量为68个，到1998年增加到300个，城市数量在全国城市总量中的比重相应由35.2%进一步增加到44.9%；而同期西部地带的城市数量，由1978年的40个，增加到121个，城市数量在全国城市总量中的比重相应由原来的20.7%下降到18.1%。而东西部城市的绝对数量的差距由1978年的28个，迅速增加到1998年的179个。

2. 中国城市化进程区域差异性突出

如果从人口城市化率来分析，中国东西部地带也存在着明显的区域差异性。比如，1949年西部云南省的城市化率为4.8%，到2004年提高到28.1%，平均每年递增0.42个百分点；而同期全国城市化率由10.6%增至41.8%，平均每年递增0.57个百分点。云南省的城市化水平增长的平均速度低于全国平均水平，绝对水平的差距逐渐拉大。① 所以，中国城市化进程，无论是在水平或速度上，都呈现出明显的东西部区域差异性。

四、城市安全发展和建设之道

（一）对工业化和科技发展的认识

1. 工业化是城镇化的基本动力

改革开放以来，我国社会经济发展进入了新的历史时期。工业化是我国经济快速发展的主要推动力，整体上工业化仍然是我国资源利用与社会经济活动最为重要的载体。中国经济统计体系把工业划分为采矿业、制造业和水电气生产与供应业三大部门。落实科学发展观，走新型工业化道路，认识工

① 中国科技论文在线，http：//www.paper.edu.cn/downloadpaper.php？serial_number=200603－382&type=1。

业淘汰论命题和建设资源节约、环境友好型国民经济体系以及节约型社会符合科学发展规律，是城市安全战略的基础。

2. 以技术设备更新为基础的工业淘汰论是世界工业化进程的普遍规律

人类社会经济增长的类型——世界经济增长大致可以分成两种类型：

第一种经济增长类型是在保持原来生产设备与工艺技术水平的基础上，通过单纯的增加劳动力与资源等生产要素的投入，从而获得经济规模的扩大。这是一种外延扩大生产的模式，其经济发展质量并没有得到提高，可以认为是一种只有增长而没有发展的模式。这种生产方式正面临着资源短缺、经济增长极限，以及环境容量的问题。

第二种经济增长类型是通过生产中的技术与设备变迁，即通过一种新的生产方式、工艺与设备来制造产品，通过降低成本、提高产品质量、产出效益与资源利用率，来达到经济增长的目的。这种经济发展模式也称之为内涵扩大再生产的模式，是一种发展速度与质量并重的模式，也是现代社会经济可持续发展与环境生态保护的经济最佳发展模式。

3. 工业化进程中科学技术的重要作用

工业淘汰论是工业化进程的普遍规律。产业革命后发达国家的社会经济发展历史经验表明，工业化进程既是一个由传统农业生产方式，向现代工业生产方式转变的社会革命，同时也是一个以技术革命为中心内容的生产力大变革，工业化进程的核心是一系列的技术变迁（technical change）和工艺设备更新。以西方发达国家为代表的世界工业化，经历了从外延扩大再生产为主，到内涵扩大再生产为主的转变过程，无论是从农业到工业，从乡村到城市，从生活到生产，从制造业到采矿业、冶炼业、交通运输业，各行各业与各个领域，都经历了技术与工艺设备优胜劣汰的更新过程。

（1）从人工到机械，劳动生产率得到极大的提高。

（2）从蒸汽机到内燃机、电力机车，工业动力设备的不断更新。

（3）从发电到石油、煤炭开采，能源生产设备的不断更新。

（4）从灯具到输电线路，照明设备与电网设备的不断更新。

（5）从老式锅炉到燃煤流化床锅炉，工业锅炉设备的不断更新。

（6）从木炭炼铁到焦煤炼钢，工业冶炼设备的不断更新。

（7）从原煤的直接利用到煤炭净化技术与设备，生态环境大为改善。

（8）低油耗汽车的出现，交通运输设备效率的不断提高。

（9）从标准化、系列化、通用化到信息化，新型工业化技术与设备的不断出现。

现在，在新技术革命浪潮中，一些发达资本主义国家的工业化又进入了自动化与电子化、信息化的时期，信息化已经成为实现现代工业化的一条新路，为现代工业的发展打开了一个突破口。以计算机为基础的新型工业化设备，具有知识密集型、环境友好型、资源高效型的特点。

（二）城镇化安全健康发展中几个突出问题解决之道的探索

1. 城镇化进程中的土地节约利用问题

（1）我国土地利用的突出问题。我国各类自然资源共有的特点是总量多，人均量少。而耕地则更明显的是人均量少，全国现有耕地 18.37 亿亩（1996 年为 19.51 亿亩），人均 1.413 亩，仅为世界人均量的 37.7%，更为严重的是耕地后备资源已近枯竭。而我们的人口再过 20 多年就要达到 16 亿，我们也要向中等发达水平和更高水平前进，应该清楚地看到用中国的土地保障中国可持续发展，最难完成的任务是保障国家粮食安全。

我国城乡建设用地突出的特点是不但总量多，而且人均量也特别多。总量已达到约 24 万平方公里，世界第一。城市人均建设用地已达 130 多平方米，远远高于发达国家人均 82.4 平方米和发展中国家人均 83.3 平方米的水平；2004 年全国村庄建设用地 2.48 亿亩，按当年农业人口计算，人均村庄用地 218 平方米，高出国家定额最高值（150 平方米/人）的 45.3%。产生这种情况与我国城市建设中“以地谋财”、农民“城乡两栖”、城乡建设用地大量增加，利用粗放的情况直接相关。因此，必须制定能极大地促进城乡建设用地调整的土地制度，逐步达到城乡建设用地布局合理、利用集约和节约的目的。

（2）解决突出问题的制度途径。管理土地主要有两手：一是规划；二是土地用途变更的制度建设。

要坚持实行最严格的土地保护制度。要按照“管住总量、严控增量、盘活存量、集约高效”的要求，优化土地资源配置，建立完善土地有偿使用制度，创建节约和集约利用的市场，促进土地资源的节约利用，提高土地利用效率。同时，完善和修订城乡规划和基础设施建设用地指标，完善土地使用市场准入制度，推进土地复垦、妥善处理解决好建设用地与保护耕地的关系。

（3）完善农村地权制度，解决农民“城乡两栖”问题。据有关资料，现在农民工已成为我国工人队伍的主力，面对这种情况，有识之士已提出“在解决农村剩余劳动力的问题上，与让农民‘进得来’相比，让农民‘留得住’更为重要”、“推行‘正规就业’为主，‘非正规就业’为辅的劳动力转移模式”。如果“城乡两栖”状况长期下去，我国产业工人的大多数都脚踏两只船，随时准备回乡务农，我国新型工业化的前途是十分令人担忧的；到我国 16 亿人口时，大部分人城乡两头占地，我国土地资源是难以承受的。

要促进城乡空间统筹，提高土地利用效率。中国现有建筑总面积约 400 亿平方米，预计到 2020 年还将新增约 300 亿平方米。在城镇化过程中，切实做好城乡统筹，在建筑的建造和使用过程中，切实做到节约使用土地、能源、水和材料，对建设节约型社会意义重大、影响深远。通过推进城镇化合理规划布局，提高土地利用的集约度和节约度，可以实现城乡新增建设用地与节约用地的动态平衡。

(4) 城市建设节约集约用地大有潜力。据有关部门统计，我国 664 个城市，城镇居民人均用地已达 133 平方米。而世界上发达国家人均城市用地为 82.4 平方米，发展中国家人均城市用地才有 83.3 平方米。我国城市人均用地面积超过国家规定的高限 33%，大大超过国际上人均城市用地水平。依照中国人多地少的国情，中国的城市化不能走城市蔓延的路子，应当采取更加紧凑的模式，以最小的代价获得最大的成功。

(5) 开发区建设节约集约用地也有潜力。随着国家对开发区的清理整顿，开发区（园区）过多过滥、圈占土地的问题基本得到解决。但各类开发区土地节约集约利用程度很不平衡。2004 年，有关部门利用卫星遥感技术对全国 30 个省区市的 160 个国家级开发区（园区）的土地利用状况进行了监测。通过开发区土地利用总体规划图、开发区总体规划图与卫星遥感影像图套合比较，并进行实地调查。结果显示，160 个开发区的平均建筑密度仅为 13.91%（最高 57%、最低 2.2%），平均建筑容积率仅为 0.43（最高 3.64、最低 0.04），平均空闲率为 6.16%（最高 51%）。同时监测到开发区（园区）内还有 27%的农用地，6.9%的未利用地，加上空闲地，平均还有 1/3 的土地尚未充分开发利用。

(6) 农村建设节约集约用地同样大有潜力。我国有 70 多万个村庄，改革开放以来，农民住宅逐年增加，农村居民居住条件大有改善。1994—2004 年，全国村庄建设用地为 709 万亩，年均用地 89 万亩，高于城市（45 万亩）和建制镇（52 万亩）的用地数量。2004 年全国土地利用状况变更调查结果显示，全国新增建设用地 402 万亩，其中村庄建设用地 38 万亩。一些经济发展较快，农村居民点建设用地增加也较多。超标现象比较严重，一户两宅、一户多宅现象大量存在，形成了不少“空心村”，闲置和浪费大量土地。对于农村建房问题，邓小平同志早在1980年就讲过："农村盖房要有新设计，不要老是小四合院，要发展楼房。平房改楼房，能节约耕地。"

(7) 在各项建设和建筑材料使用等方面也都有节约集约用地的潜力。1997—2004年，我国公路用地为681万亩，平均每年占地85万亩。交通部门的实践表明，节约公路用地，关键是降低路基，而且低路基处理已经成功应用。据河北省交通厅测算，双向四车道高速公路路基平均填土每降低1米，每公里永久性占地就节约近5亩，如果加上路基减少取土，节约的土地就更多。另据有关部门的不完全统计，只生产粘土砖每年就要毁田50万亩，每修建100公里高速公路，路基取土用地近万亩，而我国每年发电、供暖等工业剩余粉煤灰总量很大，既可铺路使用（已有成功技术），又可合成烧砖。据报道，甘肃一个省已堆积粉煤灰1亿吨，压占4000亩土地。如果在修建公路时使用，一可节省投资10亿元，二可减少路基取土用地万余亩，三可防治污染。

2. 构建绿色消费模式，既节约又是解决食品等消费安全的良策

消费不仅是经济发展的起搏器，也是改善生活质量、促进人的全面发展的最有效手段。从经济史上看，人们的消费模式以及相应的消费观有四种：节俭型消费、挥霍型消费（高消费）、适度消费和绿色消费。其中，绿色消费一定意义上涵盖了适度和节俭型消费，是一种具有环保意识和健康安全意识的消费模式，它不仅要求人们的消费规模和增长速度必须保持在收入和需要的适当范围内，还要求消费者具有环保意识，认识到环境变化对人们生活质量和生活方式的影响。绿色消费要求消费者在消费过程中选择环保产品、节能产品和安全产品，努力减少一次性消费，克服"用毕即扔"的消费习惯，提高产品的利用率，积极推动废弃物的再资源化和再利用，把环保意识落实到日常的消费活动中去。

针对我国当前部分地区消费方式由"生存型"向"奢侈型"变化的趋势。要构建节约型社会，就必须率先将高消费、高消耗的"物质享受第一型"消费模式转变为适度的、可持续的绿色消费模式。必须在全社会形成崇尚节俭、合理消费、适度消费的理念，用节约资源的消费理念引导消费方式的变革，真正实现人与自然、人与社会，以及人自身的可持续发展。

3. 大力发展循环经济

循环经济是相对于传统增长模式的新经济增长模式，是回归人类社会经济系统与自然生态系统之间物质循环运动的本质属性，运用生态学规律改造传统经济系统的线型物质流动模式，以物质的高效利用和充分循环利用为核心，以“减量化（Reduce）、再循环（Recycle）、再利用（Reuse）”为原则，以低消耗、低排放、高效率为基本特征，重新构造经济系统，实现“资源—产品—消费—再生资源”的物质和能量梯次、闭环流动型经济，是减少污染的安全战略问题。

从加快发展循环经济入手，这是转变经济增长方式的迫切需要，也是提高资源利用率和提高生产率的迫切需要。节约资源不仅是美德，更是寻求减少资源消耗、治理环境污染的治本之策。在建设资源节约型城市方面，要充分运用循环经济的减量化原则，针对我国能源、资源高消耗的现状，突出抓好节电、节煤、节油、节水和降低原材料消耗工作；严格实行市场准入，控制新上高消耗、高能耗、高污染项目，依靠科技，大力推广节能降耗新技术新工艺，坚决淘汰消费资源、污染严重的落后工艺、设计和产品。同时，用不断提高素质的人力资源，尽可能多地取代物质资源，实现经济、社会、环境的“三赢”。

要加快制定我国循环经济发展“十一五”规划，明确循环经济未来发展的思路、目标、步骤和政策措施，制订和完善战略性资源的中长期开发和利用规划，加快建立促进循环经济发展的法律法规体系和相关技术体系，为循环经济发展提供有力的法律保障和技术支撑。加强环境资源、粮食资源、水资源及主要矿产资源保护法的制定和完善，制定反对浪费的法律法规，为惩罚严重破坏环境资源者和严重浪费资源者提供法律依据。加强循环经济理论研究，建立循环经济综合评价体系，完善循环经济信息系统和技术咨询服务等体系。

4. 抓好城市节能、节水

加强节能。要严格高能耗行业的准入标准，限制高能耗项目建设，突出抓好钢铁、有色金属、煤炭、电力、化工、建材等重点耗能行业的节能工作。推广先进的节能监控技术和能源计量检测，实现技术节能、管理节能。重点抓好建筑节能，据有关资料显示，建筑能耗（包括建设中的能耗和建筑物使用中的能耗）占城市总能耗的40%以上。因此，建筑节能是建设节约型城市的一项重要内容。要大力推动新建住宅和公共建筑节能，新建建筑严格实施节能设计标准。

加强节水。要推进工业生产中水回用及污水再生利用，提高工业用水重复利用率。推进城市节水，降低城市供水管网漏失率，提高节水器具普及率。调整水资源费标准，合理调节水资源的开发利用和保护。

5. 引导社会公众树立节约意识

除了政府和企业，社会公众是建立节约型社会的三大主体之一。公众的节约意识与节约技能，则是衡量节约型社会建设实际成效的一项重要指标。因此，要大力发扬优良传统，引导社会公众重视节约、乐于节约、善于节约。中华民族在历史上是一个十分崇尚节俭的民族，先贤哲人们歌勤颂俭的作品不胜枚举，早在2000多年前，孔子就提出了“节用而爱人，使民以时”的观点，将“节用”与“爱人”放到同等重要的位置。思想家荀子也提出“强本而节用，则天不能贫”的观点。中国资源储量的“本”并不强，因此更需要在“节用”上下功夫。这些思想无不反映了中华民族勤劳节俭的优良传统，是我们进行节约教育的优良文化资源。在建设节约型社会的过程中，必须结合“勤俭自强”这一新时期公民道德建设的基本要求，增强全民资源节约意识，要广泛、深入、持久地开展资源节约宣传，通过广播电视、报刊杂志、互联网等各类媒体，大力普及资源保护与合理、节约利用资源相关知识，向公众传授资源节约的技能和技巧，尽快形成有效的资源节约型主体，包括资源节约型政府、资源节约型单位和资源节约型家庭等，达到大力弘扬中华民族传统的节俭美德，形成节约光荣、浪费可耻的社会风尚，建设节约型文化，营造节约氛围，提高全社会对建设节约型社会重大意义的认识，增强紧迫感和责任感的目的。

城市发展与安全的思考

国家发改委经济研究所副所长　杨宜勇

城市是人类文明高度发达的产物，其产生已经有几千年的历史。从城市诞生到工业革命以前的这一段时间内，城市的发展速度一直比较缓慢。工业革命促进城市的巨大发展，使人类进入了城市化发展阶段，城市规模日益扩大，城市人口数量和密度不断增加，城市结构日益复杂。上述情况的出现导致对城市构成威胁的风险因素日益增加，对城市安全构成巨大的挑战。自从城市诞生之日起就面临着保障城市安全问题，其所面对的安全问题种类繁多。对城市安全构成威胁的因素既有自然因素也有各种人为因素。在城市发展早期，战争的掠夺性决定了作为财富和人口主要聚集地的城市成为其主要的战争对象。因此，人们通过构筑坚固的城墙来保护城市的安全。源于英国的工业革命极大地促进了城市的发展，开启了人类的城市化进程，城市的规模和结构都发生了巨大的变化，城市内部的风险因素不断增加，并且逐渐超越城市的外部风险因素成为对城市安全构成威胁的主要风险。

中国的城市化进程和经济发展相联，经济发展引起城市化。[①] 随着我国经济发展，我国的城市化进程不断加快。城镇人口以每年1%左右的速度增长，城镇人口占总人口的比重由1978年的17.92%增加到2005年的42.99%。城市化进程极大地促进了我国城市的发展，带动了城市周边地区经济的发展，在一定程度上缩小了我国城乡之间的差距，有力地促进了我国国民经济的发

① 张宏霖著："中国城市化与经济发展"，《中国城市化：实证分析与对策研究》，厦门大学出版社，2002年版，第42—55页。

展。但是，城市的快速发展也带来了一系列的问题，严重威胁着城市的进一步发展甚至是其存在。比如，城市赖以存在的自然资源短缺、环境污染严重、收入差距拉大和城镇就业形势严峻等。如果上述问题得不到完满地解决，它们将阻碍我国城市进一步发展，对城市安全构成巨大的风险。因此，要对城市发展以及城市安全进行深入研究，进而保证城市快速健康发展，实现我国城镇化发展战略的目标，为实现全面建设小康社会的总目标奠定基础。

一、城市的产生与发展

（一）城市的概念

公元前3000多年，在古埃及、巴比伦、古印度和中国等地区出现了第一批城市。若从那时算起，城市的产生已经有5000多年的历史。城市的产生是人类历史上具有划时代意义的事件，是人类聚落形态的一次空前革命。然而，由于城市本身产生、发展的历史渊源不同以及学者们的认识角度、考察目的、研究范围存在差异，所以对城市概念的理解存在着较大的差别。不同的学科从各自不同的角度对城市的概念进行了界定，包括地理学、社会学和经济学等，其中对城市概念的界定主要集中于社会学和经济学。

1. 社会学对城市的界定

城市不仅仅是由房屋和道路等无序堆积所构成的物质存在，它是人类活动的产物，是人类文明的体现。因而，作为人类主要聚集形式之一的城市成为社会学重要的研究对象之一。G. 舒尔伯格（Gideon Sjoberg）将城市定义为住有各种非农业专业人员并拥有一定面积和密度的社区。J. W. 巴杜（John. W. Bardon）和J. J. 哈特曼（John. J. Hartman）认为城市是具有人口规模巨大、居住稠密、异族杂居、有非农职业及市场功能等五大特征的特殊社会组织。城市社会学（Urban Sociology）芝加哥学派代表人物R. E. 帕克（Robert Ezera Park）指出，城市是一个由内部存在的过程将各个不同组成部分结合在一起的社会有机体。[①] 国内有的学者认为城市是一种由非农人

① 程红著：《城市经济——理论、演进、发展》，中国人民大学博士论文，1995年。

口组成的拥有较大规模和复杂结构的社会共同体。[①] 由城市的上述概念可以看出，社会学着重强调的是城市的社会性，认为城市是社会有机体或者社会共同体的一种。

2. 经济学对城市的界定

作为对社会现象进行解释的经济学，从城市产生的原因角度对城市的概念进行界定。英国著名城市经济学家 K. J. 巴顿（K. J. Button）概述说："城市是一个坐落在有限空间地区内的各种经济市场——住房、土地、劳动力、运输等——相互交织在一起的网状系统。"法国学者普鲁奥梅（R. Prud'Homme）则在强调城市空间集聚同时认为城市首先是一个交易的场所。[②] 美国著名的城市经济学家奥沙利文则认为城区（Urban area）是一个具有相对高度人口密度的区域，因为城市经济是基于不同经济行为的频繁发生，而这只有在大量厂商和家庭集中在相对小的面积区域内才可能发生。[③] 由此可以看出，经济学认为城市是由人的聚集所形成的市场。

3. 城市的字面含义

由于东西方思想和文化的不同，我国古代对城市概念的理解往往停留在对城市的字面理解之上。在有关城市概念的相关文献中，"城"和"市"是两个相互独立的概念。"城"是指都邑四周的城垣。《墨子・七患》曰："城者，所以自守也。"《管子・度地》云："地之守在城。"《吴越春秋》指出："鲧筑城以卫君，造郭以守民，此城郭之始也。"[④]"市"是指交易买卖的场所。《易经・系辞下》记载："日中为市，致天下之民，聚天下之货，交易而退，各得其所。"《诗・鄘・定之方中》说："文公徙之楚丘，始建城市而营宫室。得其时制，百姓说之，国家殷富焉。"孔颖达疏据《毛诗正义》曰："文公乃徙居楚丘之邑，始建城，使民得安处，始建市，使民得交易。"由此可以看出，在我国古代"城"与"市"是两个不同的概念。"城"是指具有防御作用的城墙，其意义与郭相近，因此有时通称之为城郭；"市"则指的是供人们进行交易的场所。通常情况之下，城与市结合在一起，构成一个功能统一的有机整体。一方面为人们提供防御功能，保障人们的生命和财产安

---

① 郑杭生主编：《社会学概论新修》，中国人民大学出版社，2002 年版。

② 程红著：《城市经济——理论、演进、发展》，中国人民大学博士论文，1995 年。

③ 奥沙利文著，苏晓燕等译：《城市经济学》，北京：中信出版社，2003 年版。

④ 叶裕民主编：《中国城市化与经济发展》，北京：科学出版社，2007 年版。

全；另一方面，为人们提供交易场所，保障人们基本的生命安全，使生命得以维持和继续。在不同的历史时期，人们对城市防御和提供交换场所两大功能各有所侧重。

（二）城市的产生与发展

1. 产生

在原始社会的大部分时间中，人类以采集狩猎为生，主要居住在洞穴中。原始社会后期，产生了以畜牧业和农业分离为标志的第一次社会大分工。此后，随着生产力的发展，劳动生产率不断提高，出现了剩余产品，使一批人脱离农业劳动，人类社会发生了第二次大分工，即农业与手工业的分工。第二次社会大分工是城市产生的一个重要契机，因为从事加工业的手工业者摆脱了土地的束缚，去寻求地理位置适中、交通方便、利于交换的地点集中居住，以手工产品换取农民手中的农产品。[①] 随着商品交换的进一步扩大，形成了人类社会的第三次分工，商人阶层应运而生。因此居住地的居民以及所聚集起来的财富成为居住地以外人们掠夺的对象，为了保护自己的生命和财产安全，这些聚居地拥有财富的居民开始在居住地周围建筑城墙，于是出现了人类最早的城市。

2. 缓慢发展

以欧洲来说，从公元前 1000 年以后至公元 5 世纪罗马帝国衰亡为止，以生产力水平的提高为依托，欧洲的城市发展水平有了显著提高，城市规模不断扩大。到公元 3 世纪，罗马人口超过 100 万。[②] 同时，城市的功能不断完善，城市成为政治、经济和文化中心。中世纪是欧洲的黑暗时期，城市发展极为缓慢。11 世纪以后，随着新航路的开辟，商品交换扩大到世界范围，城市在整个欧洲再次兴起。12—13 世纪，一批处于交通便利地点的城市商业贸易活动开始活跃起来，而商业的繁荣则推动了城市的兴盛，佛罗伦萨、都灵等亚得里亚海沿岸城市就是其中的典型代表。同时，由于火药在战争中的运用，战争由冷兵器时代过渡到火器时代，城市的防卫手段也随之发生变化。“防卫不再是修一堵墙和把滚烫的油浇到攻击者身上那样简单了，它要

① 郑杭生主编：《社会学概论新编》，中国人民大学出版社，2002 年版。

② 奥沙利文著，苏晓燕等译：《城市经济学》，北京：中信出版社，2003 年版，第 8 页。

求修建错综复杂的防御工事和雇用职业士兵。”[①] 因此，欧洲于 15 世纪出现了大的商业城市。然而，世界城市在工业革命之前的发展还是处于十分缓慢、曲折的过程之中。世界城市人口经历了长达 1000 年之久的增长，始终停留在 3%左右的水平。

3. 城市化

发端于 18 世纪中叶的工业革命，使人类社会的发展进入到城市化发展阶段，使城市发展迎来了一个崭新时期。在工业革命的浪潮中，城市发展之快、变化之大，超过了以往任何时期。产业革命刚刚进行了几十年，世界城市人口占总人口的比重便以每 50 年翻一番的速度增长：1800 年为 3%，1850 年为 6.4%，1950 年为 28.2%。到目前为止，世界城市人口已经接近总人口的 50%。[②] 与此同时，城市规模迅速扩大。1700 年欧洲最大城市为君士坦丁堡，人口为 70 万人；到 1900 年欧洲最大城市为伦敦，人口达到 648 万人，其人口数量是 1700 年君士坦丁堡人口数量的 9.25 倍；1900 年城市规模处于欧洲第 10 位的利物浦，总人口为 94 万人，其人口数量比 1700 年欧洲第一大城市君士坦丁堡的人口数量仍然多 25 万人（见表 1）。

表 1　1700 年和 1900 年欧洲最大城市人口　　单位：千

城市	君士坦丁堡	伦敦	巴黎	那不勒斯	里斯本
1700 年	700	550	530	207	188
城市	阿姆斯特丹	罗马	威尼斯	莫斯科	米兰
1700 年	172	149	144	130	124
城市	伦敦	巴黎	柏林	维也纳	圣彼得堡
1900 年	6480	3330	2424	1662	1439
城市	曼彻斯特	伯明翰	莫斯科	格拉斯哥	利物浦
1900 年	1255	1248	1120	1072	940

数据来源：奥沙利文著，苏晓燕等译：《城市经济学》，北京：中信出版社，2003 年版，第 83 页。

---

① 奥沙利文著，苏晓燕等译：《城市经济学》，北京：中信出版社，2003 年版，第 85 页。

② 郑杭生主编：《社会学概论新修》，中国人民大学出版社，2002 年版。

通过城市的发展过程可以看出，城市在其发展初期注重于防御功能。随着战争水平的不断提高以及商业的不断发展，城市本身的防御功能逐渐弱化，城市市场的功能不断得以强化。

二、城市安全

（一）城市安全

根据国际经验，当人均 GDP 处在 1000 美元至 3000 美元的发展阶段，往往是一个国家或者地区的经济容易失调、社会容易失序、心理容易失衡、社会伦理需要调整重建的关键时期，也是危机频发的时期。2001 年，我国的人均 GDP 达到 8622 元，按照当年美元对人民币的汇率为 1∶8.277，折合 1041.7 美元。① 因此，2001 年我国进入危机频发时期。与此同时，我国正处于进行政治和经济等社会体制重大变革以及社会利益结构的重大调整时期，导致人民在观念、权利、利益等方面发生矛盾冲突，从而可能引发公共危机。城市作为主要的人口聚集地，人口密度大，结构复杂，所以更是各种危机的高发地区。随着城市的发展，城市安全成为制约我国城镇化顺利推进的一个重要因素。目前，对于城市安全的研究主要集中于两个方面的内容：第一个方面主要研究城市公共安全；② 另一个方面是研究城市的生态安全，即如何实现城市与自然的和谐发展，从而实现城市本身的可持续发展。③ 从宏观角度对城市发展中的安全问题进行的相关研究较少，对城市发展与安全的研究较为薄弱。城市安全是指城市在生态环境、经济、社会、文化、人身

① 中华人民共和国国家统计局编：《中国统计年鉴——2006》，北京：中国统计出版社，2006 年 9 月版。

② 刘茂、赵国敏、王伟娜著："城市公共安全规划编制要点和规划目标的研究"，《中国公共安全·学术版》，2006 年总第 4 期，第 10—18 页；董华、张吉光等著：《城市公共安全——应急与管理》，北京：化学工业出版社，2006 年版。

③ 叶裕民主编：《中国城市化与可持续发展》，北京：科学出版社，2007 年版；吴向阳著："中国可持续城市化：问题与建议"，《青岛科技大学学报（社会科学版）》，2006 年 1/22（3），第 1—6 页。

健康、资源供给等方面保持的一种动态稳定与协调状态，以及对自然灾害和社会与经济异常或突发事件干扰的一种抵御能力。城市安全包含的内容十分广泛，不仅包括城市的公共安全和生态安全，还包括城市的食品安全、经济安全、社会安全等多方面的内容。

（二）城市公共安全的分类

城市作为一个巨大的社会有机体，需要不断地从周围的自然环境中获得各种资源以维持其正常的运转，比如水、空气、能源等。同时，城市又将自身所产生的废弃物排放到周围的环境之中，对城市周围的环境构成巨大的影响。周围自然环境的变化又会影响到城市本身，所以城市与自然环境处于一个周而复始的循环之中。与此同时，城市内部结构日趋复杂，存在各种潜在风险，也威胁着城市的发展与安全（见图 1）。城市安全内容繁多，但是可以归结为以下几类。

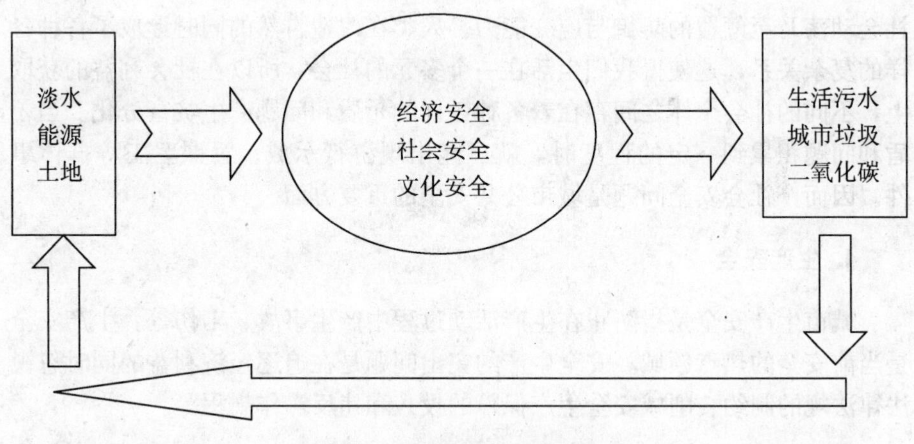

图 1　城市自然资源交换

1. 生态安全①

城市生态环境安全是指城市赖以生存、发展的环境处于一种不受污染

① 国家信息中心："城市的安全概念和内容"，《市长决策参考》，2005 年 5 月 13 日总第 7 期，第 2 页。

（危害）的良好状态，在这种状态下，城市保持着一种完善的结构和健全的生态功能，并具有一定的自我环境调节与净化功能。城市生态环境是人类从事社会经济活动的物质基础，是城市形成和持续发展的支持系统，因此城市生态环境安全是城市安全的基础条件。

2. 食品安全

食品安全关系到人民群众的健康和生命安全，食品的假冒伪劣不仅是坑害消费者，而且是对生命的藐视。城市食品安全是指通过强化食品卫生的立法、监督和执法，保证食品、生活饮用水等与饮食相关产品的安全卫生，加强动物检疫工作，完善动物疾病监测、防治、检疫和监督体系，保障动物产品安全，从而全面确保城市食品的卫生和安全。

3. 社会安全

城市社会安全是指城市在日常运转过程中具有的组织性、秩序性和稳定性，以及受到内部或外部干扰（如暴力、战争、自然灾害等）时不至于造成社会动荡乃至颠覆的防御与应变能力。人类在改造自然的同时形成了各种各样的复杂关系，这使得我们生活在一个多元的社会，所以在社会利益的获取上，不同的社会个体之间存在着各种各样的矛盾和问题产生贫富分化。当矛盾和问题积累到一定的程度时，就可能出现游行示威、罢课罢工等群体事件。因而，社会安全问题是城市公共安全的重要方面。

4. 生产安全

城市生产安全是指防止在生产活动过程中产生事故、工伤等。生产安全是当前安全的热点领域。安全生产的突出问题是在追逐经济利益的同时忽视法律法规的制约、削减安全生产保障的投入和违反操作规程等。

5. 经济安全

城市经济安全是指经济本身的安全，即城市经济在受到各种外来威胁，如自然灾害、通货膨胀及周期性经济起伏波动时仍能保持正常运行和发展，使城市经济发展的秩序与大局不被打乱，并能在国内外竞争中争取到有利的地位和良好的外部环境。

三、城市发展

（一）城市化

当前城市发展集中表现为城市化过程，它通常指伴随着人口集中，农村地区不断转化为城市地区的过程。城市化过程使城市数目增多，城市人口和用地规模扩大，城市人口在总人口中的比重不断上升。自从发端于18世纪60年代英国的工业革命以来，城市化已经有200多年的历史。[①] 美国地理学家诺瑟姆（Northam. R. M）通过对各个国家城市人口占总人口比重的变化研究发现：城市化进程具有阶段性。第一阶段为城市化初期阶段，城市人口增长缓慢，当城市人口占总人口的比重超过10%以后，城市化进程逐步加快；当城市化水平超过30%时，城市化进程进入第二阶段并出现加快趋势，这种趋势要一直持续到城市人口占总人口比重超过70%以后，才会趋缓；此后城市化进程进入第三阶段，城市化进程停滞或略有下降趋势。

（二）我国城市化进程

建国59年以来，我国的城市发展取得了巨大的成就。2006年我国城市总数为661个，其中地级及以上城市287个，比2002年增加8个；地级及以上城市（不包括市辖县）年末总人口36764万人，比2002年末增加3840万人，增长11.7%。2006年我国地级及以上城市（不包括市辖县）地区生产总值由2002年的64292亿元增加到132272亿元，增长1.1倍，年均增长20.4%；占全国GDP的比重由2002年的53.4%上升到2006年的63.2%，提高了9.8个百分点。[②] 回顾其发展历程，我国的城市发展大体可划分为以下五个阶段：

---

① 郑杭生著：《社会学概论新修》，中国人民大学出版社，2002年版；夏永祥、余其刚著："世界城市化进程的一般规律和中国的实践"，《中国城市化：实证分析与对策研究》，厦门大学出版社，2002年版。

② http：//news3. xinhuanet. com/politics/2007－09/26/content _ 6795323. htm.

第一阶段（1949—1957年），新中国建立以后我国由半殖民地半封建社会过渡到新民主主义社会，由于采取了一系列的措施，保障了整个社会经济的正常发展。1953年开始实施第一个五年计划，进行大规模的工业化建设和城市建设。新建城市6个，大规模扩建城市20个，一般扩建城市74个。[①] 1949—1957年期间，平均每年增加城镇人口445万，年城镇人口增长率为7.06%，城市化水平由1949年的10.6%上升到1957年的15.4%，年均增长0.53个百分点（见图2）。

第二阶段（1958—1960年），从1957年开始，特别是1958年中共“八大”之后，我国进入了“大跃进”时期。重工业生产总值年均增长速度为49%，轻工业年均增长速度为14%。伴随着工业的“大跃进”，作为工业摇篮的城市发展也进入到“大跃进”时期。在这一时期，城镇人口占全国总人口的比重由1957年的13.08%猛增到1960年的16.61%，年平均增长1.2个百分点。1961年城镇人口占总人口的比重上升到19.3%（见图2）。

第三阶段（1961—1977年），由于城市化的“大跃进”，造成城镇人口过度膨胀，城镇就业困难。同时由于“三年自然灾害”，粮食产量减少，粮食供给量不足，致使城市粮食供给困难。1961年6月中央决定，在1960年底1.29亿城镇人口的基础上，三年内必须减少城镇人口2000万以上。[②] 从1961年到1963年全国共精简职工2546万人。1966年“文化大革命”开始之后，大批的城市青年响应毛泽东的号召，纷纷由城市走向农村，1977年城镇人口比重下降到17.6%（见图2）。

第四阶段（1978—1994年），“文化大革命”结束之后，特别是中共十一届三中全会之后，全国政治、经济和社会秩序得到恢复，党的工作重心转移到经济建设领域。我国的城市恢复发展，城市化进程得以继续进行。城镇人口占总人口的比重由1978年的17.92%增长到1992年的27.46%（见图2）。城市数量由1978年的193个增加到1991年的479个。[③]

---

① 夏永祥、余其刚著：“世界城市化进程的一般规律和中国的实践”，《中国城市化：实证分析与对策研究》，厦门大学出版社，2002年版。

② 夏永祥、余其刚著：“世界城市化进程的一般规律和中国的实践”，《中国城市化：实证分析与对策研究》，厦门大学出版社，2002年版。

③ 夏永祥、余其刚著：“世界城市化进程的一般规律和中国的实践”，《中国城市化：实证分析与对策研究》，厦门大学出版社，2002年版，第8页。

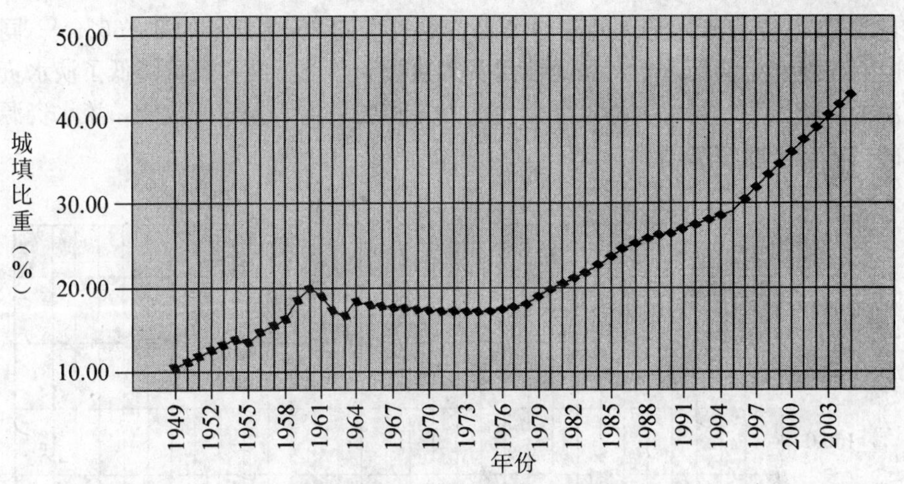

图 2　城镇人口占总人口的比例

资料来源：中华人民共和国国家统计局：《中国统计年鉴——2006》，北京：中国统计出版社，2006 年 9 月版。

第五阶段（1995 年至今），中共十四届三中全会确立了建立社会主义市场经济的改革目标，解放了生产力，极大地促进了经济发展。我国的人均国内生产总值由 1995 年的 5046 元增长到 2005 年的 14040 元，年均增长 10.78％。经济的快速发展加速了我国的城市化进程。同时，党中央提出了城市化战略，进一步加速了我国的城市化速度。城镇人口占总人口的比重由 1995 年的 29.04％增长到 2005 年的 42.99％，平均每年增长 1.395 个百分点。

四、城市生态安全

（一）自然资源供需紧张

1. 淡水资源短缺

我国是世界上淡水资源缺乏的国家之一，2003 年我国人均淡水资源总量为2183立方米，是世界人均淡水资源总量6895立方米的31.66%。[①] 同时，工业和生活污水对我国的淡水资源造成了严重污染，严重降低了淡水资源的供给能力。另一方面，随着生产方式和居民生活方式的改变，淡水资源的需求量不断增加（见图3）。

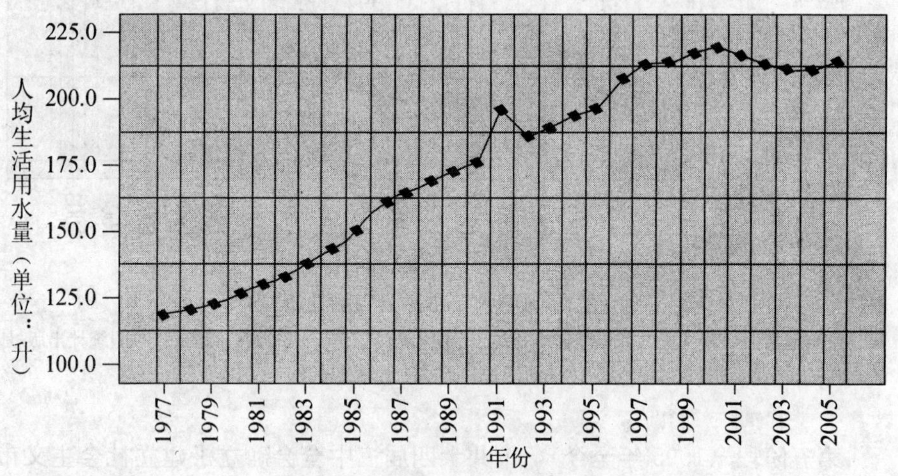

图3　居民人均日生活用水量

数据来源：国家统计局国民经济综合统计司编：《新中国五十五年统计资料汇编》，北京：中国统计出版社，2005年11月版。

从图中可以看出，1977年我国人均日生活用水量为118.5升；此后，居民人均日生活用水量连年增加，到2000年居民人均生活用水量已经达到220.2升，年均增长2.73%。从2000年开始，居民人均日生活用水量开始由增长转变为递减，到2004年居民人均生活用水量减少到210.8升。然而，2005年我国的人均生活用水量又出现大增长，达到213.4升，人均生活用水比上年增加2.6升。[②] 在淡水资源供给和需求两方面共同作用之下，我国大多数城市都面临缺水的问题。全国661座城市中，约有420座城市缺水，其中114座严重缺水，北方一些城市被迫限量供水。全国城市日缺水量达1600万立方米，年缺水量60亿立方米。据粗略估计，由于缺水造成经济损

① 中华人民共和国国家统计局编：《中国统计年鉴——2005》，北京：中国统计出版社，2005年9月版。

② 2005年居民人均生活用水量为423.1立方米，可转化为213.4升。

失每年大约2000亿元。[①] 由此可以看出，淡水资源短缺的问题已经成为威胁我国城市发展以至生存的重大问题。

2. 土地资源有限

我国幅员辽阔，国土总面积为960万平方公里，但是人均耕地面积仅为1.41亩，已经接近保证粮食安全的底限。随着城市化进程的加快推进，城市规模不断扩大（见图4）。1996年至1999年期间，城市建成区面积由20214.18平方公里增加到21525平方公里，每年平均增加436.94平方公里，平均每年增长2.12%。从2000年开始，城市建成区面积加速扩大，每年平均增加2016.6平方公里，年均增长7.71%。“十五”期间，城市规模扩张速度远远大于“城市建设用地每年不得超过200万亩”的标准。[②]

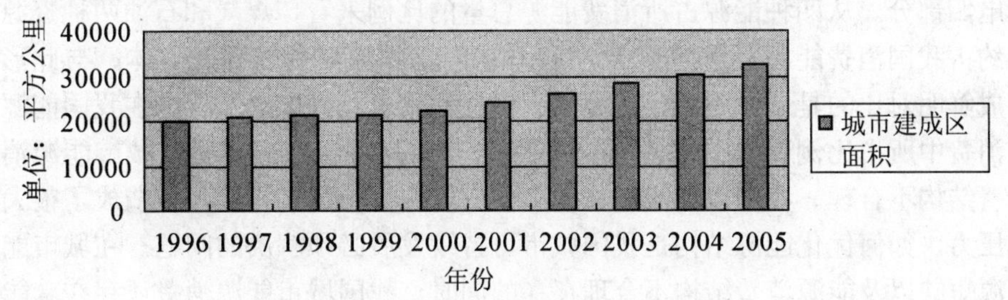

图4　1996—2005年我国城市建成区面积

数据来源：通过整理《中国统计年鉴》获得。

在土地特别是耕地资源紧缺的情况下，城市建设用地利用方式粗放，利用效率低下。首先，城镇建设用地增长快于城镇人口增长。1991—2002年，全国41个特大城市主城区用地平均增长超过50%，城市用地规模弹性系数2.28，均高于1.12的合理值。2003年全国660个设市城市建成区平均整体容积率仅0.50，低于合理值。其次，城市土地利用结构和布局不合理。主要表现在公共服务设施、基础设施用地和生态环境用地不足，

---

① 吴向阳著：“中国可持续城市化：问题与建议”，《经济研究参考》，2007年第27期，第38页。

② 吴向阳著：“中国可持续城市化：问题与建议”，《经济研究参考》，2007年第27期，第38页。

城市中工业用地比例过大。我国城市工业用地一般在20%—30%之间，而发达国家一般不超过15%；商业服务及市政环境用地比例低于国外综合性城市5—10个百分点，容易出现交通拥挤、绿化不足、城市热岛效应等一系列问题。

3. 能源供应紧张

我国城市可持续发展面临的挑战主要是能源短缺和能源低效利用问题。能源短缺问题主要表现为城市需要的能源供应不足，尤其是石油和电力。随着重化工业、城市人口数量的增加和城市居民生活质量的提高，作为经济中心的城市对能源的需求量大幅度增加。2003—2005年全国大面积“电荒”，20多个省（市）被迫拉闸限电。2005年我国原油净进口1.3亿吨，比上年增长31.5%，原油对外依赖度已经超过40%。

我国所消费的能源主要包括煤炭、石油、天然气，以及水电、核电、风电四部分。从四种能源占所消费能源总量的比例来看，煤炭和石油两种资源约占我国消费能源总量的90%左右，它们是我国消费能源的主体。与此形成鲜明对比的是，作为清洁能源的天然气和水电、核电以及风电在我国能源消费中所占比例仅占10%左右（见图5）。由此可以看出，我国城市能源消费结构不合理。我国以煤炭和石油为主的能源消费结构，对环境造成了很大压力。如何优化能源结构是我国城市可持续发展必须解决的问题。在城市能源短缺以及能源消费结构不合理存在的同时，我国城市能源消费还存在着能源利用率低下的问题。随着技术的不断地进步，我国万元GDP能耗（以标准煤计）由1978年的15.8吨下降到2004年的5.3吨。然而，目前全国综合能源利用效率约为33%，比发达国家低10个百分点，主要工业产品的生产能耗比发达国家高出20%—100%，平均高40%以上。[①]

例如电荒。[②] 尽管人们不愿意看到，但电力“冬荒”的疑虑正变为事实。2004年11月，湖南已有14个地区开始“计划用电”。广东规定：从12月1日起，当居民用电量超过“定额”后，将不再享受原先的优惠电价。由于冬季供暖，北方的电力紧缺更是雪上加霜。石家庄市在11月中旬5天的时间里拉闸限电达81路次；能源大省山西不得不精打细算地对11个地区按月切块分解指标以“勉强度日”。

① 吴向阳著：“中国可持续城市化：问题与建议”，《经济研究参考》，2007年第27期，第39页。

② http：//www.china5e.com/news/zonghe/200401/2004011/20081.html.

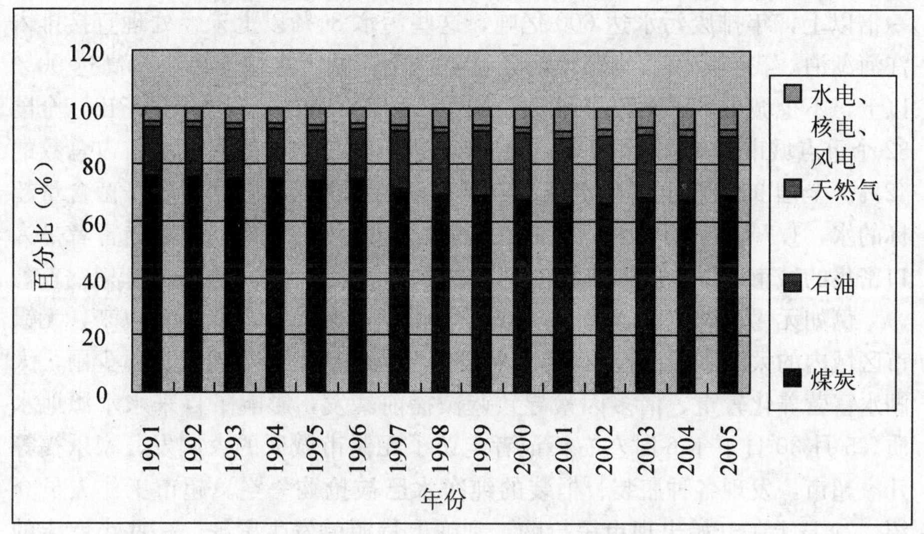

图 5　1991—2005 年我国能源消费结构

数据来源：中华人民共和国国家统计局编：《中国统计年鉴——2006》，北京：中国统计出版社，2006 年 9 月版。

电力紧缺正在各个领域引发连锁反应。正处于价格上扬中的煤炭更加“紧俏”：2004 年 11 月份，山西、河南、陕西煤炭价格每吨上调 10 元至 15 元。由于拉闸限电导致产能压缩，9 月中旬，一些地区水泥市场价格与年初相比上涨 60％以上，由此带动其他建筑材料全线上涨。

缺电的影响已让一些地方感到难以承受。GDP 年均增幅达到 13％的浙江从 2004 年夏开始陷入“路灯亮一半，工厂轮班开”的尴尬局面，11 月下旬以来，每天拉闸限电 300 万千瓦以上。广东省已制订紧急预案：一旦出现“紧急情况”，将高价进口煤炭，缓解压力。

（二）环境污染

我国城市的快速发展给环境带来了巨大的压力，城市环境问题正在成为制约我国经济和社会发展的一个重要因素。虽然大多数城市加大了环境治理和保护的工作力度，并取得了一定的成效，但是我国城市环境污染状况仍然十分严峻。

1. 水污染

据水利部门调查资料，目前废污水排放量已经超过 20 世纪 80 年代初的一倍以上，年排废污水达600亿吨，这些污水80%以上未经处理直接排入江河湖泊。我国城镇供水环境污染日益严重，城市水域受污染率高达90%以上，不少城市供水水源受到威胁。国家环保总局的一份报告也指出，全国32个重点城市的71个水源地，有30个达不到二类饮用水标准，占总数的42%。全国90%以上城市水域污染严重，如今7亿人饮用大肠杆菌含量超标的水，1.7亿人饮用被有机物污染的水。[①] 水污染首当其冲的受害者是人口密集的城市居民，而人口和工业集中的城市也是造成水污染的罪魁祸首。

例如无锡太湖蓝藻爆发。[②] 各方监测数据显示：2007年入夏以来，无锡市区域内的太湖水位出现50年以来最低水位，加上天气连续高温少雨，太湖水富营养化较重，诸多因素导致蓝藻提前暴发，影响了自来水水源地水质。5月30日下午6时左右，记者走访了无锡市城区的大润发、家乐福等几家超市，发现各种瓶装、桶装的纯净水已被抢购一空。超市工作人员介绍，29日上午开始出现市民抢购，到晚上货源就发生紧缺。一些小商店的纯净水也是一瓶难求，少数经营户还趁机提高了价格，原本6元一桶的纯净水被卖到了10元。

2. 城市大气污染

中国城市大气污染总体较前几年有所改善，但形势仍很严峻。2005年监测的522个城市中，空气质量为三级的城市有152个，占29.1%；劣于三级的城市有55个，占10.6%。[③] 2006年《全国环境公报显示》，全国废气中二氧化硫排放量2588.8万吨，其中工业二氧化硫排放量为2234.8万吨，占二氧化硫排放总量的86.4%，比上年增加3.1%；生活二氧化硫排放量354万吨，占二氧化硫排放总量的13.6%。烟尘排放量1088.8万吨，其中，工业烟尘排放量864.5万吨，占烟尘排放总量的79.5%；生活烟尘排放量224.3万吨，占烟尘排放总量的20.5%。

3. 城市固体废弃物污染

城市固体废弃物是指城市工业固体废弃物和城市生活垃圾。城市固体废弃物对城市的可持续发展造成巨大的压力。固体废弃物处置和综合利用的压

① 叶裕民主编：《中国城市化与可持续发展》，北京：科学出版社，2007年版。

② http：//news.qq.com/a/20070531/000666.htm.

③ 吴向阳著："中国可持续城市化：问题与建议"，《经济研究参考》，2007年第27期，第39页。

力越来越大。2005 年，全国工业固体废弃物产生量为 13.4 亿吨，比 2000 年增加近 5.4 亿吨。同时，城市生活垃圾产生量也呈直线增长态势，1980 年不足 0.5 亿吨，到 2005 年达到 3.4 亿吨，年均增长 8.5%。“十五”期间，城市生活垃圾无害化处理率出现下降趋势。2001 年我国城市生活垃圾无害化处理率为 58.2%，到 2005 年下降为 51.69%，平均每年下降 1.3 个百分点（见图 6）。全国城市生活垃圾无害化处理率平均为 57.76%，有 160 个城市的生活垃圾无害化处理率为零，全国近 2/3 的城市陷入垃圾的包围之中。大量的垃圾简易填埋或露天堆放在城市郊区、江河沿岸，由此引发了水源污染、水质下降和传染病流行等一系列问题。

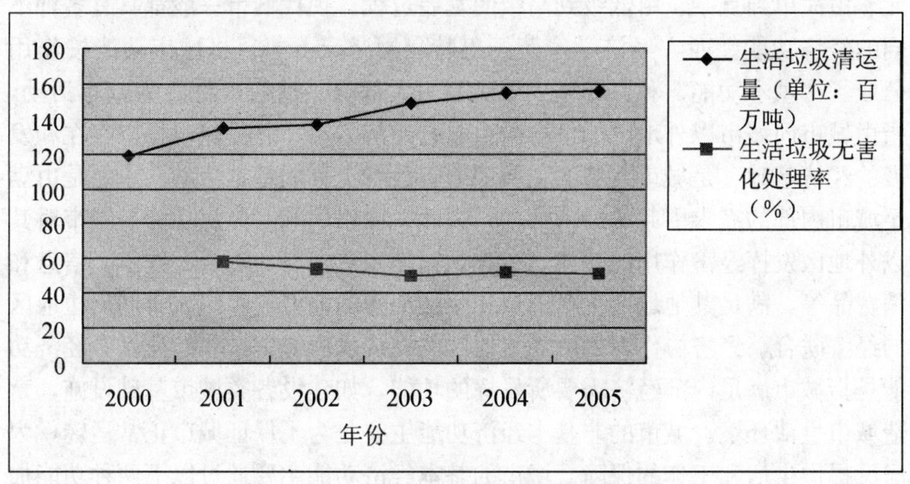

图 6　2000—2005 城市生活垃圾清运量及无害化处理率

数据来源：http：//www.stats.gov.cn/tjsj/qtsj/hjtjzl/hjtjsj2005/t20061204_402369415.htm.

五、城市功能与安全

城市的功能指的是城市在国家或区域的政治、经济、文化生活中所承担的任务和作用。① 按其属性划分，城市功能可分为经济功能、社会功能和文

① 赵伟著：《城市经济理论与中国城市发展》，武汉大学出版社，2005 年版，第 19 页。

化功能等。城市功能是城市得以存在和发展的基础，只有功能健全的城市才能生存并不断地发展壮大；否则，城市将会因功能欠缺而不断萎缩，最终走向消亡。因而，城市功能对城市安全具有极其重要意义。

（一）城市经济功能与安全

1. 城市的经济功能

城市经济功能是指一个城市在不同的空间范围内具有的经济功能和发挥的经济作用。[①] 在城市的发展过程中，城市的经济功能经历了由单一到多元、由简单到复杂、由低级到高级的发展过程。现代城市一般都具有多种不同的经济功能。西方经济学家萨姆巴特（M. Sombart）将城市功能按作用分成了“基本功能”和”非基本功能”两大部分。前者也称之为基本活动，指由城市向城市以外地区的供给所引起的经济活动，它是城市得以存在和发展的经济基础，是城市发展的主要动力。后者也称非基本活动，主要是由满足城市内部的需求引起的经济活动。因此，城市的基本经济功能是城市对其以外地区发挥经济作用的功能。比如，输出生产资料、资金、技术、信息和消费品等，满足其他地区生产消费和生活消费的需要，组织城市同周边地区的经济联合、经济协作，带动周边地区的经济发展等。城市的非基本经济功能是指城市满足内部经济需要所发挥的功能，如建设各类城市基础设施，营造城市生活环境。城市的非基本经济功能主要是为了保证城市正常运转，为居民提供生活和工作的保障。城市的基本经济功能主要通过以下两种功能加以体现：首先，城市具有集聚功能。在城市范围之内，不仅集中了大量的人口，更为重要的是人口的集中带来了文化、知识、技术、资金、信息等各种社会经济资源的集聚。城市的这种集聚功能，大大加强了社会经济资源的集中程度，为城市经济的发展提供了要素支持。集聚功能是城市最基础的经济功能，它是城市形成和发展的先决条件。其次，城市具有辐射功能。城市发展到一定阶段必然会向外辐射其影响，这种辐射效应是集聚效应的反向作用，在实质上是城市经济向外传播各种资源，进而带动与该城市相邻地域范围的经济发展。任何一个城市、一个地区，在经济发展条件上总是优劣并存的，因此彼此都有需求。这是一种内在的经济动力，推动着城市与周边区域的相互联系和相互补充，推动着城市与区域经济的共同发展。

---

① 韩士元著：《城市经济发展专论》，天津社会科学院出版社，2003 年版。

2. 城市经济安全

（1）经济功能与产业结构

城市产业结构是指城市内部各种产业部门的相互组合关系。[①] 城市的产业结构与城市产业的组织结构、技术结构、产品结构等密切相连，是决定城市经济功能和性质的内在因素。根据各个产业在经济增长中的作用和相互之间的关系，它可以划分为主导产业、关联产业和基础产业三大类。合理的产业结构是城市经济健康发展以及城市功能得以正常发挥的前提条件。只有产业结构合理，才能有利于充分利用城市资源，发挥区域优势，提高城市产业效益，增强城市的经济实力。只有产业结构合理，才能有利于满足不断增长的人口和社会发展需要。

（2）我国城市产业结构现状

城市经济已经成为我国国民经济的重要组成部分，对国民经济的发展起重要的作用。2005 年，我国地级以及地级以上城市的生产总值为 109743.3 亿元，占全国生产总值的 59.9％。[②] 同时，全国大部分的工业和服务业也都集中在城市。2005 年我国地级以及地级以上城市第三产业的生产总值约为全国第三产业总值的 69％；地级以及地级以上城市第二产业的生产总值约占全国第二产业生产总值的 63.3％。[③] 第二、三产业在国民经济中所占比重已经占据主导地位（见图 7）。2005 年地级及以上城市第二、三产业国内生产总值占当年地级及以上城市国内生产总值的 96.06％。这反映了我国城市产业结构正处于不断高级化的趋势之中，产业结构日趋合理。但是与发达国家的城市产业结构相比，我国的产业结构还存在一定的缺陷，制约了城市经济功能的发挥。

首先，第三产业发展还明显滞后。在发达国家和地区，第三产业比重基本在 60％以上，吸收了超过 60％的劳动力就业。比如我国香港地区，2002 年第三产业比重高达 82％，吸收 80％的就业人口。目前我国绝大多数城市的主导产业还是第二产业。全国地级及以上城市第二产业国内生产总值占其国内生产总值的比例为 50.2％（见图 7）。由于我国城市产业结构的不合理，

---

① 姜杰、彭展、夏宁著：《城市管理学》，山东人民出版社，2005 年版。

② 中华人民共和国国家统计局编：《中国统计年鉴——2006》，北京：中国统计出版社，2006 年 9 月版。

③ 中华人民共和国国家统计局编：《中国统计年鉴——2006》，北京：中国统计出版社，2006 年 9 月版。

导致城市产业的吸纳能力比较差。

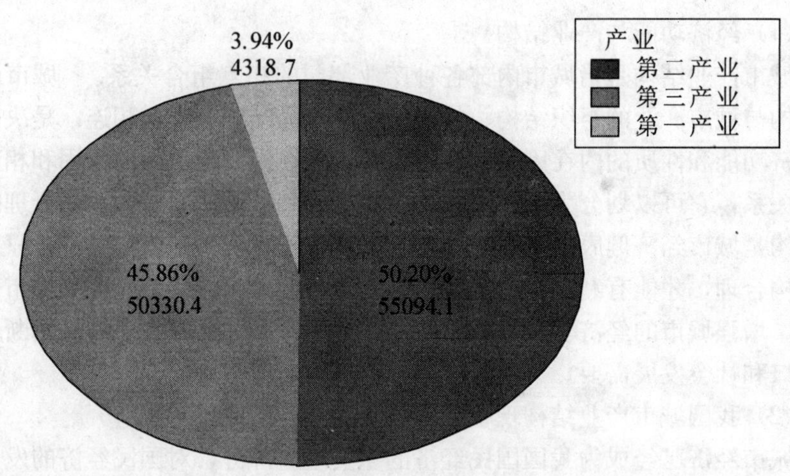

图 7　2005 年地级及以上城市国民经济核算

数据来源：中华人民共和国国家统计局编：《中国统计年鉴——2006》，北京：中国统计出版社，2006 年 9 月版。

其次，城市之间产业结构趋同化严重。在计划经济条件下，为了健全城市的经济功能。每一个城市都建立起了机械、纺织、化工和粮油等产业。城市的产业结构基本相同，城市之间产业结构的差异较小。当经济体制由计划经济过渡到市场经济以后，由于传统产业在许多城市中仍占主导地位，新兴产业尚未形成，新的重复现象更加严重，导致城市之间产业结构趋同化严重。比如，无锡和常州的产业结构相似系数为 0.993，上海与南京的产业结构相似系数为 0.946。[①] 城市产业结构的趋同化趋势严重地制约了我国城市经济功能发挥。

（二）城市社会功能与安全

1. 城市社会功能

城市社会功能是城市政府在中央政府的统一领导下，对所辖区域行使社会管理的功能。城市社会功能为经济功能和文化功能的发挥提供了制度保

① 赵伟著：《城市经济理论与中国城市发展》，武汉大学出版社，2005 年版。

障。城市只有具备了完善的社会制度，使其社会功能得以发挥，才能为城市安定、和谐的社会秩序提供制度保障，才能为城市经济和文化的发展提供基础，才能为城市的安全和发展提供保障。

2. 城市社会安全

我国快速发展的国民经济极大地促进了我国城市各项社会制度的建立与逐步完善。如按劳分配与按生产要素相结合的收入分配制度不断完善，基本建立起城镇职工基本养老保险制度等。然而，城市社会制度还远远不能满足城市经济和社会发展对城市功能的需要，已经或者正在对城市安全构成威胁。目前，我国的社会问题主要表现在以下方面：

（1）收入不平等加剧

在各种社会问题中最根本的是收入分配问题，它直接或者间接地决定其他社会问题的产生和解决。正如马克思所说分配关系是整个社会关系中最根本的东西，它直接决定着社会关系的性质。同时，收入分配问题已经越来越成为社会所关注的焦点。中共中央党校社会主义和谐社会研究课题组对300名在中央党校学习的地厅级干部关于“当前和今后一段时期构建和谐社会面临的突出矛盾”进行了调查。2004年的调查显示：44.8%的被调查者认为“贫富悬殊”是我们在当前和今后一个时期应该注意防范的主要风险，在各种风险中居第二位。2006年的调查显示：60.8%的被调查者认为贫富悬殊是应特别注意防范的风险，“贫富悬殊”在所有可能的风险中上升到了第一位。[①]

自从改革开放以来，城镇居民的收入水平获得了很大的提高。职工平均年货币工资由1978年的615元增长到2005年的18364元，年均增长13.4%。如果以1978年平均工资指数为100，那么2005年职工实际平均工资指数为454.67，年均增长5.77%。[②] 随着职工工资的上升，以工资作为主要收入来源的城镇居民家庭的可支配收入不断增加。我国城镇居民家庭的可支配收入由1978年的343.4元增加到2005年的9421.6元，年均增长13.05%。在城镇居民收入水平大幅度增加，人民生活水平不断提高的同时，城镇居民间的收入差距不断拉大（见图8）。

从图中可以看出我国城镇的基尼系数由2000年的0.26上升到2006年的将近0.36。

---

① 中共中央党校社会主义和谐社会研究课题组，2007年，http://www.sociology.cass.cn。

② 中华人民共和国国家统计局，2006年；国家统计局国民经济综合统计司，2005年。

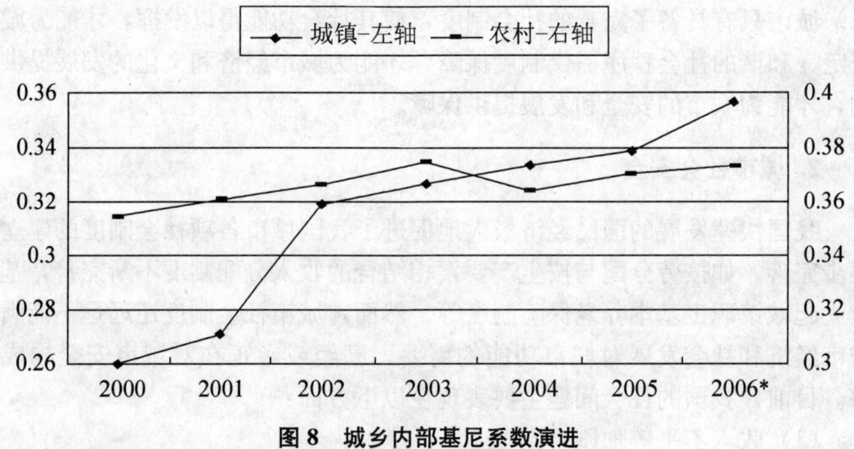

图 8　城乡内部基尼系数演进

数据来源：杨宜勇、顾严著："我国统筹城乡社会保障体系实证分析"，http：//www. sociology. cass. cn/shxw/shgz/default. htm。

（2）相对贫困人口增加

在经济总量一定的前提条件之下，基尼系数越大，表明收入差距越大，收入分配越不平等；收入分配越不平等，社会财富就会越来越向一部分社会成员的手中集中，就必然造成其他社会成员可支配财富的减少。当低收入社会成员的收入水平低于一定比例的社会平均收入水平时，这部分社会成员就会处于相对贫困之中。因此，当经济总量一定时，收入分配越不平等，社会财富向少部分成员手中集中，就会致使其他社会成员处于相对贫困之中。因此，我国城市收入分配不平等的加剧会造成城市相对贫困人口的增加。1986 年上海、天津和重庆三个直辖市的相对贫困率还处于非常低的水平，分别为 0.87%、1.25%和 1%。经过 17 年的持续增长，三个直辖市的城镇相对贫困率已经分别增长到 14.8%、13.03%（2001 年）和 8.28%。①

（3）城市公共安全问题

随着城市的发展，城市数量越来越多，城市规模越来越大，人口与经济活动的复杂性日渐趋强，城市中不确定的因素越来越多，必然提高公共安全事件的发生概率。我国的城市化发展是多种因素导致的结果，既有正常的工业化推动，又有特殊的人为因素推动；既有城市经济发展的拉力，

① 池振合著：《贫困率和贫困线测算——以上海、天津和重庆市为例》，中国人民大学硕士学位论文，2007 年。

又有强大的农村剩余劳动力外迁的推力。在这种情况之下，城市发展的步伐与整个社会对城市资源的需求之间会产生一定的偏差。这种偏差超过一定的程度，将以道路等公共基础设施的供给紧张、社会犯罪率上升、公共卫生系统崩溃等多种形式显现出来，使城市公共安全事件突发的可能性不断上升。

（4）城市基础设施建设滞后

大城市和特大城市由于经济实力强，基础设施新建、更新改造力度较大，总体状况好于中小城市。但由于历史欠账多、资金需求大、建设周期长、运行效率低等原因，城市基础设施条件仍然滞后于经济社会发展需要。突出表现在交通设施软硬件严重不足；交通拥堵状况严重；城市配水、排水、供气管网不能适应城市发展的需求。中小城市及小城镇城市基础设施不足表现尤为突出。2004 年“城考”公报显示还有 193 个城市没有生活污水处理厂。

造成城市基础设施供给不足的主要原因是投资不足。世界银行分析认为，发展中国家城市基础设施建设投资比例应当占其全部固定资产投资的 9%—15%、GDP 的 3%—5%。2002 年，我国城市基础设施投资总额占 GDP 的 3%，占固定资产投资的 7%，以前各年均低于此值。投资不足的原因是政府主导的单一投融资渠道和低效率资金使用。

规划、设计不善是造成城市基础设施供给不足的另一原因。例如很多城市利用国债资金建设了污水处理厂，却没有建设配套的城市污水收集管网。由于规划不当，城市道路经常被作外科手术以填埋各种管线。更值得注意的问题是，设计、建设和运行城市基础设施的指导思想仍是传统的，不符合可持续发展的原则和要求。例如，没有按照节水、节电、建设资源节约型社会的要求来建设基础设施，没有考虑到城市人口增加和土地、水等资源有限的矛盾等。

例如济南大雨。[①] 2007 年 7 月 18 日 17 时左右，济南及其周边地区遭受特大暴雨袭击。这次降水过程历时时间短、雨量大，降水从 18 日下午 5 时开始到晚 8 时 30 分前后减弱，市区 1 小时最大降水量达 151 毫米，2 小时最大降水量达 167.5 毫米，3 小时最大降水量达 180 毫米，均是有气象记录以来历史最大值；小清河流量是 1987 年“8·26”的一倍以上。突如其来的暴雨造成省城低洼地区积水，部分地区受灾，大部分路段交通瘫痪，造成人员财产严重损失。据初步统计，22 名市民不幸遇难，6 人失踪，142 人

① http：//news. sina. com. cn/c/p/2007－07－19/03571222992s. shtml.

受伤。

（三）城市文化功能与安全

1. 城市文化功能

文化功能是体现城市精神文明的功能，包括文化、艺术、科技、教育、体育、卫生、环境、风貌以及宗教等。城市文化功能一方面满足人们的精神需求，另一方面使城市文化得以传承。文化属于意识形态范畴。意识对物质具有反作用，因此城市文化功能的正常发挥，可以促进人们能动作用的发挥，有力地促进城市经济和社会的发展。相反，城市文化功能不完善，就为消极落后文化的传播提供空间，例如封建迷信思想等。结果会阻碍城市经济和社会的发展。

城市文化是城市文化功能发挥的基础。城市文化从一开始就是物质与精神的结晶，代表着人类文化的发展方向，因为城市不仅仅是自然的堆砌物，而且还是人类文明的高层次展现。城市文化主要包括：城市物质文化、城市制度文化和城市精神文化。城市的物质文化为见之于形、闻之有声、触之有觉的表层文化。它由城市的可感知的、有形的各类基础设施构成，包括城市布局、城市建筑、城市道路、城市通讯设施、公共住宅、水源及给排水设施、垃圾处理设施以及市场上流通的各色商品以及行道树、草地、花卉等人工自然环境所构成的城市物质文化的外壳。城市的制度文化是城市文化的中层结构，是城市文化的制度化、规范化的表现形式。城市文化的变迁必然通过各种制度的变迁表现出来。城市的制度文化以物质文化为基础，但主要满足于城市居民的更深层次的需求，即由于人的交往需求而产生的合理地处理个人之间、个人与群体之间关系的需求。城市的精神文化是城市文化的内核或深层结构。城市的精神文化是相对于城市物质文化、制度文化的城市精神文明的总和，包括一个城市的知识、信仰、艺术、道德、法律、习俗以及作为一个城市成员所习得的其他一切能力和习惯。它的核心和灵魂，是城市市民的思想观念、心理状态，这是以人脑和文字为载体的理念文化。

2. 城市文化存在的问题

(1) 传统文化缺乏保护

城市发展与民族传统、文化背景、发展过程是直接相关的，集中体现在城市建筑风貌，历史建筑的保护是历史文化名城保护中很重要的内容。[①] 然而，一些城市为了追求经济效益最大化，不合理地要求“就地平衡”，盲目在旧城区内兴建高层建筑，使文化遗产及其环境遭到破坏。

（2）城市文化“空壳化”

当前中国城市不仅面临着对旧有文化遗产保护不力的问题，更面临着对新的城市文化创造乏力的问题。随着城市发展速度加快，一些城市盲目“现代化”、“工业化”，导致“千篇一律”和“个性迷失”。“千城一面”暴露的不仅是各个城市对传统文化遗产保护的乏力，更暴露了这些城市对创造新城市文化的乏术。在摧毁文化遗产的同时，并没有能够创造出新的城市文化来填补城市的文化空白，使城市的文化灵魂逐渐“空壳化”。在城市经济快速发展的同时，没有做到文化与经济的良性互动，未能避免市场经济对文化的负面效应，不仅没有创造出文化与经济共同进步的双赢格局，反而导致片面追求经济短期高速增长而忽视甚至牺牲城市文化建设的浮躁状况。

（3）城市精神衰落

城市精神是城市文化的重要内核，它可以使更多的民众理解和接受城市的追求，转化为城市市民的文化自觉。然而，今天一些城市注重物质利益，而忽视文化生态和人文精神。当前，不少城市提出建立国际化大都市的目标，存在盲目攀比、不切实际的倾向。一些城市热衷于搞形象工程，盲目追求标志性建筑的数量。

例如北京城墙的存废之争。[②] 20 世纪 50 年代初期，北京的城墙是保留还是毁灭的争论结果，永久地改变了古都北京的历史风貌。

一种观点断定，城墙是古代防御的工事，现今已完全失去了它应有的作用，并正在日益阻碍和限制着城市交通的发展……

另一种观点则是专家学者的声音。

著名建筑专家梁思成和留英建筑专家陈占祥提出了“梁陈方案”。该方案建议，在北京城西再建一座新城，而长安街就像是一根扁担，挑起北京新旧二城，新城是现代中国的政治心脏，旧城则是古代中国的城市博物馆。

著名的历史地理学家侯仁之先生也认为，我国有一条被世界公认为“奇

---

① 汪光焘著：“保护历史名城资源　传承民族文化精神”，《城市发展研究》，2007 年第 4 期，第 27—30 页。

② http：//www. bjtour. com/scenery/architect/chengqiang. html.

观之一”的万里长城。我们的首都也有保存得比较完整的城墙与城门，同样是工事宏伟的古建筑，显示了古代劳动人民的创造力……

著名建筑专家梁思成被日本人恭敬地称为“古都恩人”，因为他在二战时期曾成功地劝阻了美军对奈凉和京都轰炸。这一次他为保护自己祖国的古都而呼吁：在世界上封建时代名都大邑中，北京城是唯一得以完整保留下来的。所以对它的保留具有保护世界文化遗产的意义。他建议，把宽阔的城墙顶部开辟为登高游览的地方，同时把墙外的护城河加以修砌，注以清流，对两岸进行绿化。这样就可以把北京旧城的周围形成一个具有极大特色的环城立体公园。他断言：如果拆掉北京城墙，50 年后一定要后悔！

然而，决策者们没有听从学者们的忠告。就算 1949 年的围城期间一再与国民党守军谈判的目的之一就是争取不用战争毁灭一个历史悠久的完好古城，但古城墙完好地留下来了，古城墙却又紧接着被人为地拆毁了。

50 年光阴似水流过，古城墙早已灰飞烟灭。西直门、东直门、宣武门、安定门、永定门一路拆过去，47 座城门城楼、箭楼和角楼，如今仅有 3 座残存。

探析工业化、城镇化、市场化、国际化深入发展进程中的城市安全

第二炮兵装备研究院第五研究所政委　张海生

第二炮兵装备部订货部高级工程师　刘希凤

2007年6月25日，胡锦涛总书记在中共中央党校讲话中指出："新世纪新阶段，我国发展站在了新的历史起点上。我们必须科学分析我国全面参与经济全球化的新机遇新挑战，深刻把握工业化、城镇化、市场化、国际化深入发展形势下，我国各项事业发展面临的新课题、新矛盾，深入贯彻落实科学发展观，更加自觉地促进科学发展、奋力开拓中国特色社会主义更为广阔的发展前景。"当今，城市安全问题在我国工业化、城镇化、市场化、国际化深入发展进程中，已成为日益严峻、十分突出的新课题。我国城市正处于经济高速增长和社会大转型时期，特别是在人均GDP进入1000—3000美元阶段，城镇化率超过40%，且每年递增1800多万城镇人口，加之高危行业企业集聚城镇和近两亿农民工进城务工等诸多新情况，城市安全已进入高风险期。从2003年那场突如其来的"非典"，到近年来接二连三地发生企业生产、医疗卫生、公共交通、消防和社会治安等领域恶性事故和重大案件，加上各种自然灾害接踵而来，已直接危及城市安全。据研究预测，未来5—10年仍将是我国城市安全事故和犯罪案件的高发期。因此，加强对城市安全问题的研究与防范，对于确保国家政治、经济、文化和社会安全至关重

要，对于保障人民群众的生命和财产安全、实现科学发展和社会和谐有着紧迫和重大的战略意义。

一、城市安全重要地位——六个基本特征

城市是人类社会的经济与文化发展到一定阶段的产物，是社会文明进步的重要载体，是人口高度集中、工商业发达、社会组织结构复杂和居民工作生活的活动平台。马克思早就指出："传统社会的基石是乡村，而现代社会的起点在城市。"随着工业化、城镇化、市场化、国际化的不断加快，城市在为人们提供越来越多的舒适功能的同时，也潜伏着越来越多的威胁和灾难。因此，城市安全问题也越来越凸显出来，成为国家安全发展的重心所在。

（一）"政治中心"地位决定城市安全具有执政根基性和全局战略性

我们的乡镇以上党政机关都驻在城镇，行使着执政领导和管理社会的职能。如果城市安全出了问题首先考验的就是党政机关和各级领导。特别是发生重大突发事件和事故灾害，一旦直接危及党政机关的安全，就会影响政治、经济、社会工作的正常运转。在人类历史上，由于灾害和危机事件造成社会动乱、政权更迭的现象屡见不鲜。目前我国城市安全面临传统因素和非传统因素的交织影响，形成多种风险共生的局面。尽管这种城市安全问题是发展性的问题，但伴随着改革与发展的深入，确有增生与恶化的趋势，加之城市安全问题政治影响性、震荡波及性和连锁反应性强，关乎改革发展稳定全局，关乎民心和执政根基，尤其要考虑政治因素，必须始终用政治眼光、政治头脑分析解决矛盾、防范危机风险、确保城市安全，切实从政治高度认识和把握好城市安全这一带有根本性、全局性的紧迫问题。

（二）“经济中心”地位决定城市安全具有发展基础性和民生利害性

城市不仅是人口庞大集中，也是经济活动和资源财富最为集中的地方。城市还是改革开放的发动机和经济、社会发展的支撑基地。如果城市经济活动受到干扰破坏，城市经济发展秩序被打乱，就会动摇我们经济发展的基础，影响民生保障，直接危及广大人民群众的生存安全。只有确保城市安全，才能为经济社会发展和人民安居乐业提供良好环境和基本保障。应该指出的是，城市不仅是商贸中心、金融中心、经济活动中心，这些年来我国改革开放的重要成果更是集中体现在城镇，使城市的经济发展龙头地位更加突出。特别是城市反哺农村、工业反哺农业战略的实施，更需要我们关注城市安全。

（三）“文化中心”地位决定城市安全具有精神文明发展的标志性和历史承载性

有的学者专家认为“城市是人文的空间化”。每一座城市都有各自的人文价值形态。每一座城市都是历史与文化传统的积淀，是人类生产与生活方式的空间形态和两个文明的聚集形式。从一定意义上讲，城市就是一个活的人类发展和精神文明成果的载体，从人们的心理与思想观念、生活与行为方式到城市风格、建筑风貌都承载着文化与文明发展的厚重历史。特别是信息化、网络化和知识经济时代的到来，把城市带入一个前所未有的后现代城市生活文化的空间，赋予城市以全新的革命性的文化内涵。城市安全就是要确保文化的安全和精神文明成果的安全，确保城市文化价值体系这一灵魂和核心的安全，确保社会精神生活秩序的安全。因此，搞好城市安全的防范，至关城市文化建设和精神文明建设的继承与发展。

（四）“社会活动中心”地位决定城市安全具有广泛影响性和大众关注性

城市作为人们参与政治活动、经济活动和文化娱乐活动的主要社会场所，其公共领域的安全问题，深受人民群众关注，影响面相当大。如果一个城市的广播电视、报纸等大众传媒受到侵害，各种机构办公、会议和人们的社交活动受到侵扰，社会秩序因安全问题而发生混乱，其后果和影响是不言而喻的。目前城市的就业本来就困难，不仅每年毕业的年轻大学生大都愿意在城市发展，而且上亿农民工也来到城市找出路，城市的人口流动量相当大，使城市的安全管理极富挑战性。因此，关注城市安全，搞好城市安全，是确保经济繁荣、社会稳定和人民群众自由从事社会活动的一件影响深远的大事。

(五)“改革开放中心”地位决定城市安全具有国际感召性和品牌效能性

改革开放使每座城市都被卷入了全球化的时代浪潮。一个城市的发展需要与国际接轨，而一个城市的安全出问题也往往具有国际影响效应。一个安全事故与案件频发和自然灾害经常光顾的城市，外商和外资会望而却步。城市安全出问题会直接影响其国际竞争力。实践证明，如果一个时期某个城市遭受自然灾害、恐怖袭击或发生动乱，就会严重影响其旅游业和招商投资。这表明连安全问题都难以解决好的城市，它的发展必然受到制约，它的国际形象必然大打折扣。因此，没有安全就难以发展，没有可靠的安全保障就没有大的发展，这是一个硬道理。

(六)“现代化中心”地位决定城市安全具有发展重心性和龙头引领性

城市本身就是文明发展的产物，是现代化的集合体。对于广大农村而言，城市的工业化、市场化、国际化发展程度越高，其经济、文教、科技和人们生活的现代化程度就越处领先地位。这也是人们向往城市、拥进城市、推进城镇化进程的重要因素及动力所在。因此，确保城市安全，就是确保现代化发展重心的安全。如果城市安全出问题，就会削弱城市在现代化发展中的旗帜引领作用。而城市发展也说明，越是现代化的城市，其安全问题越敏感、越脆弱、越重要，特别是抗侵扰、抗破坏、抗摧毁的承受能力越有限。所以，必须把城市安全摆到更加重要的地位予以高度重视。

二、城市安全面临的危机风险
——十大威胁

当今，城市的区域性中心地位和带动作用越来越突出，但城市发展与安全的矛盾也越来越凸显，城市安全面临的挑战与威胁也越来越严峻。可以说，目前城市安全管理隐患颇多。

（一）基础设施过载——对城市“生命线”构成潜在威胁

城市基础设施承载着城市人口生活资源的供给，堪称“生命线”系统。城市的突出特点就是人口多、密度大、异质性强。城市安全说到底就是人的安全、生命的安全、生活的安全。我国20年来的经济快速增长，加速了城市化进程，使城市基础设施与城市扩张、城市快速发展与市民生活保障等方面的矛盾十分突出。许多城市发展不协调，基础设施建设与改造滞后，普遍存在规划不合理、设计水平低、功能不齐全的问题，有些城市的基础设施过于老化，有些城市基础设施多年来没有多大变化，已满足不了日益加速发展的城市化需要。例如水、电、气、路等基础保障设施严重超载运行，加剧了城市生活的风险。特别是生活资源供给不足，且故障和人为事故不断，直接危及居民生活安全，成为城市安全领域的一大威胁。

（二）生态环境恶化——对城市生存和持续发展构成现实威胁

城市生态环境是人类从事社会经济活动的物质基础，是城市形成和持续发展的支持系统。生态环境安全是城市安全的基础保障。但由于我们的城市通常具有低自然环境资源储备和高能耗、高物耗、高污染的特点，随着城市的发展扩大，城市生态系统表现出相当的脆弱性和不稳定性。城市的生态环境恶化，已成为城市发展的头号杀手。比如，严重缺水是一大难题。全国669个城市中，有400个供水不足，110个严重缺水；在32个百万人口以上的特大城市中，有30个长期受缺水困扰；14个沿海开放城市有9个严重缺水；北京、天津、青岛、大连等城市缺水最为严重。严重污染更是一大隐患。我国经济增长长期建立在资源高消耗、污染高排放的“黑色”发展模式上，使城市面临严重的生态危机，大多城市的空气和水资源都受到严重的污染。全国 118 个大中城市中 2/3 的地下水受到严重污染。目前我国 7 大水系的 26%是五类和劣五类，9 大湖泊中有 7 个是五类和劣五类，连作为农业用水都不够格。也就是说，7 大江河除了干流因水量大水质尚可用之外，大小支流几乎都坏死了！80%的湖泊水也全部坏死。还有城市空气污染、土质污染和过量超采地下水造成地基下沉等问题，都对城市生态环境的安全敲响了警钟。据全国人大环境资源委员会透露，我国每年生态损失 2830 多亿元。近年来我国北方城市包括北京频遭沙尘暴袭击，太湖蓝藻大量繁殖严重影响了无锡市民的饮用水源。有的城市老百姓对“青山、碧水、绿地、蓝天”的向往已成为一种奢望。

（三）公共卫生事件突发——对城市居民身心健康和生活秩序构成冲击性威胁

当“非典型肺炎”在我国以及全球蔓延时，由于城市人口流动性大，传染渠道多，令人防不胜防，使我们感到生活的世界存在着受病毒和人为医疗事故造成的不安全侵害的危险。还有禽流感疫情、艾滋病扩散、假药和伪劣药品的泛滥，以及食品安全问题等公共卫生事件，都对城市居民心理和生活安全带来很大的冲击影响。特别是对高传染性疫情的控制和防治，稍有不慎，便可能在城市链条最薄弱的环节上爆发灾祸。这也是城市安全防范的难题之一。

（四）重特大安全事故频发——对城市安全管理构成直接威胁

近年来，人为的特大火灾事故、重大伤亡矿难、企业有毒气体和有毒物质泄漏、特大生产事故和重大责任事故等频繁发生，每年安全事故就夺去 20 多万人的生命，直接受伤害和影响的人群数以百万计，造成 GDP 损失高达 6%。2005 年发生的中石油吉林化工厂爆炸导致松花江苯污染，使哈尔滨全市停水 4 天，在国内外产生很大负面影响。还有，近年来中石油川东钻探公司井喷特大事故、北京市密云县“2·5”特大伤亡事故、吉林市中百商厦“2·15”特大火灾事故、重庆天原化工总厂氯气泄漏和北京怀柔区某冶炼厂发生有毒物质泄漏等等，不仅经济损失巨大，而且社会影响十分强烈。因此，重特大安全事故的防范，对城市安全管理提出了严峻挑战。

（五）自然灾害突袭——对城市安全构成严重威胁

城市自然灾害主要分三大类：地质性自然灾害，如地震、火山爆发、断层滑坡、地面塌陷等；气候性自然灾害，如水灾、风灾、旱灾、雪灾、雷灾、自然火灾等；复合性自然灾害，如海啸、泥石流等。我国有70%以上的大城市、半数以上的人口，分布在气象、海洋、洪水、地震等灾害严重的沿海及东部地区。仅自然灾害平均每年就造成近两万人口死亡，直接经济损失占国家财政收入的1/6—1/4。进入20世纪90年代后，自然灾害每年损失达到上千亿元。由于城市对交通、供电、供水、供气和通讯网络等设施的强烈依赖，加上城市人口和财富的高度集中，使城市在遭受灾害时更具有易损性。如1976年7月28日的唐山大地震，1994年8月21日“9417”号台风在浙江沿海登陆，1996年7月3日的云南丽江地震，1998年长江流域特大洪灾以及近几年长江、淮河等流域接连发生洪涝灾害等，严重危及城市安全，不仅造成相当大的人员、财产损失，而且对人们的心理所造成的创伤更是难以挽回的。由于目前我国许多城镇防灾抗灾和减灾的能力还比较弱，防御自然灾害的侵袭将是城市安全的经常性课题。

（六）群体突发事件增多——对城市公共秩序构成很大威胁

群体突发事件主要是较大规模的群众集体上访、民工集体维权、聚众游行静坐和因民事纠纷、刑事案件引发的非直接利益的人群大量参与的冲突升级等突发事件。这类事件有的是因为政府不作为、司法不公正，有的是因为协议执行随意变动或单方面毁约，有的是城市管理非理性或不宽容，有的是因为各种补偿不到位或不满意等等。据统计，以工人和农民为主体的维权性事件约占全部群体性突发事件的75%以上。群体突发事件的人群往往是贫困群众——弱势群体。比如“三失”（工人失业、农民失地、城市人失房）人群、重特大事故和案例的受害人群、还有部分军队复转干部等。据有关资料统计，2006年南方某省一年就发生2378宗群体事件，参与人群总数达10万以上，其中百人以上的群体案件达398宗。群体案件参与者往往带着对抗与暴力的心态，如果处理不当，极易发生极端行为，演化为恶性事件，危险性大，影响面广。有的严重妨碍党政机关正常办公；有的造成交通堵塞影响市民出行；有的甚至升级为暴力事件。因此，有效防范和处理好群体突发事件，也是确保城市安全的当务之急。

（七）恶性刑事案件突出——对城市居民生命和财产安全构成严重威胁

调查表明，北京、上海等大城市老百姓普遍认为社会治安状况是最不放心和最关心的事情。从历史的角度看，我国正处在建国以来的第五次犯罪高峰，城市社会治安形势比较严峻。特别是杀人、投毒、抢劫、爆炸和团伙、黑社会作案等恶性刑事犯罪案件呈上升趋势。有专家认为，社会转型期也是城市安全的风险期。目前，社会主体关系多元化，价值观和利益冲突多元化，城市中不同利益阶层和不同文化、种族之间的冲突，容易使城市成为各种社会矛盾宣泄的空间。应该说，政府对各种犯罪问题的防控和解决非常重视，但刑事案件发案率仍然居高不下。这对市民的生命和财产安全形成很大威胁，增加了城市安全的风险。

（八）恐怖活动袭击——对城市安全构成不可轻视的威胁

恐怖主义活动是全球城市安全面临的一大威胁。恐怖主义分子为了实现自己的目的，无所不用其极，通过各种暴力手段，如爆炸、袭击、暗杀、绑架、劫机、破坏等方式，制造恐怖气氛，宣传某种事业，以迫使政府和组织以及更多的民众屈从他们。发生在美国的“9·11”恐怖袭击和世界各地特别是中东地区上演的炸弹袭击，都让世人紧绷神经。在全球化的今天，恐怖主义带来的危害影响着世界每个角落，我国境内也有恐怖主义活动的身影。如“东突”恐怖组织在我国新疆制造了一系列爆炸、暗杀、绑架等恐怖活动，“法轮功”邪教组织在各地的破坏活动等，对城市安全危害很大。我们与国际合作打击恐怖主义的反恐斗争正在紧锣密鼓地进行中。恐怖主义往往披上宗教的外衣，特别是邪教已成为恐怖主义的温床，民族矛盾冲突也为恐怖活动推波助澜。恐怖主义活动之所以主要选择在城市，是因为城市是政治、经济、文化、社会活动集中的核心地域，袭击带来的损失巨大、影响巨大，甚至带来震撼全社会的效果。因此，反恐、防恐、与恐怖势力作坚决的斗争，是确保城市安全的重要任务。

（九）社会分化加剧——对城市安全构成极大的隐患性威胁

目前在我国社会转型期过程中，各种社会矛盾突出，城市差距、地区差距、收入分配差距和贫富差距比较大甚至仍在拉大，国际公认的基尼系数已接近0.5的危险临界点。有资料显示，在我国出现了10%的富翁占有45%的社会财富现象。城市人均收入差距接近5倍，上亿农民拥向城市打工挣钱。当代中国城镇新出现的贫困人口，主要是下岗失业人员及其家庭，占贫困人口总数的95%，贫富悬殊、两极分化的情况在城镇也显现出来。加之城市社会保障制度还不健全，使弱势群体面临很大生活压力。改革是社会利益重新分配的过程，但如果这一过程超出部分群体实际生活和心理承受能力时，利益矛盾就不可避免地引起冲突，给社会带来不稳定、不安全因素。据有关研究分析，平均每1%的经济增长会带动民事案件增长1.6%，而刑事案例中也以经济犯罪居多。目前，物价上涨、股市震荡，特别是房价持续走高，都会使城市居民感到不安。邓小平同志早就告诫我们："社会主义最大的优越性就是共同富裕，这是体现社会主义本质的一个东西。如果搞两极分化，情况就不同了，民族矛盾、区域间矛盾、阶级矛盾都会发展，相应地中央和地方的矛盾也会发展，就可能出乱子。"因此说，社会的严重分化，加剧了城市整体性的潜在风险，成为城市安全的一大挑战。

（十）空防设施和抗毁能力有限——对城市抵御现代战争毁伤构成巨大的潜在威胁

长期的和平环境，使城市发展建设更多地规划、设计、体现的是美观、舒适、精密和现代，很少考虑战争因素。许多空防、人防设施被废弃或被移作他用；许多水、电、气和通信基础设施抗毁能力极其有限，别说是战争，就是平时也常出现故障和损毁。许多城市居民紧急疏散避难场所和防核化战争的专用手段装具不仅缺乏，而且很难找到。人类社会历史发展的事实证明，没有什么能比大规模战争对人类生产、生活活动产生的影响更直接、更深重的了。当战争爆发时，灾难首先降临的是城市，是那些重要的大中城市。现代战争的重要特点是"三非"，即非接触、非线性、非对称作战。交战国主要采取纵深打击，摧毁具有首脑意义和战争潜力的大城市。科索沃战争、阿富汗战争、伊拉克战争都证明了这一点。根据美国空军沃特上校的五环目标理念，前三环都是对城市重要设施的摧毁，只有最外围两环才是打击武装力量和人员。古罗马有句谚语："要想得到和平，必须准备战争。"因此，城市安全建设必须考虑战争因素，把提高应对战争、抵御战争、紧急救援和降低战争毁伤的能力，作为长远的战略之举。

三、城市安全对策思考——构筑六条防线

我们分析新世纪新阶段“工业化、城镇化、市场化、国际化”深入发展进程中城市安全面临的诸多威胁与挑战，目的就是在于居安思危，增强忧患意识，确立安全发展理念，积极探索如何用科学发展观指导和加强城市安全防范的对策措施，大力推进安全城市创建活动，全面提高城市安全防范功能和抵御各种风险侵袭的能力。

（一）要更加注重构筑思想防线

强化安全预防、安全生产和安全发展意识，是搞好城市安全建设的前提条件。从各种重大安全事故、突发事件和各类天灾人祸频频发生的深层次原因看，最根本最缺少的是安全意识。绝大多数发生问题的情况下，当事人或责任人安全意识都是非常淡薄的，对显而易见的隐患熟视无睹，对安全规定要求充耳不闻，对可能发生或事态恶化的后果无预测防范意识。城市安全重在防范、重在治本。从哪里先防、在哪里先治，首先必须在头脑上防、在思想观念上治。因此，必须大力开展各种形式的教育、宣传、培训、演习等活动，着力提高各级领导干部和广大人民群众的安全意识，使安全发展理念深深扎根于头脑之中，落实到生产、工作、学习和生活的全过程，做到时时、处处、事事讲安全、守安全、保安全，养成安全习惯。正如古人所说：“存而不忘亡，安而不忘危，治而不忘乱。”无时防有，未雨绸缪，见于未萌，禁于未发，有备无患，警钟常鸣。

（二）要更加注重构筑预测防线

强化城市安全的科学论证与预测预警能力，是搞好城市安全防范的有效途径。从当今城市安全面临的诸多现实问题和潜在威胁看，不论是天灾，还是人祸，看似偶然，其实都有着必然性因素，有着可探究的规律，有着可捕捉的征兆和苗头。一句话，是可以做到科学分析预测的。许多经验教训说

明，没有不可测，只有不重测；没有不可防，只有不重防。城市安全只有做好预测预警，才能提早防范，及时采取消除隐患、扼制苗头、减少损失、避免危机和风险扩大的措施，增强安全工作的针对性、预见性和有效性。为什么有些可以防范的事故不断上演，为什么有些突发事件一再发生，为什么有些自然灾害损失破坏惨重！说到底，还是我们预测预警工作不到位，因而预先防控防范措施跟不上去。这方面的教训，应该成为我们加强科学预测预警工作的警钟和镜子。一方面，我们要加大预测预警的手段建设，加大科技含量，提高预测预警科学性、及时性；另一方面，要加大预测预警的制度建设力度，使之经常化、规范化。

（三）要更加注重构筑法制防线

强化安全法规和安全监管体制建设，是搞好城市安全防范的根本保障。目前我国适应城市安全方面的各种部门法律法规和条例已逐步完善，最大的不足是缺乏统一协调中央与地方、政府各部门之间的职权责任分工和力量整合等的有关法律法规。尽管现在国家成立了减灾委员会和应急救援指挥中心，各级政府相应建立了应急管理领导组织，但从中央到地方还没有建立一个应对各种灾害和危机的常设管理机构，担负研究、决策、协调、执行等危机管理职能。从加强安全监管体制建设来说，据统计：我国还有23%的地市、33%的县区没有安全生产监管机构；就是已经建立的，也存在机构设置不规范、职能交叉、责任不明、监管缺位的问题。从深层次讲，要进一步深化就业、收入分配等制度改革，完善社会保障制度、惩治腐败制度、危机信息发布制度、人口管理制度、反恐怖机制和见义勇为的政策制度等等；要按照构建民主法治、公平正义、诚信友爱、充满活力、安定有序、人与自然和谐相处的社会主义和谐社会的要求，从科学发展的高度认识和抓好有关城市安全的法规制度建设和安全管理体制建设。

（四）要更加注重构建救援减灾防线

强化危机处理应急系统和救援减灾能力建设，是搞好城市安全的基本保证和必要举措。能否及时应对危机，有效控制事态，成功消灾减灾，取决于我们反应的速度、常备的程度和救援的力度。党的十六届六中全会明确提出："建立健全分类管理、分级负责、条块结合、属地为主的应急管理体制，形成统一指挥、反应灵敏、协调有序、运转高效的应急管理体制。"城市安全要经受住危机风险和重大灾害的考验，必须建立和完善一整套社会应急系统和应急机制：一是要在完善城市防灾减灾法规的同时，制定科学完备可操作性的各种应急预案。目前国家制定了四大类 25 件专项应急预案、80 件部门预案。二是要在加大城市抗灾减灾资金投入的同时，完善应急设施设备建设，做好物资的筹集储备。三是要加强救援抢险的队伍建设，形成专业队伍、群防队伍、技术专家队伍“多位一体”的救灾服务体系，并通过培训和演练等办法，提高救援的能力。四是要加强力量的协调、整合，发挥好“110”、“119”、“120”、“122”等急救部门的合力，使之合作、联动、互补、及时，实现最佳社会效益。现在国家级的灾害救助应急反应是“三个 24 小时”要求（24 小时内中央救灾工作组到达灾区，24 小时内救灾物资到位，24 小时内要对灾民救助到位）。另外，北京市构建了涵盖 9 个应急处置子系统（重大交通事故、消防安全、公共卫生突发事件、城市基础设施安全、反恐与重大刑事案件、安全生产、防震减灾、防汛抗旱、重大动物疫情防控）的“北京应急指挥中心”。凡有重大事件则直接上报北京市公共安全管理委员会，根据预案统筹处置。这一应急系统的好处是十几个部门实现“统一管理、协调联动”，有效地提高了应对危机、防灾减灾的救援效率。

（五）要更加注重构筑领导责任防线

强化安全责任制和领导责任追究制，是搞好城市安全的关键环节。城市安全管理工作能否落实，创建安全城市活动能否取得实效，关键在领导。城市安全既是一项系统工程、一项群体工程，更是一项领导工程、一项主官工程，关乎人的生命、关乎社会稳定、关乎发展大局。因此，必须强调党委、政府和各级领导的职责，要切实通过强化领导责任制和领导责任追究制来调动各级党政领导的积极性、主动性，增强责任感、紧迫感，真正使认识提到位、工作摆到位、落实抓到位。那种一味强调经济发展和经济效益，忽视安全管理和社会效益的倾向必须坚决纠正；那种嘴上喊重要，抓起来不要，对安全工作被动应付，对事故案件麻木不仁，对污染超标排放视而默认，对群众上访不管不问的问题必须认真克服；那种对安全形势盲目乐观，对各种新情况新问题缺乏深刻分析，对各种隐患风险估计不足的问题必须尽快转变；那种用形式主义、官僚主义作风对待安全，因失职渎职造成严重影响和损失的问题必须严肃追究领导者的责任。要真正把“引咎辞职”、“官员问责”等制度贯彻到城市安全管理之中，始终强化领导干部“城市安全人命关天，领导责任重如泰山”的观念。

（六）要更加注重构筑抵御战争的防线

强化人防空防和抗毁能力，是搞好城市安全的战略之策。一是要在城市总体规划中，在城市结构、规模、布局、人口、用地等宏观控制上，充分考虑战争的生存与防护的问题，特别是要规划好防空疏散地域，筹建好“应急避难所”。比如，芬兰国家的紧急响应机制可以在半个小时内让全国的人都钻入地下。二是要加强对首脑机关、要害部位和重点目标的防护，提高抗毁标准。特别是城市“生命线”工程、高危企业和广播电视、科研院所、高校和大型数据库所在地域，更要重点设防，并把预防战争威胁与预防自然灾害一并考虑。三是要加强防空力量建设，这是国防建设的重要组成部分，必须在这方面舍得下本，常备不懈。要把军队、预备役和群防队伍协同起来，从力量部署、火力运用上统一指挥、统一行动，发挥空防最佳效能。四是要完善城市国防动员体系建设，加强对市民的国防教育，进行必要的防空、防爆、防火、防核化等方面知识的学习培训及演练，提高全民应对战争和突发事件的能力。众所周知，现代战争对城市的破坏越来越惨烈。有人估计，阿富汗、伊拉克的重建至少需要 30 年。因此，我们只有在和平时期充分做好战争准备，才能真正从战略的高度确保城市的可靠安全、长远安全。

试析21世纪城市安全的新内涵

中国现代国际关系研究院战略研究中心主任　林利民
军事经济学院政治理论教研室教员　高　辉

自从有了城市，就有了城市安全的概念。从这个意义上说，城市安全概念的产生至少与城市的历史一样久远。不过，从古至今，城市安全概念的内涵却在不断嬗变，其表现形式也更加复杂多变，这要求我们必须洞烛在先，深刻认识、准确把握城市安全内涵的这些新变化、新特点，调整理念，适应新的变化，采取措施正确应对各种各样新出现的城市安全问题。

一、非传统安全成为现代城市安全的主要内容

传统上，无论中外，城市安全都以军事安全和治安安全等传统安全问题为主。古希腊城邦制时代，城市安全的首要内容是防止外敌入侵，军事安全因而是城市安全的核心内容，每个城邦都把军事安全置于城市安全的首要地位。古代中国自商周时起，直到秦汉隋唐甚至元明清等历朝历代，“高筑墙，广积粮”，以备应付外敌入侵。迄今遍布中国南北东西，不少保存极为完整的古城遗址，甚至是完整的城墙、城楼就证明了这一点。

传统城市安全的另一个主要内涵是城市治安问题，包括防盗、防火、维持公共秩序等。然而，随着现代化的推进，科技的新发展，人们生产与生活方式的新变化及城市化进程不同于以往的新特点，城市安全的内涵已经发生了不同于以往的巨大变化。一方面，传统城市安全问题，如军事安全、治安安全等问题依然没有退出历史舞台，但其重要性已明显下降；另一方面，非传统安全问题，如资源安全、生态安全、居住安全、社会安全等，开始成为城市安全的主要问题。可以说，城市安全问题的新内涵是21世纪非传统安全上升的集中反映和突出表现，而研究非传统安全也必须研究城市安全问题。

二、城市安全的新内涵

从非传统安全的视角看，城市安全的新内涵大致分为四大类。首先，防灾减灾是当今城市安全的头等大事。现代城市人口动辄以百万计、甚至以千万计。如：截至2001年，中国200万人口以上的超大城市有13个，100万—200万人口的特大城市有27个，50万—100万人口的大城市有53个。[①]北京、上海两大都市的人口已超过1000万，并在向2000万的超大规模急剧扩张。旱灾、水灾、火灾、风灾、大规模传染病的传播、水资源短缺、环境污染、城市垃圾等，一旦发生，都将产生难以想象的灾难性后果。以北京为例，一方面，北京是全国严重缺水的城市之一；另一方面，北京又经不起突然降水的袭击，如2007年夏秋一次中等规模的降水就引起三环路积水，致使交通大规模堵塞，引起城市生活混乱。2003年的“非典”更使北京被迫“封城”及中断正常城市生活运转节奏达数十天之久。

其次，各种意想不到的灾难性事件和突发性事件，如连环车祸、楼房坍塌、有毒物质泄漏等恶性事件引起严重的公共安全问题。如近年，北京市发生的密云县“2·5”特大伤亡事故、怀柔区一家冶炼厂发生有毒物质泄漏事件，重庆天原化工总厂氯气泄漏事件，吉林省吉林市中百商厦“2·15”特大火灾事故等，不但引起受灾城市严重的生命和财物损失及秩

① 国家统计局城市社会经济调查总队编：《中国城市统计年鉴》，中国统计出版社，2002年5月版，第25页。

序混乱和人心浮动，也引起巨大的国际反响。据《瞭望》周刊载文披露，我国每年因公共安全问题造成的 GDP 损失高达全国 GDP 总量的 6%，这其中大部分产生于城市公共安全。每年死于城市公共安全的人数更是数以十万计。

第三，城市生态安全问题越来越突出。所谓城市生态安全，主要体现人与自然的关系是否和谐，如城市绿地面积多少、动植物资源的总量与分布是否合理、城市建筑是否协调。总之，是城市是否实现了人与自然的和谐，城市自然生态系统是否能承受城市人口的增长规模与速度，城市是否适宜人类居住和生活等。目前随着城市化的加速发展，我国不少城市出现了城市生态安全方面的新问题，如：盲目攀比，大建高层建筑、光污染严重的建筑，盲目发展私人汽车引起噪声污染和空气污染，盲目大面积种植洋草、更换树种；城市绿地减少，垃圾遍地；植物总量、品种减少，品种单一，且不适宜当地水土与自然环境，原有自然植物群落和生态系统被破坏且难以恢复。不少城市扩大了，但也成为了不适宜人类生活的城市。

第四，城市的社会安全问题也越来越突出，这主要指人与人之间是否和谐。近年来我国城市化进程加快，城市人口迅速增长，人口的流动性与巨大的贫富差距及其他各种问题，很容易导致城市社会安全问题更严重、社会和谐失衡及城市人口心理失衡。据统计，目前中国城镇人口已超过 5 亿，城镇人口占全国人口的总数已超过 40%。而在 1980 年，这一比例仅为 20%。有人预测：到 2010 年，中国城市化率将超过发展中国家的平均水平；到 2030 年，中国的城市人口将超过人口总数的 60%。但是，中国人口城市化的一个主要途径是农村人口大量向城镇迁移。中国人口从农村向城市流动的规模和速度在全球举世无双，每年以各种方式农转非的人口以千万计，而进城打工的农民更以亿计。仅北京、上海这样的城市，每天就有数百万流动人口。而城市居民也因为发展过程中不可避免的利益分配不平衡会引起两极分化，城市贫困人口也会不断增长。目前中国城市贫困人口不少于 2000 万人。由于贫富差距大，生活习惯、理念的差距及各种其他原因，人们情绪容易焦躁，各种矛盾纠纷日积月累，不可避免地要引起城市安全更深层次的问题。

在传统安全领域，虽然军事安全、治安安全等问题的重要性有所下降，但并非不存在。而且，军事安全和治安安全等传统安全问题的内涵也在发生嬗变。如现代军事技术的发展，新武器、新战术的出现，打破了人们几千年一以贯之的“城墙心理”，筑城墙求安全的军事安全战略已退出历史舞台，但不等于军事安全问题不再是城市设计、建设时应该考虑的因素。比如，虽然米尔斯海默有关中美必有一战的观点没有在美国大行其道,[①] 目前看不出美国有以武力破坏中国崛起进程的迹象,但战略上并不能绝对排除这也可能会成为未来美国对华政策的一种选择,因而也就不能放弃城市的军事安全考虑。北京、上海这样的全国政治经济中心在城市设计和建设时尤其不能完全不考虑军事安全要求,比如地铁建设、城市高速路建设、高层建筑建设,都不能没有军事安全考虑的潜意识。在城市治安安全方面,也是如此。由于城市一天天扩大,城市人口一天天增多,新技术一天天扩散,社会矛盾也因大量的流动人口和贫富差距的发展等不断增多,城市犯罪不但有增无减,而且花样翻新,技术含量不断提高,这更增加了城市治安安全的难度。

三、在城市安全管理方面要有新思路、新理念

当前,城市安全研究、防范已是国际社会普遍关注的安全新领域。在有关城市安全的理论研究、政策设计和操作上,美、俄、欧、日等率先完成城市化进程的国家处于领先地位,而中国则相对落后。近年,城市安全问题已引起国内理论界和政策部门的高度重视,上海等地陆续举行过有关城市安全的研讨会,有关城市安全的研究成果也大量涌现。然而,与我国城市化进程的规模与速度相比,目前的努力仍然不够。一个突出的例子是,在我国的安全理论研究中,粮食安全、能源安全、水资源安全、食品安全、环境安全等都纳入了非传统安全领域,引起了政策部门和研究部门的高度重视,然而城市安全问题并未纳入其中。对城市安全的属性,是传统安全还是非传统安全,抑或是其他安全,迄今并无人作出回答。鉴此,我们应该加强城市安全问题的研究,以适应我国城市化进程的安全需要。

首先,要从中国能否实现崛起目标、能否实现国家的长治久安和人民的和谐幸福等战略高度认识城市安全问题。迄今为止,我国仍未形成独立、系统、有中国特色的城市安全理论,有关城市安全的理论、设计、机制建设尚处于起步阶段。鉴于我国城市化进程的飞速发展和城市安全问题日益复杂、

---

① 约翰·米尔斯海默著,王义桅、唐小松译:《大国政治的悲剧》,上海人民出版社,2003年版,第519页。

严峻，国家相关部门、理论界要加大、加快城市安全问题研究、设计和相关机制建设的力度与进程。

其次，在理念上，要跳出传统的城市安全理念，即不仅要考虑传统的军事安全、治安安全内涵，更要花大力气，集中思考城市安全在非传统安全领域的新发展，尤其要在城市减灾防灾救灾、应对各类突发性灾难和突发性事件、城市生态安全和城市社会安全、心理安全等方面多研究、多思考，找出安全症结所在，预案在先。

第三，要建立系统的城市安全危机管理机制，包括建立健全的城市安全理论研究机制、城市安全预测机制、城市安全监管机制、城市安全责任追究机制、城市安全危机处理机制等。在城市安全管理实践中，要不断创新，包括理论创新、理念创新、机制创新以及政策实践创新等。

加强城市风险预防功能控制灾难威胁

国防大学战略研究所教授　刘静波

城市是人类文明的主要组成部分，是人类社会经济文化发展到一定阶段的产物。伴随工商业的发展，城市崛起和城市文明开始传播。工业革命之后，城市化进程大大加快了，由于农村人口大量涌向新的工业中心，城市获得了前所未有的发展。最初，城市中的工业集聚是为了便于生产，也为了使商品交换变得更为容易（可就地加工、就地销售）而形成的。随着人类生产能力的提升，工业化带来的高度集中，引发了更大规模的城市化运动，不断加快城市化的进程和步伐。城市化进程一方面带来繁荣发展，一方面促进了高度集中。人口的聚集、生产的聚集使得城市安全问题日益突出，城市的风险被强化，城市危机可能演化为城市灾难，如何对待城市化进程中出现的风险是一个十分严肃的问题。中国目前尚处于高速城市化的进程之中，但城市安全问题已十分严峻。

一、现代城市安全风险的特点

“城市”的提法本身就包含了两方面的含义：“城”为行政地域的概念，

即人口的集聚地；“市”为商业的概念，即商品交换的聚集场所，而最早的“城市”就是因商品交换把人群集聚起来后形成的。城市化运动改变着人们的生存空间，其最大的特点是实现人类活动的密集化和集中化。城市化把分散的人口集中到狭窄的空间，把各地的资源集中在狭窄的空间，把一切与人们生活、生产有关的物品集中在狭窄的空间，同时也把危险集中到这个相对狭窄的空间。城市体现着高度集中的特点是十分突出的。

（一）城市数量急速扩张

在城市中直接加工销售，相对于将已加工好的商品拿到城市中来交换而言，是随着工业城市的出现而产生的一种商业变革。城市已经成为人类生活的一种重要的空间形态，繁荣的商业和迅猛发展的工业促使世界城市数量在不断增加，城市已经成为人们实现自我发展和生活的主要聚集地。随着中国发展的城镇化进程加速，中国正处于城市快速增长期，城镇化水平从 1949 年的 10.64％达到 2005 年的 42.9％。城市数量迅猛增多，城市由 1949 年的 131 座增加到 2005 年的 660 座。城市规模不断扩大，特大城市 48 座，大城市 65 座，中等城市 222 座，小城市 325 座。由此，安全问题也随之增多，如何管理好城市、控制城市风险成为每一个城市公民关注的话题，也必然成为每一位城市管理者必须面对的问题。

（二）人口数量急速膨胀

城市是人口高度聚集的区域，中国城市人口从 1949 年的 5765 万增加到 2005 年的 56157 万，总计增长 50392 万，增加近 10 倍。现在城市人口的规模有几万人到十几万人的，也有几十万到几百万人的（中国百万以上人口城市超过 100 座），更有上千万人的超特大型城市（如北京、上海等）。有的城市人口密度达到每平方公里几十万人。如此众多人口的聚集，如此密集的生存环境，如此大规模的需求，如此大规模的流动，对安全空间的需求十分强烈，对生存安全需求的保障无疑是一个十分重要的课题。

（三）生存环境日益复杂

城市的功能是多方位的，保证人们的正常生活、生产、交往是城市的主要功能，人们生产生活用火、用电、用油、用气量不断增长，而且是每天都要提供保障，一刻也不能停止。为保障城市的正常运转，为保障城市的正常生产，需要有充足的煤炭、汽油、天然气、煤气等各种易燃易爆物品的储存，需要许多危险品，这些无疑创造了一个各种危险品高度集中的环境，形成了一个复杂而危险的城市环境。特别值得注意的是，随着各行各业新材料、新产品、新工艺、新技术的广泛应用，灾难性的事故发生的概率明显增大，加之高层建筑（中国内地的上海、深圳、广州 3 座城市已经进入世界高层建筑数量最多城市的前 10 名）、地下工程和石油化工、易燃易爆企业的大量涌现，城市环境变得异常复杂，几乎成了危险的聚集地。

（四）风险的突发性增大

由于城市环境复杂，各种危险物品高度集中，这些物品存放和供应一旦出现问题，其对城市的威胁是十分巨大的，也是十分可怕的。而且，这些物品出现风险的概率非常大，控制的难度则更大，发生事故的可能性随时存在着，往往会在意想不到的情况下出现灾难性问题。可以说，危险每时每刻都在威胁着在城市生活的人们，城市防灾已成世界性难题。现代科学技术日新月异，城市功能在不断地增强，从理论上讲城市抗灾防险能力理应越来越强。然而，现实是十分严酷的，在事故和灾害面前，现代城市安全防护十分脆弱。城市防灾能力远远赶不上城市的发展速度，远远落后于发展所带来的需要，安全问题已成为威胁城市的突出问题。特别是近几十年来，世界的城市规模急剧扩张，一些城市的人口规模增加了上百倍。相形之下，城市自身安全防护功能却没有太大的改进，与城市发展和安全的需求差距越来越大。各种风险和威胁随时可能爆发，危及城市的安全，危及城市居民的安全。城市受到气象、地震、水灾、生态及特重大意外事故威胁的可能性也在明显上升。

（五）破坏力强

由于城市是一定地区政治、经济、文化、商业中心和交通枢纽，人口居住高度集中、行政机构密集、企业林立、各种设施和危险品高度聚集，一旦发生情况，损失惨重，后果不堪设想。重大事故失控的风险急速地上升，往往会因极小的事故或风险引起大规模的危险，甚至失去控制，而引发全系统的危机。断水、停电、断气都会引发大规模的不安。一些危险品发生事故可能引起连锁反应，引发更大规模或范围的影响，其破坏力远远超出人们的想象。如现代城市人口稠密的特点使城市成为恐怖分子的袭击目标，损失十分严重。2005年7月7日早上上班高峰期，伦敦3辆地铁车厢和1辆巴士发生爆炸，造成56人丧生。重大自然灾害、重大事故灾难、重大公共卫生事件和社会安全事件对城市这个承载密集生命的集合体的威胁日益突出。

（六）防范难度大

由于城市风险发生的源头来自各个方面，有的是自然灾害、有的是人为的破坏行为、有的是意外事故，风险的形态与样式也有很大的差异，很难一一罗列，因此使得防范工作的难度陡然上升，困难重重，稍有不谨慎，就会带来严重的后果。这样使得城市安全的维护仅靠规则和一般性的管理是很难保证的，例如疾病传播速度因人口高度密集会十分迅速，给控制传播增加难度。而且城市安全风险和危机的样式层出不穷，使得我们每时每刻都与危机和风险共存。这就需要我们在学习中不断进步，应对了一次危机，提高了自己，还要设法避免新的风险和危机。

二、加强城市安全预防工作需注意的问题

城市的风险和危机处理成为所有城市管理者必须面对的现实任务，一刻也不能掉以轻心，作好预防工作是规避城市安全风险的重要保证。

（一）高度重视，随时保持警惕

城市安全首先要引起城市管理者的高度重视，城市管理者不仅是城市的管理者，而且是城市安全的守护者。对城市的管理者而言，仅管理城市日常性事务就已经很费精力，结果往往会忽视城市安全问题和安全隐患。实际上，作为一个合格的城市管理者必须要具有高度的城市安全风险意识，把城市安全放在工作的首要位置。坚持以预防为主、常态管理与非常态管理结合的原则，全面提升和培育城市抗风险的能力。在城市规划和建设中要引进安全意识和风险意识，对城市建设的规模、功能、布局、交通等要作出合理、

科学的筹划。强化防护安全能力的建设，以人为本、预防为先，以保障公众生命财产安全为根本，一刻也不能有丝毫的放松和懈怠。

（二）建立完整的法律体系

依法治理城市是必须遵循的规则。维护和防范城市风险也必须依靠法律，完备的法律法规是城市公共安全保障和危机管理的基本依据。从公共安全管理的实践来看，建立比较完备的维护城市风险的相关法律法规体系，将城市安全管理纳入法制化的轨道，有利于维护城市安全所采取的各种行政手段和措施的正当性与高效性。实践证明，不少国家在构建城市安全管理机制时，都把法律体系的建设放在突出的位置。如美国一贯重视通过立法来界定政府机构在紧急情况下的职责和权限，制定了上百部专门针对自然灾害和其他紧急事件的法律法规。2005 年 1 月，美国重新构建其危机管理机制，制定了新的《国家应急反应计划》，设立一个永久性的国土安全行动中心，作为最主要的国家级多机构行动协调中心，将利用国家紧急事件管理系统，为不同部门间的协作建立起标准化的培训、组织和通信程序，并明确了职权和领导责任。又如韩国安全管理机制主要得益于完整的法律体系。韩国有关危机事态应急管理的法律分为战争灾害、自然灾害和人为灾害三个大类，其中包括《自然灾害对策法》、《农渔业灾害对策法》、《灾害救济法》以及《灾害对策法》、《森林法》、《高压气体安全控制法》、《生命救助法》等，为有效应对各种突发性灾难提供了权威的依据。日本共制定有关安全管理的法律法规约 227 部。日本要求各级政府针对本身的业务权责制订防灾计划、防灾基本计划、防灾业务计划和地域防灾计划。我国应尽快制定并颁布实施针对城市安全维护的法律体系，使之成为城市处理威胁安全的基本依据，并在产生的意外事故或其他威胁城市安全状态中有统一的要求和程序，确保其规范化、制度化、法治化。

（三）建立完善公共安全管理机制

尽管各国国情不同，也存在着地域上的差异，但不少国家的城市在城市安全管理上形成相对一致的公共安全管理机制。城市应急管理工作不是由一个部门或单位能够单独完成的，需要强有力的统一指挥和综合协调，需要灵敏高效的快速反应和应急联动。“9·11”恐怖袭击，使美国国家安全管理机制面临重大考验。美国的危机处理体系和快速反应机制在人员救助、社会稳定、防范新一轮袭击以及恢复正常社会和经济生活等方面起到了重要作用。政府成熟的安全管理机制使各个部门迅捷有序地采取着不同的应对措施，相互交织，却又有机协同，大大减轻了灾难造成的损失。一些国家成功的经验表明，城市安全管理关键在于要拥有一个权威、高效、协调的安全中枢指挥系统，该系统具有绝对的决策效能、应变能力和动员能力。城市的市长是城市公共安全管理的指挥中枢，建立起以市长为核心的城市安全管理机制，由市长负总责。在市长领导下，组建高效的领导和协调机构，由城市管理的相关机构的负责人参与，市长可以随时号召城市安全管理机构讨论城市安全面临的风险，对城市任何重大安全事务的管理与行动责成具体负责的机构执行。应积极吸纳和发挥社会力量的作用，提高危机处理效率。要加强应急管理专家队伍建设，成立应急管理专家组、专家咨询组等。不断健全应急管理组织领导体系，不断健全和完善工作机制。组织各职能部门、专业力量，实行突发公共事件全过程综合管理。

（四）制定严密的预防计划

维护城市安全要求事先有完整严密的计划，以避免发生事故时措手不及。面临各种风险和危机等突发性灾害考验时，能够快速行动起来，有条不紊地防灾减灾，把风险和损害降低到最低限度。制定各种安全风险防范预案是提高预防能力和处置突发公共事件能力的重点，全面加强应急管理工作，最大程度地减少突发公共事件及其造成的人员伤亡和危害。要建立覆盖城市各部门、各行业、各单位的应急预案体系；健全分类管理、分级负责、条块结合、属地为主的应急计划，落实行政领导责任制，加强应急管理机构和应急救援队伍建设；建设突发公共事件预警预报信息系统和专业化、社会化相结合的应急管理保障体系；要有专门的机构和人员负责城市安全预防和应急组织计划的制定，形成各种应急行动预案。严密的预防计划和预案是成功处置城市突发公共事件的重要条件，应急计划和预案体系建设得如何，直接决定着发生安全威胁时，应急处置能力的强弱和水平的高低。严密的预防计划可以形成强有力的组织力和动员力，调动社会力量，应对各种突发事件。政府在掌控资源、组织体系等方面虽拥有优势，但不可避免地存在一定局限，在突发事件发生后的灾难救助阶段，事先制定的各种预案和计划会保证各级机构有组织地实施，避免混乱，落实责任。同时要注重加强平时演练，演练可以极大地提升各级政府组织和相关人员处理应急事件的能力。如韩国在防灾宣传教育的基础上，加强演练以提升应对能力。韩国政府规定每年的5月

25 日为“全国防灾日”，在这一天举行全国性的“综合防灾训练”，通过防灾演习让政府官员和普通群众熟悉防灾业务，提高应对灾害的能力。

（五）增强舆论的透明度

媒体往往扮演着政府“形象的塑造者”，媒体作为沟通政府和公众的桥梁，在安全事件中释惑解难，发挥了不可替代的重要作用。一些国家的媒体作为政府安全管理主体的一个组成部分，其积极介入是处理城市公共安全事务的重要环节，在事件发生后，基本都能在第一时间由政府有关部门直接发布信息，以杜绝社会上的猜测和不良传闻。如 2005 年 3 月 20 日上午 10 时 53 分，日本福冈县以西海域发生里氏 7 级地震。地震造成当地大部分列车和城铁停止运行，高速公路暂时关闭，福冈、佐贺两县通讯大面积中断。地震发生后不到 1 分钟，电视屏幕上端已显示出地震震源、各地区震度以及有无海啸等信息，保证人们在第一时间掌握事态的变化。在城市突发性安全事件的处理和应对中，着力构建危机管理者与媒体两者之间的良性互动关系，使媒体成为传播政府决策的途径、公众获取正确信息的渠道和官民共同解决危机的桥梁，逐步建立起应急信息系统平台。各国城市处理安全事件经验表明，公共舆论引导需要非常及时，有效引导是危机处置成功与否的关键所在。公共舆论引导得好，会使公众及时获得真实的信息、了解事态的变化，对政府处理措施积极支持、有助于人心的稳定和问题的迅速解决；否则将使事态严重恶化，谣言四起，误导民众，造成严重的负面影响，引起社会震动，甚至危及城市的稳定和安全。针对公众对事件或危险表现出极大的信息饥渴，舆论的引导必须透明，透明地报道事态进展，使得公众对事情的真相和来龙去脉有清楚的了解。要做到客观评价事件，在满足不同公众对信息需求的基础上，保持舆论基调的统一，以利于公众情绪得以引导，社会秩序趋于稳定。这种引导可以维护政府形象。透明公开，是政府有信心处置危机的表现，有助于形成政府在公众中的良好形象。政府是公共危机处置的主导者。有良好形象的政府又有助于危机的进一步处置。这种引导还需媒体充分参与。在现代信息社会中，媒体担当着重要的社会角色，其传播效果直接影响着大众情绪，关乎社会稳定。媒体在危机处置中，介于政府与公众之间，是信息传播的主渠道，也是沟通双方的桥梁。英国政府注意与媒体的协作，要求有关机构在平时做好准备，把配合媒体作为应对公共紧急事务工作的一部分，并任命受过专门训练的新闻官员负责媒体事务。德国政府重视在公共突发事件中与媒体的互动。

（六）培养公民的安全意识和应对风险能力

城市居民拥有理性的安全意识是城市公共安全管理的重要基础，直接关系到政府实施安全管理的效果。德国把增强国民的安全意识作为应对突发事件的一项重要内容，政府利用“危机预防信息系统”（DENIS）向人们提供各种公民自我安全保护的知识。通过宣传手册、互联网、展览以及听众热线，重点介绍如何应对新型急性瘟疫、化学品泄漏和恐怖危机等的方法，出版刊物普及防灾救灾知识。日本在孩子们上幼儿园时，就会带他们到地震模拟车上体会地震灾难发生的情况。为预防地震，在家家户户的门窗附近都备有矿泉水、压缩饼干、手电筒以及急救包。在新潮的电脑游戏中，也专门开发考验人们在强烈地震情况下应急对策的软件。这些举措不但提高了公民的安全意识，而且掌握了急救知识、逃生要领以及自救互救的本领。对一个城市来说，城市居民理性的安全意识是一种宝贵的财富，可以显示出冷静、顽强、有序和善于协作的精神素养。作为城市管理者不仅要注重自身和所属机构的安全意识的养成，而且要对城市所有居民进行经常性地安全意识教育和培养，使居民在安全风险面前不惊慌失措，有临危不惧、处乱不惊的心理素质，有积极应对的办法。许多国家在培养公民安全意识方面下功夫。如澳大利亚的防灾教育深入人心，政府不仅设立专业的管理学院专门培养安全管理人才，而且注重对普通百姓灌输安全防范意识，向居民邮寄有关“反恐”的资料，指导人们在发生恐怖事件时如何应对。增强城市居民的安全意识和培训防范能力，可以有效防范城市安全中产生“人祸”灾难。

以危机管理推动中国行政改革

华东师范大学危机管理研究所所长　陈洁华

世界主要国家大都用“危机管理”概念，而中国官方用“应急管理”。

“应急管理”容易给人误解：事件爆发后才匆忙应对处置。虽然中国政府内部约定俗成：针对“危机事前、事发、事中、事后”全过程使用“应急管理”概念；而对“突发事件”用“应急处置”概念。

如果国家经常使用“危机管理”概念，则容易给人错觉：这个国家怎么“危机”那么多？两个概念都不尽完美。

近来中国学者和地方政府使用新概念：“安全管理”或“安保管理”。

中国上述四个概念在实际管理对象、范围、方法、基本原理等方面是基本相同的。但遗憾的是，中国在该领域连最基本的概念还未统一。

本文使用“危机管理”概念，并考察“风险要素”与危机、危机管理之间的关系，由此探讨危机管理行政改革之新课题。

战争时代，兵者乃国家存亡之道。因此，战争时代只有以兵法、战争战略为中心，积极推动“战时行政”，“战时行政改革”的国家才能有效应对战争，获得战争胜利。

和平时代，危机管理是国盛之道、民安之法。

危机有生成、发展、爆发、消亡之周期。危机管理有如下等级：

1. “遇灾不救”是犯罪，最终与危机同亡，古今中外不乏其例。

2. “灾后救灾”属下品。应急处置，虽为必须，但亡羊补牢已晚矣。

3. “转危为安”属中品。在危机生成发展阶段就预防、消除危机，转危为安。但这只是预防。

4. “转危为机”，是上品。转“危险”、“风险”压力为“发展机遇”和“动力”，才是我们追求的危机管理最高境界。

目前中国在发展过程中遇到各种复杂危机，但如果我们能在科学管理好危机的过程中，推动战略创新、法律创新、技术创新、产业创业、行政改革，那么中国必将获得更优质、更持久、更强劲的发展动力。

一、危机蔓延之微观考察

中国各类危机泛滥，其原因主要有如下几类：

（一）行政条块分割妨碍危机管理效率

案例 1

2007 年秋，笔者发现有人在上海一条小河上违法用强电流电击捕鱼，此人小船划过，鱼虾皆死，惨不忍睹。于是即刻报警。结果如下：

“110”把电话转给河流所在警署，警署答：河流是水上派出所管辖！

我打电话给水上派出所，该所说：这属鱼政部门管辖！我们管不了。

我打电话给渔政部门，回答是：我们没有执法权，不能管！

又有一次，同样问题，警察是来了，但违法电击捕鱼者见警察后，把小船划到对岸。警察见状就走了。原来，这条小河是上海市内两个行政区的界河。虽然河宽不足 10 米，但 A 区警察只能管河道中间线这边，对河那边无权管辖。警察也懒得与邻区警署联系，共同取缔。

举报人花很长时间，结果是：警察不管水上—水上不管渔政—渔政没有执法权—此地不管彼地。部门相互推诿，违法行为者毫发无损。

中国生态危机日益严重也就可以理解了。

案例 2

同样是这条河边，有一栋待拆的两层楼旧民宅被群租，由于没有排污系统，几十个外来人员随地乱扔垃圾，每天就在河边粪便，便纸满地，飘在河面，极为恶心。房客大都用假身份证或根本就没有身份证，犯罪猖獗。同时存在煤气风险、乱拉电风险。附近居民向各机构求助，结果是：

公安部门说：对群租，警察没有执法根据。

卫生部门说：我们没有强制执法权力。

工商部门说：房东付税了。

环保部门说：我们只能管公共场所。对民宅内部我们无权管理。

消防部门说：我们只能管防火，不能管群租本身。

不幸，就在各部门长期推诿中，2007 年夏，附近群租房火灾，烧死 6 人。诚如最新民谣所唱："七八个大盖帽，管不了一顶破草帽"。

过去警察权力无边，改革开放后，中国法制建设日益细化，这是伟大的进步。但权力细化、部门细化、职能细化后，必然导致前述情况：大黑猫只能抓大黑鼠，小白猫只能逮小白鼠。但对于"不大不小"、"不白不黑"的各种害鼠，现行政管理体制无能为力。这种状况与邓小平提倡的"猫论"智慧完全相悖。法制水平提高了，但对危机的行政管理能力下降了。这不是法制本身有问题，而是新的形势要求我们：必须进一步进行行政改革。

（二）行政考核缺乏"危机追责制度"

改革开放以来，领导人政绩考核中，最重要项目是 GDP 增长，却没有"环保"、"生态"考核指标，对生产事故率、刑事犯罪率、群体事件率、上访率、事故灾害率等也缺乏有效考核、更缺乏责任追究制度。

比如，某区政府领导为了追求 GDP 增长，引进不少污染企业。当市民向区环保部门投诉这些企业时，由于环保部门直接受该区领导，因此环保部门通常会维护区长权威、庇护污染企业。这就是中国各地污染危机难以解决的主因。

（三）宪法因素

中华人民共和国宪法第九条规定："矿藏、水流、森林、山岭、草原、荒地、滩涂等自然资源，都属于国家所有"；第十条规定："城市的土地属于国家所有"。

"国土公有制"具有崇高理想，但实际管理结果令人堪忧。

首先，中国国土广袤，国土资源部门和环保部门根本无法进行有效监管。

其次，大批企业严重污染祖国大江河流，但国民无权起诉那些排污企业，因为国土、河流、湖泊都是国有的。法院首先不受理国民私人起诉这类案件。而国家行政部门如前所述原因，事实上难有作为。

如果国土被分割成无数的私有土地，那么任何一处源头的污染，都会被就近的土地所有者起诉。无数的起诉和索赔案件，就可以构筑起保护祖国净土纯水的司法铜墙铁壁。

二、风险要素之中观实证——以上海世博会为例

笔者在做"上海世博会与爱知世博会危机管理比较研究"后发现，上海城市风险要素远比日本爱知县和名古屋市多，管理更难。

（一）基本情况区别

1. 国土环境区别

日本是孤岛，四周环海，控制住成田、关西、中部这3个国际机场即可基本管好国外对日本的人流、物流风险要素。

而中国是亚洲大陆国家，与15个国家直接接壤。而且当前国际冲突热点都分布在中国周边。漫长的大陆国境线很难管理。中国许多陆路和海路边境段处在自由开放状态。外国入境可有陆路、空路、海路，入境方式和渠道远比日本复杂、多样。

2. 园区地理区别

日本世博会选在爱知县的名古屋市郊的荒野森林里，人烟稀少，易于管理。

而上海世博会选在浦东新区和卢湾区，中间是黄浦江，形成了立体复杂的安保任务：低空、超低空、陆地、浦江和白莲泾河水面、水下这5个空间层面，分别需要海、陆、空三军给予安保支持配合。

3. 园区规模区别

爱知世博会面积仅为1.7平方公里。

上海世博会规划红线面积5.28平方公里（浦西1.35平方公里，浦东

3.93平方公里），比爱知大3倍；而上海世博会规划控制面积6.68平方公里，几乎是爱知的4倍。

4. 参展国数量区别

由于日本已多次举办世博会，因此日本不追求“参展国”、“参观者”数量目标。爱知实际参展国为121国＋4个国际组织。

中国虽是第一次举办如此大规模的活动，但上海世博会设定的目标是创纪录的：参展国180国（含22个国际组织）。

5. 参观者数量区别

爱知设定参观人数目标很保守，仅1500万人，实际为2200万余人。

上海世博会设定参观者7000万人。

6. 到访VIP数量区别

爱知世博会列出“10大安保任务”后，从中再选出重中之重的“4大任务”，“VIP（政要）安保”都在其中。足见政要安保之重要程度。

爱知世博会期间，只有来自12个国家的15位政要到访，其中总统、总理仅8位[①]。

由于中国的国际响力、国际好感度日益上升，加之中国外交不断努力，估计上海世博会期间到访的外国政要人数肯定远远超过日本。

7. 投资规模区别

爱知总投资是2万6千亿日元（约合人民币1560亿元），其中包括安保费在内的运营费601亿日元（约39亿元）[②]。

上海世博会总投资仅为300亿元。我们必须注意：上海世博会面积比爱知大3—4倍，参观人数比爱知多3倍余，上海风险要素远比爱知多而复杂，但上海世博会总投资仅为爱知的五分之一。

---

① 财团法人2005年日本国际博览会协会：《2005年日本国际博览会“爱·地球博”会场警备业务纪录》第100外国宾客护卫实施一览表。

② 财团法人2005年日本国际博览会协会：《2005年日本国际博览会“爱·地球博”会场警备业务纪录》第100外国宾客护卫实施一览表。

（二）空间风险区别

爱知世博会园区周边是森林，风险要素简单，易于控制管理。

而上海世博会园区是市区，对如下基础设施实行绝对的安全管理，是上海世博会最重大的安保任务：

1. 重要大桥 4 座：杨浦大桥、南浦大桥、卢浦大桥、徐浦大桥。

2. 重要隧道 6 条：打浦路隧道、复兴路隧道、延安路隧道、大连路隧道、中环隧道（在建）、外环宝钢隧道。

3. 重要高架立交 10 个：鲁班立交、龙阳立交、内环万体馆立交、南北延中立交、南北内环立交、南北中环立交、南北外环立交、虹桥机场立交、莘庄立交、大柏树立交。

4. 巨型煤气储罐塔 6 处共 15 个以上：杨高路 3 个塔、浦东五号沟 2 个塔①、金沙江路 3 个塔、水电路 4 个塔、漕宝路 3 个塔②、吴泾化工基地内若干个。其中杨高路 3 个巨型煤气塔离上海世博会园区仅 2 公里。

5. 地下危险管道：主要有两类，其一是煤气管道网络；其二是地下污水管道，其沼气是易爆易燃有毒气体，浦东已经发生多起污水管道井口爆炸事件。

6. 市内加油站 90 余个。本研究所为上海特奥会提供的安保管理方案中有一个专项就是“加油站风险管理”。

在上海世博园区 2 公里范围内有 3 个加油站：浦东南路加油站（就在世博园区墙边）、成山路加油站和浦三路加油站离世博园区仅 1 公里，两加油站之间正是杨高路 3 个巨型煤炭塔，其链环风险极高。2007 年 11 月 24 日，浦三路加油站发生严重爆炸事件，致 4 人死亡、39 人受伤。③

7. 大型化工基地 2 个：其一是吴泾化工基地，在世博园区黄浦江上游、南偏西方向 10 公里处，上海世博会跨春、夏、秋三个季节，经常有西南风，吴泾化工基地一旦出事，会对世博会造成大气灾难、水灾难。其二是金山化工，是亚洲最大的化工基地，也处在世博园区西南方向。

8. 分散各处的化学品、毒品物质。上海市内各大学、研究机构、工厂、

---

① 人民网日语版 2007 年 6 月 8 日。

② 水电路煤气塔、漕宝路煤气塔、吴泾化工基地等通过 Google Earth 卫星图片比照。

③ 新华网，2007 年 11 月 25 日。

商店存有危险化学品、毒品。

9. 高楼安全管理：上海 24 米以上的高层建筑估计已超过 5000 栋，而 100 米以上的超高层建筑早已超过 300 幢。[①]

（三）物质风险区别

如前所述，日本国土、边防特点与中国有异，日本对危险物品管理相对比较容易，而且管理非常严格。此外，日本国内已经停止了矿业，民间更无爆竹习俗，因此，民间很少有炸药。但上海危险物质较多：

1. 固体炸药

中国煤炭业、采石业等矿业非常发达、普遍，民间更盛行爆竹习俗。因此，固体炸药在中国民间分布广、存量大，而且管理松散，事故频发。

据中国公安部发布的正式统计："2007 年 6 月 2 日至 9 月 10 日，全国共收缴炸药 2445 吨、雷管 481 万枚、导火索 262 万米，收缴枪支 11.7 万支、子弹 337 万发、管制刀具 127 万把，以及一大批黑火药、烟火药等爆炸危险物品。依法取缔非法生产、销售民用爆炸物品厂点 365 个，摧毁非法制造、买卖枪支窝点 113 个。"[②]流散于中国民间的危险物质之多，读之触目惊心。

2. 危险化学毒品

上海是重化工业基地，危险化学物质在生产、储存、运输、销售、使用过程的各个环节都有出事可能。上海世博会之前应加强管理。

3. 恐怖袭击

国际恐怖组织可能未必是针对中国袭击，但上海作为国际大都市，频繁举行各类国际大型活动，经常会有许多欧美首脑人物来访，他们非常容易被国际恐怖组织瞄准。恐怖组织主要有 5 类攻击手段：

（1）核物质、脏弹；

（2）炸药：固体炸药、液体炸药；

（3）生物攻击手段；

（4）化学攻击手段：固体、液体、气体；

① 《新闻晨报》2007 年 09 月 14 日报道。

② 中国公安部官方网，2006 年 9 月 12 日。

（5）劫持大型交通工具。

应对上述5类恐怖袭击手段，上海还缺乏专业人才、专业队伍和设备。

（四）人口状况区别

1. 人口数量区别

日本行政结构是：中央—爱知县—市—町（世博园区所在地）。

上海对应的结构是：中央—上海市—区—街道（世博园区所在地）。

2005年爱知世博会当年，爱知县人口仅为725万人，其中外国人为19.4万人。世博会所在的名古屋市人口仅为220万人；爱知世博会园区分在两地：长久手町为44835人、濑户市为129000人①。

而上海常驻人口已达2000万，是爱知县的3倍。上海流动人口达500万人，每天流动人口量达20万以上。上海世博会园区所在的两个区，浦东新区180万人，卢湾区32万人。无论从何角度比较，上海的人口规模远超过爱知。

2. 机场客流量区别

表一　名古屋中部国际机场与上海两大机场客流比较

日本中部国际机场	上海2006年统计
2005年客流量419万人次 其中：日本人327万人次 外国人92万人次 国际出入境204万人次	浦东国际机场旅客2666万人次 其中：国际出入境1715万人次 境外旅客605万人次
2006年客流总数1199万人次 其中：国内旅客　652万人次 国际旅客　546万人次	虹桥机场旅客　1935万人次
	上海两机场合计旅客4601万人次
爱知中部机场与上海两个机场客流量之比1∶4	

资料来源：根据日本法务省入国管理局统计、日本中部国际机场官方统计；上海浦东国际机场和虹桥机场数据根据上海统计局、上海市旅游事业委员会、上海市出入境边防检查总站等发布的官方统计编表。

---

① 日本爱知县政府网站、名古屋市役所（市政府）网站，2005年人口统计数据。

需要特别强调的是，按照爱知经验，2004 年中部国际机场日均境外来访者为 1627 人，而 2005 年为 5668 人，即世博会举办年比平时扩大 5.6 倍。[①]

上海 2006 年日均境外来访者达 16594 人，已经超过爱知世博会举办当年中部国际机场该指标的 2 倍余。如以爱知经验扩大 5.6 倍，则 2010 年上海浦东机场日均境外来访将达 9.6 万人。浦东和虹桥两大机场年客流量将达到 2.5 亿人次！这对中国来说是前所未有的数字，其管理难度可想而知。

3. 国民特征区别

日本人是单一的“大和民族”，全国各地行为、语言、衣着、习俗高度一致。因此，外国人一进入日本就即刻被认出来。同时，日本人自古排外而忠诚政府，一旦发现外国人可疑行为，日本人必然要“多管闲事”，报告警察。外国人很难在日本进行破坏活动。

而中国是多民族国家，行为、语言、衣着、习俗有极大差异，很难区分是少数民族还是外国人，即使汉族内部也存在巨大差异。而且中国人对于可疑行为、可疑人物、甚至对犯罪行为常表现出“不管闲事”、“不报告警察”的倾向。

4. 国民素质区别

日本国内流动人口少，国民具有遵纪守法的传统，几乎没有造假证件，手机都是实名登记，国民犯罪率极低。社会安全管理比较容易。

但中国每年在各地流动的人口达数亿之多，其中有不少人是用假身份证，并用假身份证购买手机卡、办理银行账号和住店。一旦犯罪，公安局很难追查。社会安全管理难度远超过日本。

5. 国民规范区别

日本在遵从规范，遵纪守法方面，表现出极大的忍耐、克己精神。因此，爱知世博会虽发布了一系列繁复而严格的规则，但日本国民都能非常自觉地遵守。

---

① 财团法人 2005 年日本国际博览会协会：《2005 年日本国际博览会“爱·地球博”会场警备业务纪录》。

而中国国民反感规范，缺乏克己耐心精神。中国较严重的社会问题大都与国民不遵守基本规范相关：闯红灯导致城市交通混乱、乱扔垃圾导致环境污染等。

世博会最大、最紧迫的课题是避免踩踏。日本国民原本就具有集体精神，加之从小接受危机管理和救灾教育，实际生活中又经常遇到地震冲击，因此日本国民对危机的承受力反而很强，在紧急时刻表现出异常的冷静、安静、自觉服从指挥、集体互助的良好精神。

但由于中国自然危机较少，国民更缺乏危机管理教育，因此国民对危机的承受力反而很低。一旦有事，国民很难遵从指挥。结果踩踏风险大大增加。

（五）人群风险区别

风险人群可分为国际和国内两类。

1. 外部危险源区别

战后日本外交紧跟美欧，完全融入美欧体制。因此，美欧对日本挑衅少，日本敌对势力比较少。爱知世博会没有邀请以色列参展，大大减少了来自阿拉伯、伊斯兰世界的反以风险。

爱知世博会期间未发生恐怖袭击事件，是其大幸。

而中国外部危险源比较多：

1. 意识形态因素，有欧、美、日反共势力；

2. 人种因素，有各国反华势力；

3. 利益因素，中国迅速发展，长期大量贸易顺差、各国产业纷纷转向中国，导致发达国家产业工人、相关利用者反感中国、仇视中国；

4. 心理因素，中国迅速发展招致许多国家嫉妒、反华；

5. 地缘因素，中国周边有些国家对中国乐见危机而非发展。

这些反对势力会利用各种手段打压中国、破坏中国安全形势，如舆论战、经济战、金融战、贸易战、谣言心理战、宗教战、人权战、文化战、外交战、种族战，甚至军事摩擦等。

同时，作为主办国，中国还必须保护各国来访者的安全，尤其是美国、英国、以色列、俄罗斯的安全，而这些国际的危险源就更复杂了。中国缺乏必要的情报支持。

2. 内部风险源区别

(1) 分裂势力。日本没有独立、分裂势力，不用担心内部风险问题。但中国面临四股破坏势力风险："东突独"、"藏独"、"台独"、法轮功。而且他们分布在中国大陆四周，形成包围之势，又散居于世界各国进行反华造势。这些原本是各自独立的四股势力，近年在资金、信息、行动等方面出现了联合协同趋势。

或许有人认为，"台独"分子可能不会采取恐怖袭击。但"台独"猖狂冒险活动很可能引发两岸战争，甚至是国际军事冲突，其危害远大于恐怖活动。

(2) 刑满释放者再犯罪。全日本以及爱知县、名古屋，该指标是很低的。但上海以及周边地区该指标较高，有相当数量的刑满释放者。上海调查证明：近年刑满释放者重新犯罪的几率在提高。

(3) 流动人口犯罪。日本流动人口很少，爱知县、名古屋就更少了。但2006年外省市来沪旅游者就达7327万人，[①] 此外来沪工作的流动人口达300万—400万人。中国各大城市刑事犯罪调查都证明：城市刑事犯罪的70%以上是由流动人口所为。

(4) 群体事件。群体事件在日本是非常少见的。据权威数据表明，中国每年群体事件上万件。主要包括：群体上访、群体冲突、借外国势力对中国政府施加压力。政府必须高度重视群体事件对上海世博会秩序和形象的严重破坏作用。

(5) 各种传染疾病风险

表二　上海近年传染病统计

指　标	1990	2000	2005	2006
传染病发病总例数（甲、乙）（万例）	4.56	3.58	3.22	2.78
发病率（1/10万）	356.12	271.66	237.52	204.07
传染病死亡总人数（人）	95	179	153	97
死亡率（1/10万）	0.74	1.36	1.13	0.71
结核病登记病人数（千例）	7.27	3.09	2.75	2.47

① 上海市统计局数字，http://www.stats－sh.gov.cn/2003shtj/tjnj/nj07.htm?d1＝2007tjnj/C0722.htm。

续表

指 标	1990	2000	2005	2006
登记患病率（‰）	0.57	0.23	0.20	0.18
结核病新发病人数（千例）	5.67	5.18	3.87	3.70
登记新发病率（1/万）	4.43	3.94	2.86	2.71
结核病死亡人数（人）	605	293	256	170
死亡率（1/10万）	4.73	2.22	1.89	1.25

资料来源：上海统计局2007年版年鉴 http：//www.stats-sh.gov.cn/2003shtj/tjnj/nj07.htm?d1=2007tjnj/C2112.htm.

此外，到2007年底，中国现存艾滋病病毒感染者和病人约70万（55万～85万）人。其中艾滋病病人8.5万（8万～9万）人。2007年因艾滋病死亡2万（1.5万～2.5万）人。[①]

而上海至2007年11月累计报告艾滋病病毒感染者和艾滋病病人2895例。[②]

（六）经济风险区别

90年代是日本失去的10年，日本经济长期低迷，到爱知世博会举办前后，日本经济才有所复苏。众所周知，经济周期从低谷回升时期，其股市、楼市等风险都比较低。同时，2005年世界油价、资源等价格处在较低水平，日本经济环境良好。

而中国经济已持续10余年高增长，我们面临空前繁荣，各项重要经济指标都不断开创惊人的新纪录，经济风险在增加：

1. 高油价：世界油价开创了人类史上最高值；
2. 高物价：世界各类资源价格猛涨；
3. 高股市：中国股市开创了人类史上最疯狂的涨幅；
4. 高楼市：楼市开创了中国史上最高值；

① 中华人民共和国卫生部长陈竺发布《中国艾滋病防治联合评估报告（2007年）》，中国平安网（中共中央政法委员会、中央社会治安综合治理委员会、新华通讯社主办），2007年11月29日。

② 上海市卫生局分布统计，解放网—新闻晚报，2007年11月30日。

5. 高汇率：人民币对美元汇率升值不断开创新纪录；

6. 高储备：中国外汇储备量开创了战后世界经济史上最高值；

7. 高顺差：中国贸易顺差量和持续年数开创中国经济史上新纪录；

8. 高地价：中国土地价格开创新中国以来最高值；

9. 高增长：中国经济持续高速增长成为世界经济史一大奇观。

上述9大风险要素中任何一个要素都是牵一发而动全身的。同时中国国民和企业缺乏成熟投资行为、境外各种势力抄作中国经济风险要素，都使中国经济风险在增加。对此，无论是北京奥运会还是上海世博会都应该严密关注。中央政府和北京、上海两市政府应尽速提出经济软着陆、经济风险多重防范措施。

（七）自然风险区别

日本地震较多，而上海地震少。日本国民对自然危机的承受力、自助、互救、公救能力强，有很强的耐心和相互配合精神，这就大大降低了自然灾害二次风险、衍生风险。

上海世博会期间可能面临如下自然灾害风险：

表三　主要自然灾害及其衍生灾难

时间	灾类	可能衍生二次灾难
春季	禽流感 非典	大规模传染——全国秩序混乱
6月	梅雨	参观者骤减，7000万人参观者目标难实现
夏季	雷电	伤人、大规模停电、火灾
夏秋	台风	高空坠物伤人、交通混乱、世博会重大活动被打乱
夏秋	暴雨	城市大面积积水——断交通、断电、断气 世博会会场混乱——踩踏风险
夏秋	潮汛	如潮汛与台风、雷电、暴雨同时相遇，导致洪灾——城市地下污水泛滥——环境污染灾难
夏秋	酷暑	群体中暑、干旱——火灾
夏秋	干旱	火灾

注：笔者制。

由于中国国民低素质人群相对较多，缺乏良好的危机应对能力，一旦遇到突发自然灾害，如突来的暴雨、雷电、台风，中国参观者可能会各自四处逃避，相互冲撞，极易造成踩踏事件。又如，数十万中国参观者能否在酷暑高温下安静有序地排队等候 8 小时而不发生抱怨、插队、吵架等事端？这将成为考验中国国民素质的难关。

（八）社会转型风险区别

日本社会转型早已完成，社会风险要素少，而且社会风险要素可确定、可预测程度高，加之社会管理成熟而稳定。

但中国目前处在社会转型最激烈时期，如生产方式转型、生活方式转型、社会管理模式转型、价值观念转型、人流模式转型、物流模式转型等，因此社会风险要素剧增，各种风险要素不可确定、不可预测程度高，加之社会管理尚不成熟、不稳定，中国社会转型风险非常高。

（九）建构新的危机管理体制

为有效管理上述众多而复杂的风险要素，必须建构如下管理体制：

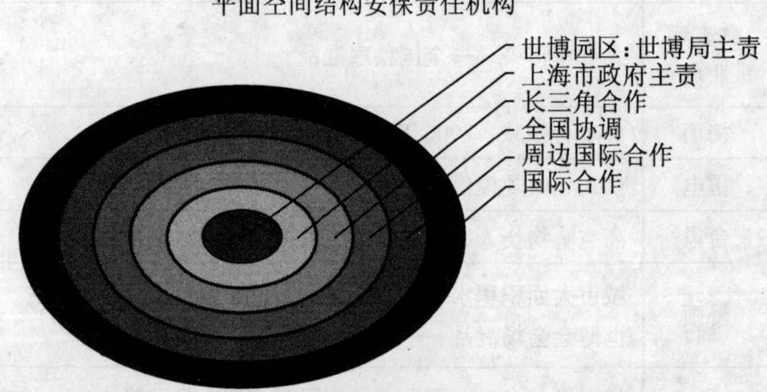

图一　上海世博会平面安保管理协作体系构想

注：笔者绘制。

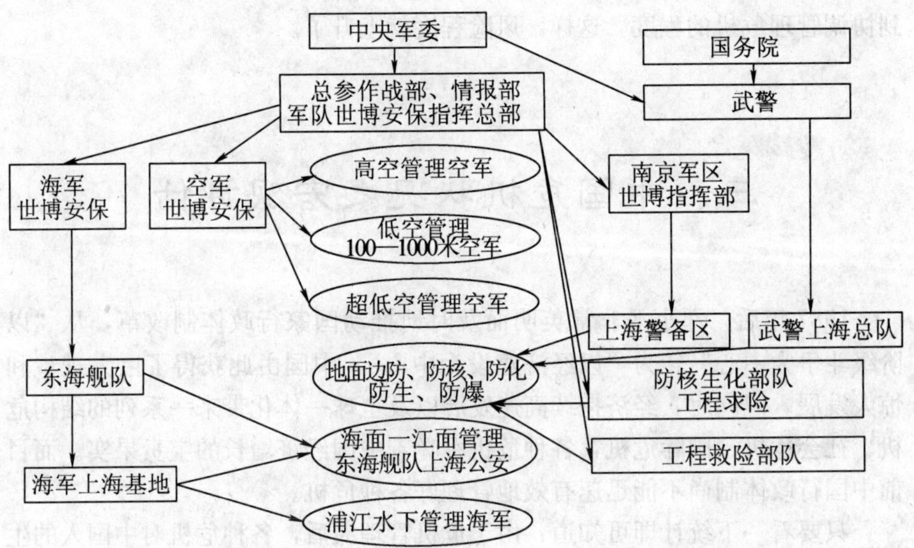

图二　上海世博会空间立体安保与请求军队支援的安保框架构想

注：笔者绘制。

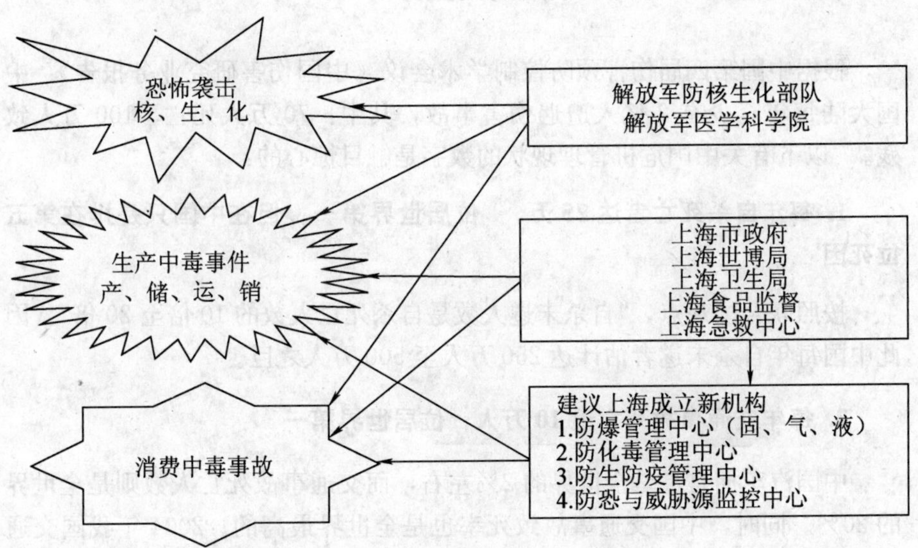

图三　上海世博会安保管理分工体系构想

注：笔者绘制。

前述诸多风险要素是客观存在的，然而目前我们行政管理体制远未能达到协调管理危机的程度。这样，风险程度就上升了。

三、中国危机状况之宏观评估

1987年后，邓小平非常英明而及时地推动国家行政体制改革，从“以阶级斗争为中心”转为“以经济建设为中心”，中国由此获得了巨大进步和惊人发展。但同时，经济持续高速发展以及全球一体化带来一系列的结构危机、社会危机、国际危机，各种危机吞噬着中国经济增长的宝贵果实。而目前中国行政体制尚不能迅速有效地管理好各种危机。

只要看一下统计即可知道：由于危机管理滞后，各种危机对中国人的生命和财富破坏远超过战争。严重危机呼唤我们必须加强危机管理。

（一）危机严重威胁中国国民生命

根据中国第四届伤害预防控制学术会议《中国伤害研究业务报告》：中国大陆每年至少有2亿人遭遇伤害事故，其中：70万人死亡、100万人致残。[①] 以下有关中国危机管理现状的数字是触目惊心的：

1. 每年自杀死亡者达25万，[②] 位居世界第一，但在中国只是排在第五位死因

按照联合国观点，“自杀未遂人数是自杀死亡人数的10倍至20倍”。因此中国每年自杀未遂者估计达250万人至500万人之巨。

2. 每年交通事故死亡近10万人，位居世界第一

中国汽车拥有量是全世界的2%左右，而交通事故死亡人数则是全世界的20%。同时，中国交通事故致死率也是全世界最高的。2004年我国交通

---

① 《人民日报》，2007年6月5日。

② 中国卫生部报告，新华网2005年6月10日转载《北京科技报》报道。

致死率为27.3%，而同期美国为1.3%，日本为1%。[①] 足见中国国民素质和行政管理有问题。

3. 每年工伤事故死亡约13万多人

2006年略有下降，全国各类安全生产事故627158起，死亡112822人。[②]

此外，据报道，中国每年各类刑事案件致死亡人数约7万人；每年肝炎、肺病、爱滋病等各类传染病致死亡人数估计50余万人；每年溺水等意外事故致死亡人数约10多万人。

主要非病威胁：自杀、交通事故、工伤事故、意外中毒、意外坠落占中国人全部伤害死亡的70%以上。

主要疾病威胁：狂犬病、肺结核、肝炎、艾滋病、婴儿破伤风这5种死亡占中国人疾病死亡总数的81.08%。

（二）危机严重摧残中国人口素质

1. 每年意外伤害事故导致100万人致残；
2. 每年意外事故导致约64万儿童伤残；
3. 每年工伤伤残70余万人；
4. 每年职业病危害70多万人；
5. 中国有严重精神疾病患者约1600万人；

2006年中国残疾人总人数达8296万，6年间增加了2296万残疾人士。[③]

（三）危机严重损害中国财富

中国每年安全事故造成的直接经济损失约1500亿元，加上间接损失达

① 新华网，2007年4月13日。

② 中国国家安全生产监督管理总局调度统计司发布《2006年全国各类伤亡事故情况》，2007年1月11日。

③ 国务院残疾人工作委员会副主任、中国残联主席邓朴方发布抽样调查结果，中国网，2006年12月1日。

2000多亿元，仅这一项就约占中国GDP的2.5%。[①]

（四）危机严重破坏中国有限资源

中国资源非常缺乏，但每年各种自然灾害、刑事犯罪破坏（如偷盗电缆、通讯干线）、生产事故（如矿井爆炸）等各种危机严重破坏了宝贵资源。

（五）危机严重破坏中国生存空间

中国虽然地大，但适合人类居住的地方相对狭小，加之中国人多，中国生存环境困难、生态环境脆弱。

但人们长期忽视了经济发展对环境、对自己生存环境的破坏：

1. 河湖污染

中国河流从南到北，珠江、长江、太湖、淮河、黄河等母亲河、家乡湖都被严重污染。

2. 国土污染

水污染必然带来土地污染。

3. 农作物和物种污染

水和土污染又必然使农作物和物种污染。

4. 国民健康危机

大规模的食品不安全必然对国民体质、健康带来严重危险。

此外，股市、楼市、金融、治安、资源紧缺、能源紧缺、毒化品事故、医药问题、人口结构、网络等众多潜在危机对中国安全、国民生命、人口素质、财富、资源、生存环境构成严重威胁，是当前危机管理最紧迫的课题。上述各类危机原因，都与行政管理不善密切有关。

---

① 新华网北京2003年9月2日电。

四、危机管理行政改革之建议

要实现国家长治久安的目标，就应以危机管理来推动中国行政改革，以便国家和地方政府能够迅速、有效地查险、排险。

1. 管理对象改革。从过去只关注“狭隘单纯的政治危机”转为关注“广义、综合的危机”。

2. 管理范围改革。从过去“应急处置”转为对“事前、事发、事中、事后”全过程管理，对危机“生成、发展、爆发、消亡”全程监控管理，尤其要加强“预防管理”。

3. 管理机构改革。从过去“临时应急机构”转为“常设机构管理”，从市到区、街道都应常设“危机管理办公室”。危机管理机构、管理人员、管理设备、管理资金、指挥系统要常设。社区居委会应设专职危机管理岗位，并由受过严格的危机管理专业教育的人才任专职工作。对各类危机进行“常态管理”。

4. 管理模式改革。从过去“专业条块分割管理”转为“各执法部门高度协同综合管理”。长期以来中国城市都是专业分工管理，交警只管交通，城管只管市容，环保只管污染，他们对其他犯罪视而不见，对新型犯罪、权力交叉部位、空间边缘地带的犯罪一筹莫展，或无权管理。于是形成“谁都管不了、谁都不管”的很大行政真空空间，导致犯罪猖獗、各种危机泛滥。为了与“110”、“120”、“119”三台合一相配，应高度整合交警、刑警、户警、城管、环保、卫生、工商、海关、武警、出版等行政执法部门力量，从专业分工管理转为综合协同管理。如图四所示：

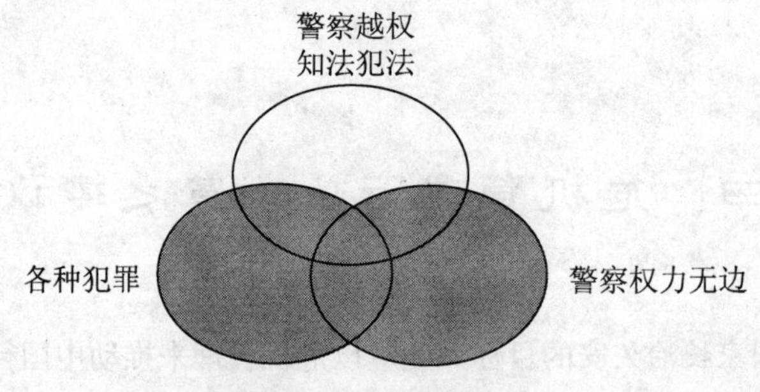

图四　过去行政管理模式

注：笔者绘制。

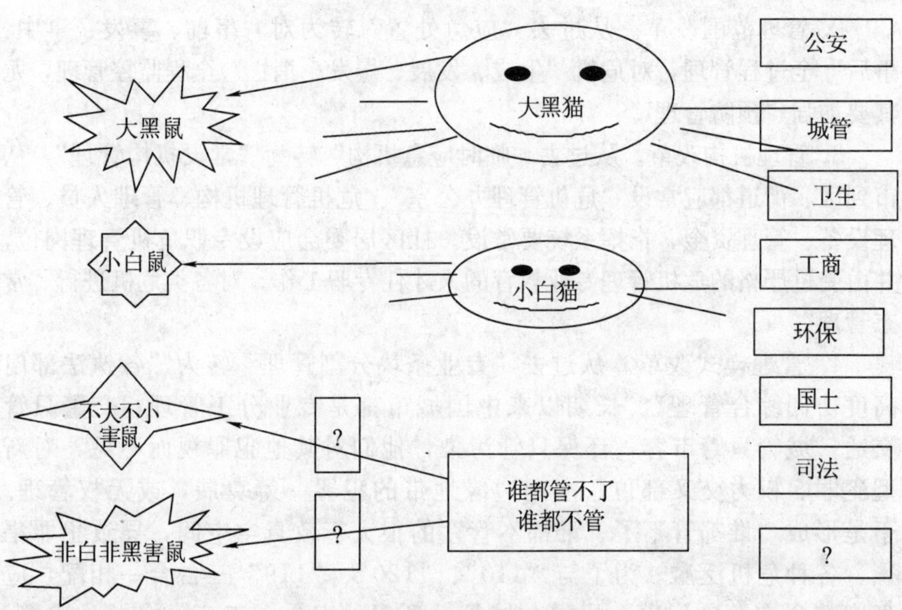

图五　法制细化后的行政管理模式

注：笔者绘制。

5. 建立“网格化管理问责制度”。现在行政体制是按专业来分割部门权力的。由于中国正处在大规模社会变迁过程，新问题层出不穷，法律创新跟不上，管辖责任分不清，导致各执法部门都难以管理。

建立“网格化管理问责制度”后，在责任区域内的行政首长全权管理所有违法行为。在责任区域内，如果火灾、爆炸、刑事犯罪案件、生产事故、假冒伪劣等事件超过一定指标数量，行政首长及其相关责任人必须引咎辞

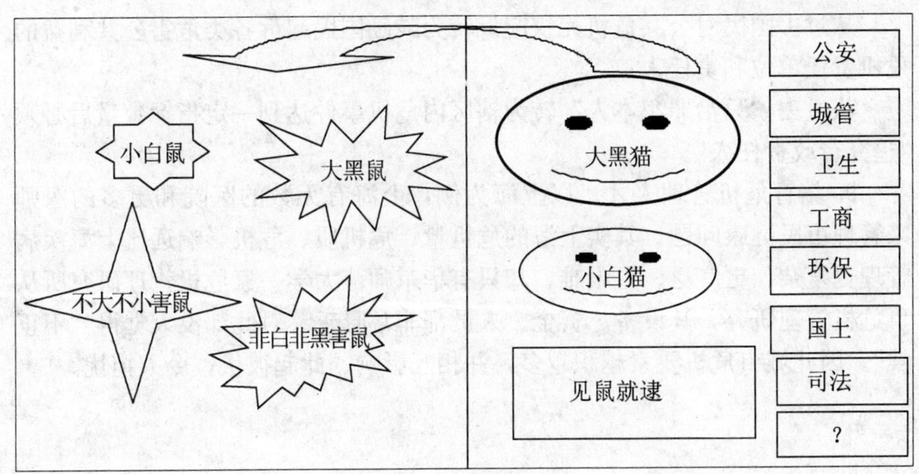

图六 行政改革思路

注：笔者绘制。

职。这样，经过2—3轮干部更换后，大部分在职干部都会主动学习、关注危机管理了。

6. 建立“无缝化管理”，对于网格区域内的各种违法事件、危机要素，应建立如下行政管理体系：

时间管理无缝；

空间管理无缝；

职能管理无缝；

人员管理无缝；

领域管理无缝。

7. 建设“管区危机监管信息系统”：要用IT手段，对可能危害本区域安全的所有危机要素在时间、空间、量、质上的变化实现全天候的实时监控，并在市应急联动中心大屏幕墙上及时自动显示四级预警。

8. 法律创新：为推动上述行政改革，应及时调整法律。重点是：

考虑到修改宪法需要谨慎，速度必然非常缓慢，因此当前可以通过“两高司法解释”进行法律创新。鼓励国民以私人身份运用司法手段来监督国家危机管理状况、制裁污染企业和个人；

从过去“专业管理”转为“综合管理”；

从过去“轻罪不罚”、“轻罪轻罚”转为“轻罪重罚”，使国民认识到：哪怕轻罪也要付出沉重代价；

从过去国民对公共危机无权起诉转为鼓励国民起诉各类危害公共利益的危机责任单位和责任人；

从过去“只治罪犯本人”转为辖区内危机事件达到一定指标数量后必须“追究行政责任人”。

9. 培育危机管理人才。以上海为例，上海有无数的医院和更多的医师来管理市民健康问题。其实上海的危机量、危机质、危机影响远比上海疾病管理更复杂、更广泛、更艰难，却只有华东师范大学一家危机管理研究所从事危机管理研究，其设备、资金、人员都非常匮乏。对此却没人觉得“不正常”。因此城市危机要素越积越多，并相互影响、此起彼伏，令人担忧。

超大规模城市社会安全管理

——上海城市安全和社会和谐总体构想

上海市政府决策咨询调研员　顾定国

超大规模城市是开放的复杂巨系统，不仅有人口、资本、各类经济、生活基础设施的高度集聚，有人流、资金流、物资流、信息流的高度交汇，还有政治、经济、文化等多方面功能的高度叠加以及城市综合影响力的高度扩散。这些特点并存于城市、共振于社会，导致社会安全问题纵横交织、错综复杂。尤其是在中国社会急剧转型、城市化发展加速、国内外各种因素相互交织的大背景中，城市社会安全管理涵盖众多领域、涉及复杂因素、产生深远影响，实际上是一个对社会安全问题从肇因到后果的全程危机管理。因此，超大规模城市社会安全管理的基点与核心就是危机管理。从当前世界各国的管理实际看，对超大规模城市的社会安全管理均被置于突出重要的位置，并且强调运用综合手段开展危机管理，注重对危机的预防和处置。

一、"十一五"期间上海所面临的主要社会安全问题

上海作为世界特大城市之一，同时也是世界上最大的发展中国家和社会

主义国家的一大城市。建国以来，上海作为我国最大的经济中心、综合性工业基地、科学技术基地，承担了为国家建设服务的大量任务，在“十一五”期间的现代化建设，是城市产业结构、社会结构和空间结构的重组，以努力增强城市国际竞争力，进一步深化改革、扩大开放，加快推进“四个中心”建设、实现“四个率先”为主要发展方向。当前，上海正在从服从服务于国家战略、积极主动地为全国改革发展多作贡献的高要求出发，全面推进经济建设、政治建设、文化建设、社会建设，切实转入科学发展轨道，坚持实现经济社会又好又快发展，有效发挥中心城市的综合服务功能，大力发展社会事业，全面加强社会管理，切实维护社会稳定，最大限度地激发人民群众的参与热情和创造活力，努力加快社会主义和谐社会建设，现代化国际大都市的建设目标更加明确，措施更加全面，发展更加协调。同时，面对传统安全威胁更加尖锐复杂，非传统安全威胁更加频发凸显，影响我国和平与发展的不稳定、不确定因素日益增多的局面，确保政治稳定和社会和谐，已成为上海最直接、最突出、最现实的难点和问题。城市的历史定位、现实定位和发展定位，决定了上海所面临的社会安全问题，蕴含于机遇之内，产生于挑战之中，发展于“十一五”全过程，作用于历史长时期，既有地域中心城市的突出作用，也有全球城市的影响、辐射之功能；既有超大规模城市社会安全问题的共性特点，也有鲜明的个性特征。

（一）主要的社会安全问题

当前，上海进入改革发展的关键时期，社会深刻转型，各种社会思潮相互激荡，各类社会矛盾相互交织，影响社会安全的内外因素相互重叠，出现许多新情况、新问题。

1. 社会结构发生变化，会在较长时间内影响社会安全状况

一定程度上出现了常住人口与外来人口数量上的倒挂，政府与民间、境内机构与境外组织在城市社会服务功能上的倒挂，奥运会、世博会等重大国际活动期间在一定范围和地域内也会出现城市人口与境外来沪人员数量上的倒挂。受这些现象所影响的，一是社会组织结构。由于信息技术广泛应用、民间组织不断发展、多元文化相互交融、居民的社会支持系统趋于同质化，相同层次、相同背景、相同观点的社会主体会自发地组合成为长期性或暂时性的社会群体，参与或组织社会活动，尤其是由社会矛盾所引起的社会群体自主组织化的程度会更高。二是社会行为方式。各类人员

或形成独特的生活聚集区，或组成统一的活动聚合体，通过与其社会行为规则基本相符但又有所“超越”、组织程度不高但又具有一定社会影响的方式，将其对于生活压力和自身社会需求的反应向社会表现出来。三是社会管理格局。随着政府职能的转变，社会管理格局向“小政府、大社会”方向发展，但同时，境外“公民社会”的理念也不断深入。这一理念被一些境内外民间组织和非政府组织通过种种方式在上海加以实践。由于政府对第三部门的管理模式尚未成熟，对其活动缺乏严格监管，政府与社会互补型关系模式的建立受到一定干扰。

2. 社会矛盾不断产生，并沉淀于社会发展过程之中

与人民群众切身利益密切相关的问题比较突出，深层次社会矛盾较多，由动拆迁、征地、企业转制、社会保障和历史遗留问题等引发，并向多元化、持久化方向发展。其后果是旧矛盾成为社会发展中的难解之题，新社会矛盾的主体也在旧矛盾的激化过程中找到了行为样板，并将关注点由具体的社会矛盾转向更加广泛的政治、环境、经济等领域，转向更加深层的政治制度、经济制度等方面。随着现有社会矛盾的政治化、涉外化、渗透性程度不断加深，社会矛盾相关群体的主干层、核心层将会更多地出现。

3. 境外政治势力加大对我社会的关注与介入力度，社会问题的涉外化程度提高

上海是对外开放的窗口，境外领馆、机构、媒体、民间组织以及来沪人员的数量日益增多，与社会的联系日益密切，对社会的影响力日益增强。他们更加注重在社会矛盾集中、社会安全问题突出的热点领域开展活动，在社会生活中发挥着越来越大的作用，主要活动所针对的目标、深入的领域、影响的群体、实施的策略日趋敏感化、政治化。政治渗透的增强，不仅直接激化部分社会矛盾、产生部分社会安全问题，还会误导城市居民对政府的社会安全管理政策与措施的认识，完善社会安全管理所面对的难题趋多、趋强。

4. 受到恐怖袭击的威胁上升，反恐工作的整体水平并不乐观

虽然目前国际恐怖主义组织并未将我国作为主要攻击对象，但是由于城市尤其是大城市在恐怖主义活动中的象征性与重要性日益突出，中国与有关国家的关系发生变化，以及上海高层建筑、公共交通设施等恐怖主义袭击“软目标”的建设不断拓展，以破坏奥运、攻击西方目标等为策略的境内外恐怖主义组织对上海实施恐怖袭击的可能性正在增强。当前最需要重视的是国内恐怖主义势力在重大国际活动等重要时期内对上海发动恐怖袭击，同时也要重视因社会矛盾而引起的个体恐怖分子所实施的恐怖活动。虽然限于恐怖活动主体的能力，造成的直接危害不会很大，但在上海城市基础设施的防护力不强的情况下，却会引发规模大、影响深、涉及面广的社会安全问题。

（二）上海社会安全状况的主要影响因素

1. 金融安全

国际金融中心是上海的现实发展目标，在实现目标的过程中将会遇到在以往相对封闭的金融环境中未曾遇到的各种问题，对维护金融安全、抵御金融风险、应对金融危机的能力提出严峻挑战。金融领域的主要问题：一是股市非正常发展。由于投入股市的资金数额巨大，泡沫严重，政治、金融、社会等领域出现突发事件，或者投资者心理预期发生变化，都可能导致股市急剧下跌。二是金融风险传递的威胁加大。随着金融开放程度、区域内金融联动程度的不断提高，一旦发生世界性金融危机或长三角区域内金融风险，上海的金融安全将会受到严重影响。三是金融监管能力不足。对于可能导致金融风险和社会风险的、金融机构为增加收益而开发金融衍生产品和拓展金融市场的行为缺乏足够的监管。四是金融政治化趋势明显。西方国家善于以金融为武器进行“金融战争”，推动我国金融自由化改革以抢占我国金融市场制高点、蓄意引发我国金融风险，必然会从上海这一中国金融开放的重点地区进入。历史表明，跨国金融机构往往也是西方国家在目标国的政治、经济领域攻城掠地的工具。随着外资金融机构完成在华布局，其服务于本国政府政策的一面将会趋于明显。这些问题彼此之间具有很强的联动效应，还有很大的人为可能。金融领域发生安全问题，不论是由偶然因素引起的，还是特殊力量策划的，都会产生社会风险乃至引起社会动荡。

2. 信息安全

到2010年，上海常住人口的互联网用户普及率预期达到68%。通过互联网，人们一方面接触、了解、吸收许多新的观点、新的思想，在更加及时、主动、多样的相互交流和集体交流中丰富自己的精神世界；另一方面也改变了自己的行为方式和社会结构方式，各种形成于网络、发展于网络、借助于网络的群落、群体不断产生，自我组织、自我管理的意识不断增强，在讨论社会热点、发起社会活动的过程中受到外力影响的程度也不断增强。与此同时，西方反华势力以国际互联网为渠道向我国进行的渗透、颠覆、分裂、破坏活动愈演愈烈。在社会安全领域，信息与舆论的作用越来越重要。

3. 文化安全

由城市地位所决定，上海的城市文化海纳百川。与国境之外日趋频繁的政治、经济、文化交往，使境外来沪人员、官方与民间组织、国际性会展、新闻媒体、经济机构的数量日趋增多，在带来国外资金、技术、资源的同时，也带来与之相伴相生的价值理念，城市多元文化由此而融合、形成，居民的价值观念、思维方式等发生极大变化，对现有的核心价值观形成一定冲击。主要表现在以下几个方面：一是削弱主流文化的竞争力和主导地位。文化的多元化，尤其是西方文化霸权主义的冲击，使社会公众对我国维护国家安全利益、加强社会安全管理等政策措施的认同度出现不同程度的变化。二是影响开放环境中城市文化的发展。在吸收国外先进文化精华的同时，面对国外落后文化的全面竞争，城市文化的有序化发展面临挑战。三是带来宗教非法渗透和邪教问题。境外宗教势力控制我国某些宗教团体、插手宗教活动、渗透我国社会生活，以及西方一些国家借宗教干涉我国内部事务、破坏社会稳定的企图越来越明显、作用越来越直接。

4. 重大国际活动

“十一五”期间，上海将承办2010年世博会，北京奥运会也与上海的社会安全问题密切相关。重大国际活动往往是境内怀有各种情绪与目的的个人、群体、组织宣泄不满、寻求支持、发出声音、显示存在的重要时机，也是境外各种组织向国内渗透、进行串联、建立“阵地”的重要时机。在此期间及前后，非正常上访的数量会增加，与境外组织机构联系以提高活动影响力的社会矛盾主体会增加，境外政治组织和宗教组织向境内开展的宣传攻势以及直接入境进行干扰和破坏的活动也会增加。同时，奥运会、世博会期间大量的出入境人员，为境外黑社会、贩毒组织、恐怖主义组织等成员的进出提供了掩护，他们的行动一方面会直接引发社会治安案件，另一方面也会以在境内布点、与境内人员勾联、纠合境内势力等形式表现出来。由重大国际活动所导致的各种政治和社会因素的综合化对社会安全的长远影响不容忽视。

此外，由环境污染、公共卫生、产业结构调整等所导致的问题及其被境外政治势力所利用而引起的群体性事件，也是对社会安全的主要而现实的威胁。

（三）上海的社会安全问题具有鲜明的综合特点

社会安全问题实际上是多种力量的互动过程，越来越具有复杂性、相互依赖性和政治化的特点。具体到上海，社会安全问题的内在联系决定了其具有以下主要特点。

1. 政治性

上海作为我国的改革前沿、政治高地，国际化发展中的政治因素日益突出。当前上海社会安全问题的深层原因，是城市自身定位与功能在形成与完善过程中出现的不协调，具体表现为社会发展相关政策与制度安排上的不尽合理。这已经在一定程度上导致了部分矛盾和问题的固定化、扩大化，造成的主要社会后果是：促使部分群众从政治角度看待现有社会安全问题的产生与解决过程，新社会矛盾的相关主体也会倾向于将矛盾引向政治化解决的方向，再加上境外各种敌对势力的作用，从而导致社会问题的政治化倾向，在国内外一定范围内产生政治影响。

2. 综合性

随着上海“四个中心”战略目标在更大规模、更快速度、更高层面的展现，加上各类人员的充分流动，社会发展的广泛而多样的因素交织，凸显了社会矛盾问题的综合性。城市社会安全问题的产生，是城市社会各要素失调的结果，但问题的源头并不局限在社会领域，政治、经济、金融、文化等领域内部的不协调，各领域与其他领域发展的不协调，城市内外发展水平的不协调，同样可以引发社会安全问题。问题产生因素的综合性，决定了问题作用的综合性，不仅制约具体领域的安全发展，还会渗透到城市发展的机理，持久地作用于城市经济社会发展过程。这更进一步决定了在解决问题时，需要从问题的主要内容、主要联系、主要作用、主要影响着眼，综合考虑应对措施。

3. 关联性

社会安全问题产生因素和作用的综合性，同时也导致了问题之间有明显的相互交织、影响、转化、融合的特点，多元利益驱动下的矛盾汇聚，外部因素纵横交错，联系复杂、深刻而密切。随着区域一体化程度、上海信息化程度和涉外化程度的进一步提高，社会安全问题将会更多地产生溢出效应，相互联系的程度进一步提高，形成新的社会安全问题甚至政治问题。

4. 辐射性

上海的社会安全问题具有较广的波及面。从地域上看，由于上海在全国和长三角发展中的重要地位，社会安全问题的影响并不局限于城市范围之内，各种社会问题和社会矛盾形成于上海、作用于长三角、影响至区域外；从领域上看，社会安全问题的政治性、综合性、关联性，决定了其对于社会安全整体状况、上海城市发展全局、社会发展基础与动力，都会或多或少地产生影响力，在条件成熟时更会具有跨领域的能量。

5. 跨国性

随着上海国际化程度的提高，与各国时空距离的缩短，城市社会安全问题所涉及的对象范围不断扩大，涉及到境内外各种因素，面对着与经济社会发展相伴而来的境外人员、团体、组织机构以及国家力量的逐步深入，外部环境波动的影响，会更加直接地从城市总体发展政策、体制与具体安全领域规划、布局的接触面切入。由这一特点所决定，上海的社会安全管理工作，牵涉到对政治、经济、社会、文化等领域内的在沪各种境外势力的战略性与综合化管理，敏感性和策略性要求较高。

二、超大规模城市社会安全管理的理论创新

上海城市社会安全所面临的复杂问题，迫切要求在管理理论上进行创新，努力维护国家安全、城市安全、社会稳定，保障人民群众的切身利益。

（一）相关概念辨析

我国从20世纪90年代后期开始引进外国危机管理理论，并迅速构建了一系列危机管理体系，但依然未能有效遏制危机危害。这与中国危机管理概念、理论的混乱是有密切关系的。目前，最常用的相关概念有四个：风险管理、应急管理、安全管理、危机管理。

1. 风险管理

常用于保险业及保险学，多用于微观领域；其责任人是保险公司与投保人；其管理流程是：查险、排险、理赔；其管理方法主要是规避风险、减轻险损、转移风险、承担风险等。风险管理一切都围绕“风险”，以风险为假定前提，一旦发生风险，其责任按预先商定的合同分担。风险管理只管合同规定的项目。因此，风险管理是负面管理。

2. 应急管理

狭义的“应急管理”是对事发、事中的危机事件进行紧急处置。多用于公共管理。其管理方式主要是呼救、急救。应急方一般只管急救而不承担责任。一般情况下是由危机受害人自负责任。在中国官方用语中，很少用“危机管理”，而用“应急管理”代替“危机管理”概念。

3. 安全管理

常用于生产、军事、政治等领域，在公共管理和企业管理中被广泛使用。安全管理重视事前管理，它通过建立一套安全操作规程、方法，并配之安全措施、设备等手段来确保安全、杜绝事故。一旦发生事故，通常由“违反安全规程”的人承担责任。因此，安全管理与风险管理的角度相反，是正面管理。

4. 危机管理

主要用于公共管理、政府管理，也经常被企业所使用，其管理范围涵盖危机的全过程：事前、事发、事中、事后。与风险管理只管合同、“少管险事”不同，危机管理是“多管险事”，凡属政府管辖范围，不问有无合同约定，只要有危机，政府都要管。

根据危机管理的上述特点，“危机管理”应该成为大概念，而风险管理、应急管理、安全管理是小概念。

由于四类管理范式有各自的管理主体、管理功能、管理方法、管理范围和管理责任体系，这就决定了每种管理范式都有各自的优点和缺陷，具有互补价值。

表1　四类管理范式的区别

四类范式	危机管理	风险管理	应急管理	安全管理
学科领域	公共管理学	保险学	公共管理学	生产管理 政治军事学
责任人	政府	保险公司	公共急救单位	操作当事人
管理流程	事前 事发 事中 事后	排查风险 分析评估风险 排除风险 检验风险管理结果	事发 事中	事前管理
管理方式	法律手段 政治手段 行政手段 组织手段 外交手段 培训训练	规避风险 减轻险损 转移风险 承担风险 金融手段 经济手段	呼救系统 专业急救技术	技术手段 设备手段 行政手段 责任制度

（二）创建“多重防线危机管理体系”

现实世界存在各种复杂危机。国务院把危机分为四类：自然灾害、事故灾难、公共卫生、社会安全。为有效拦截各种危机，应当创建“七合一危机管理体系”。

1. 第一道防线：风险管理

无论是在现实行政管理中还是在学术中，中国经常只用“风险管理”来面对众多复杂的危机群。如下图所示，当只有“风险管理”一道防线时，显然是无法有效阻挡各类危机的。

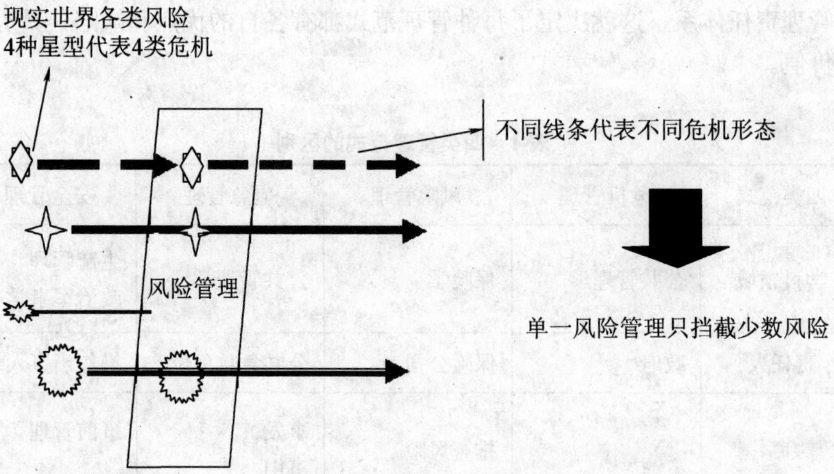

现实世界各类风险
4种星型代表4类危机
不同线条代表不同危机形态
风险管理
单一风险管理只挡截少数风险

图 1

2. 第二道、第三道防线：安全管理、应急管理

针对上图防御体系的漏洞，再增加两道防线——安全管理、应急管理，形成下图结构：

• 增加了安全管理
• 增加拦阻危机能力
风险管理
安全管理

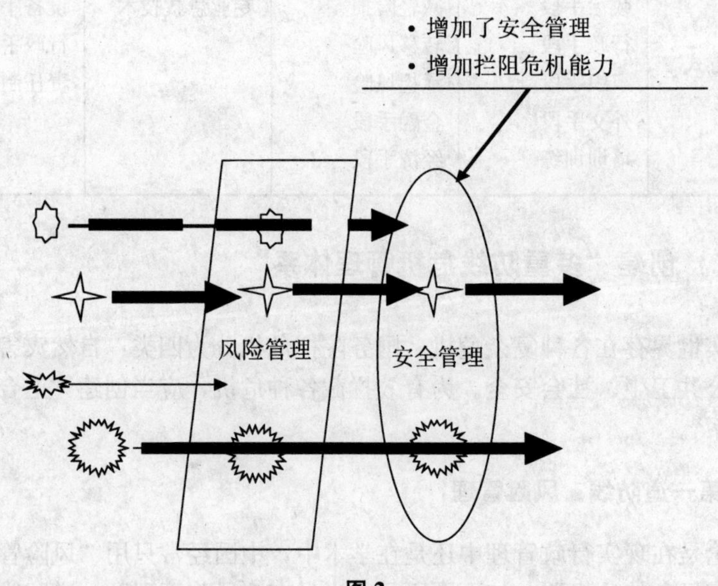

图 2

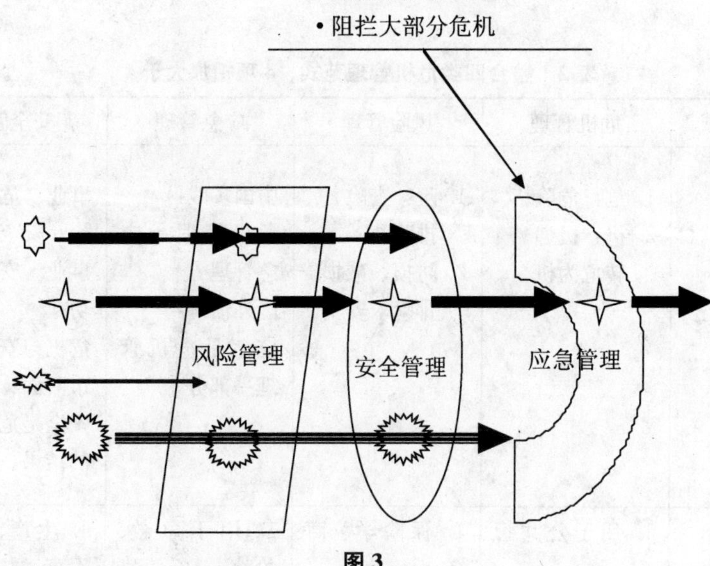

图 3

3. 四道防线：危机管理

由于形成三道防御体系，比较有效地拦截了各种危机，但依然会有些危机漏网。据此，再增加一道防线——危机管理，形成下图结构：

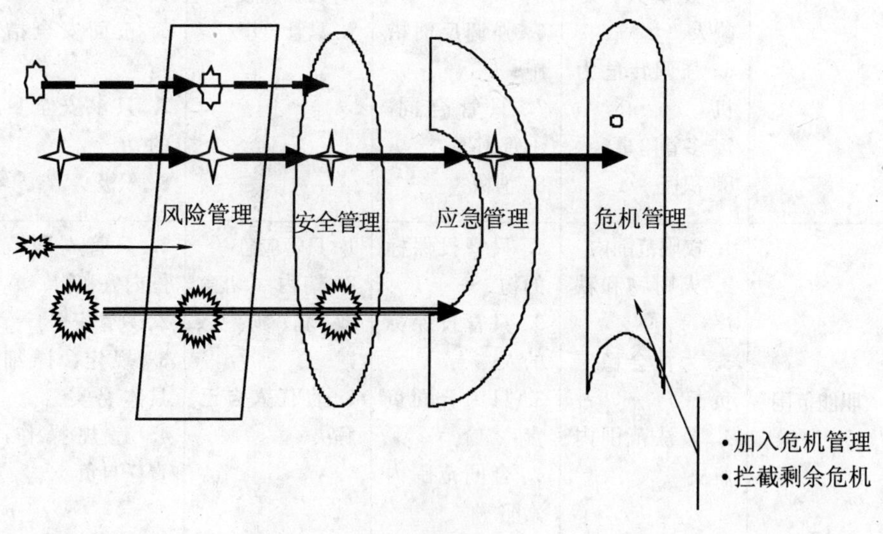

图 4

四类管理范式整合于统一的危机管理防线体系之中，具备了综合效果。

表2　整合四类危机管理范式，4项相加大于4

4类范式	危机管理	风险管理	应急管理	安全管理
基本内容	1. 危：危险 2. 机：机遇 转危为机	1. 险：查险、排险 2. 防损、减损 排险求安	中国实践： 危机管理＝应急管理 国外惯例： 应急是危机管理一部分	事业－危机－风险＝安全 事业＋安全＝成功 危机与安全是硬币两面 安全是危机管理的结果、目标
侧重	1. 用于公共管理 2. 宏观管理 3. 侧重全过程 4. 关注波及危害 5. 规模大、影响大 6. 强调转危为机 7. 多管险事 8. 积极	1. 保险学、商务 2. 微观管理 3. 侧重事前 4. 重预防风险 5. 规模小、影响小 6. 强调反面措施 7. 只管合同，不管闲事 8. 消极	1. 用于急救、抢险 2. 侧重事发环节 3. 强调应急速度、效率 4. 只管急救 5. 只管急事	1. 生产、政治、军事 2. 侧重微观 3. 侧重事前 4. 强调具体规定操作 5. 强调责任 6. 正面安全措施 7. 只求安全目的 8. 积极
职能范围	1. 权限范围内 2. 人财物和秩序 3. 为社会稳定负责 4. 公法范围内解决	1. 只管投保标的物 2. 只管投保标的人 3. 只为合同负责 4. 合同范围内索赔	1. 只管应急 2. 辖内一切急救：猫、狗、人、财 3. 责任人自己解决	1. 只管本职范围内人和物 2. 只管安全 3. 规定：详细具体 务实 4. 违规操作，责任自负

表 3　四类范式的管理方法

	事前	事发	事中	事后
危机管理	预案	应急	应急	检验结果 修正预案 演习
风险管理	排查风险 分析风险 评估风险 排险预案 监测风险 转移风险 分散风险	规避风险 排除风险 承担风险 分担风险	规避风险 排除风险 承担风险 分担风险	承担风险 索赔险损 补救损失
应急管理		急救	应急	公安、检察方起诉
安全管理	安全设备 安全措施 安全监督 安全奖罚	急救	应急	培训

4. 第五道防线：信息化监控管理

在上图的“危机盾牌”中，还有“一点白”，因为再严密的防御体系，还会有极少危机可能漏网。这需要危机管理现场应急补救。

从危机的量看，对人类及人类生存环境造成严重破坏的危机，其数量几乎是无限的；从危机的质看，危机是有生命的，从生成、发展到爆发、消亡，时刻处在运动、变化的过程中；从危机相互关系看，许多危机之间存在深刻的关联本质。因此，仅靠“人海战术管理”、“领导现场拍脑袋管理”，是绝对不可能有效管理危机的，应转向“科学管理”、“信息化管理”，采用信息技术对所有危机的生成、发展、爆发、消亡的全过程在空间、时间、量、质等方面实行实时全程监测、预警、应急管理，用“软件化工程”把四类管理范式整合起来，实现危机管理的科学化、网络化、实时化、定量化、自动化。

表 4　软件信息系统在危机管理体系中的重要作用和功能发布

<table>
<tr><th></th><th colspan="2">事前</th><th>事发</th><th>事中</th><th>事后</th></tr>
<tr><td>软件系统</td><td colspan="2">1. 采集数据
2. 汇总—监控
3. 分析—预警
4. 对策处置
5. 自调预警等级</td><td>自动报警
帮助指挥
丰富对策选择
“必须”提醒
“禁止”提醒</td><td>专家库查询
案例库查询
法律库查询
国际救援库</td><td>查证之根据
起诉之证据
索赔之证据
改善之证据</td></tr>
<tr><td></td><td>• 实时监控
• 多重防线监控
• 网格监控
园内监控
园外监控
上海网格
• 无缝监控
时间无缝
空间无缝
人员无缝
环节无缝
• 比对监控
证件比对
图像比对
指纹比对
历史比对
通缉比对</td><td>• 人流监控
• 物流监控
• 车流监控
• 危险品监控
生产监控
仓库监控
销售监控
运输监控
消费监控
• 气象监控
• 网络监控
因特网
移动通讯</td><td>地理信息库
人流信息库
物流信息库
车流信息库
贵重物信息
危险信息库
专家库
案例库
法律库
国际救援库</td><td>地理信息库
人流信息库
物流信息库
车流信息库
贵重物信息
危险信息库</td><td></td></tr>
</table>

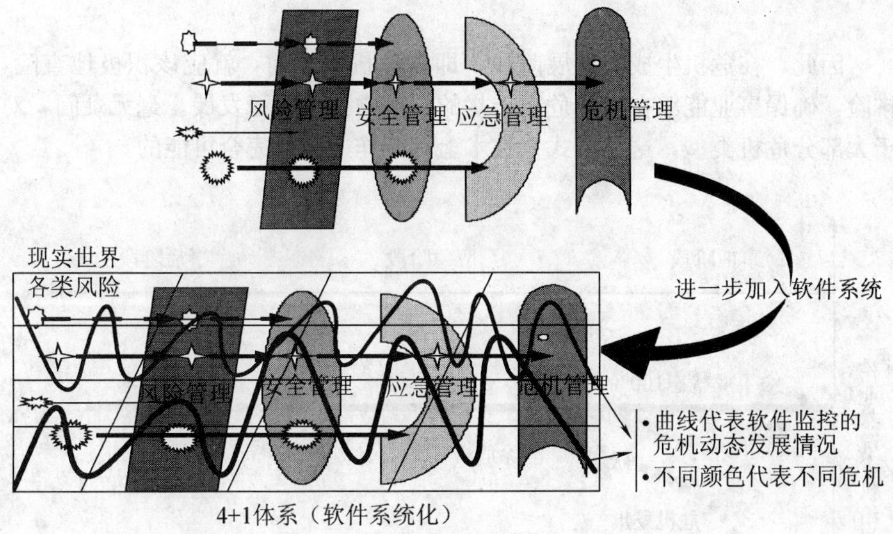

图 5

5. 第六道防线：危机预防管理模式

危机的生命周期由“生成、发展、爆发、消亡”四个阶段构成。“事业”泛指人类社会活动，包括生产、生活及其他工作。危机生命曲线与事业之间具有一定关系。事业在正常状态下，其主体可为社会提供100%的产品。但如果不进行危机管理，不注意危机的生成和发展，一旦危机爆发，就会猝不及防，危机所及，所有正常的事业活动都被迫终止，事业状态猛跌至零。

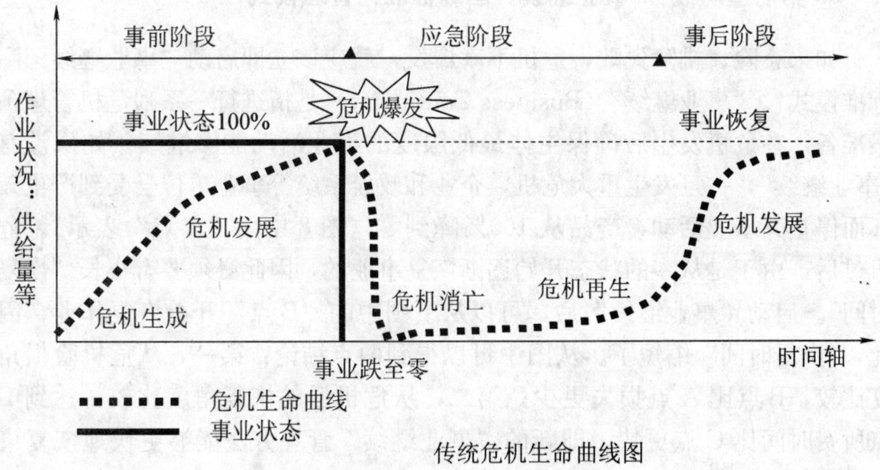

图 6　传统危机生命曲线图

因此，在危机生成、发展阶段，即在危机爆发前，就应该积极地查险、排险，确保事业能够在不受危机干扰的环境中持续平稳发展。毫无疑问，对于大部分危机类型，这种模式在技术上和操作上都是完全可能的。

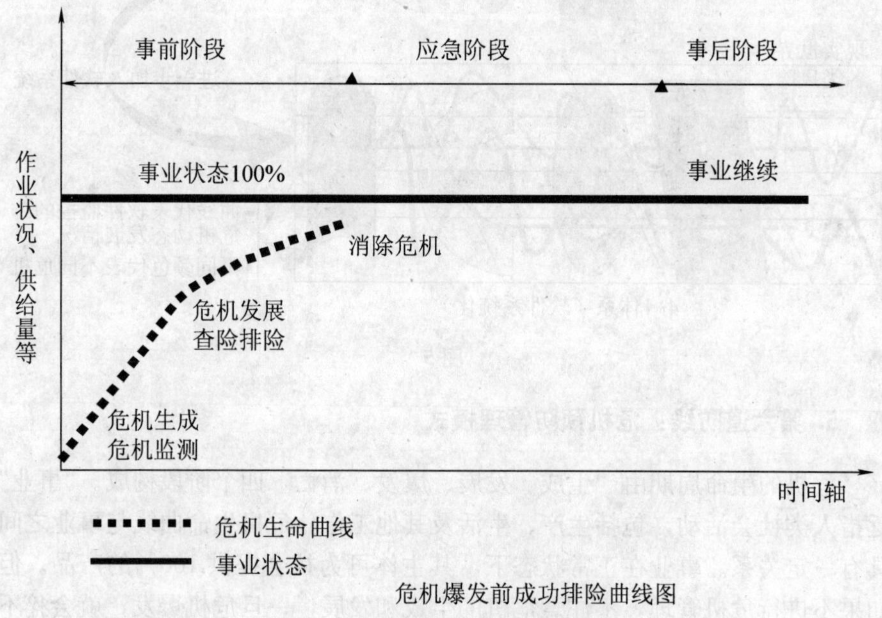

图 7 危机爆发前成功排险曲线图

6. 第七道防线："事业继续"国际标准化管理模式

如果查险、排险失败，危机不幸爆发，就应该立即启动"事业继续国际标准模式"。"事业继续"（Business Continuity）是指进行一系列危机管理预案准备，在危机发生后确保主体最低限度的事业活动能够继续。如果没有"事业继续"，一旦发生重大危机，企业和政府系统等事业单位会受到严重破坏而停止其事业活动，产品从 100%降到零（图 8 中用"A 点"表示）。危机过后，由于是从零的状态开始逐渐恢复事业的，因此必须要有很长"恢复时间"。启动"事业继续"后，可以从下图中的"B 点"开始恢复作业，因此，"恢复时间"缩短了。从图中可以得到两点结论：第一，从危机险损角度比较，B 点比 A 点损失更少；第二，从危机后的恢复角度比较，达到 D 点所费时间比 C 点更快，即新的"事业继续"管理方法能够更快地恢复事业正常活动。

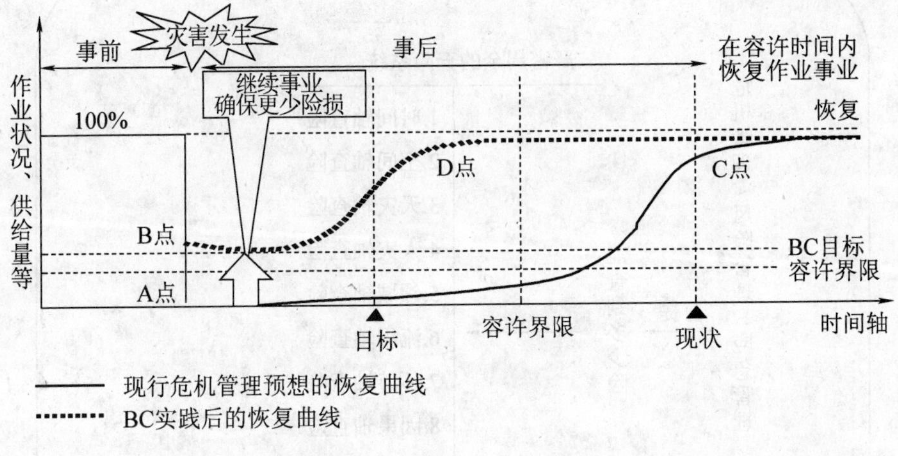

图 8

七合一危机管理体系集各种管理优点于一身，和谐整合宏观管理与微观管理、公共管理与企业管理、人力管理与设备管理、预防管理与应急管理、东方式管理与西方式管理、自救与他救，动员一切有效方法应对复杂多样的危机对象。

（三）建立科学的查险与排险体系

无论何种管理范式，能否有效管理危机，首先取决于其能否查险、能查到多少险。一套严密周全的查险系统，应当兼顾天灾与人灾，兼顾危机的时间与空间分布，兼顾安全管理的具体流程、环节和因果关系，涵盖安全威胁因素产生的诸多领域。

查到“有多少险”后，如何“排险”的成败关键取决于管理者“有多少排险手段”。主要手段应包括：法律手段、行政手段、政治手段（如请求政府帮助管理外部环境）、金融手段、商业手段（如分包工程、共同举办活动）、物质手段（如使用安全防护设备、检查危险品设备、物理排险）、技术创新手段（即危机管理—技术创新—促进新产业—转危为机）、社会手段、媒体手段（如通过平面媒体、电视、网络、广告进行宣传、应急等）、外交手段（谋求国际合作）。另外，还有专业风险管理手段，如增加安全、规避风险、转移风险、分散风险、分担风险、承担风险、追回险损等。

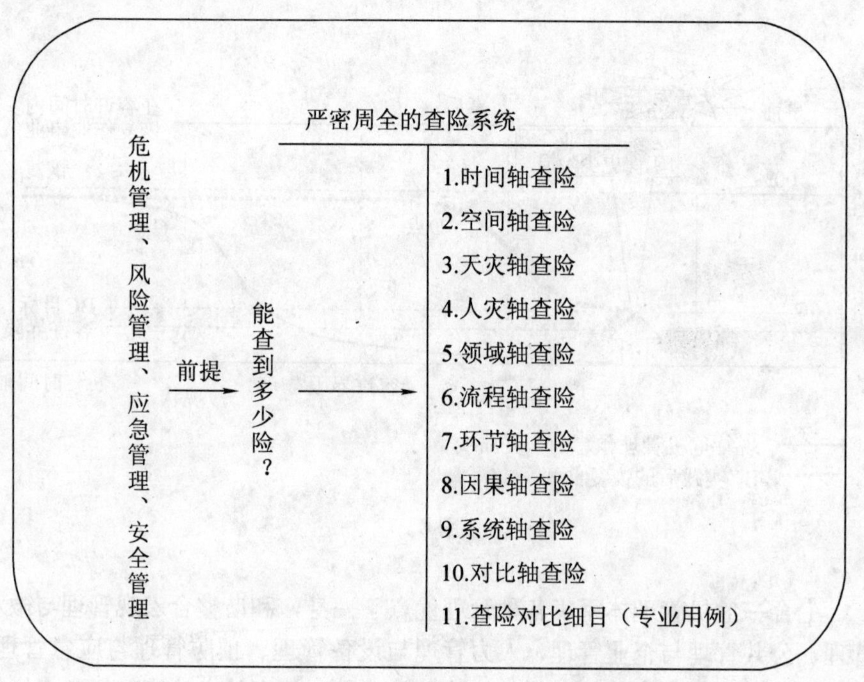

图 9

三、对上海社会安全管理工作的思考与建议

上海的社会安全管理，从其基本含义而言，是对社会安全问题的管理，消除安全问题造成的直接和长远的社会影响，而从其本质要求而言，则是对社会问题的安全管理，防止出现管理失误与失灵。

（一）当前上海社会安全管理工作存在的主要问题

与社会安全所面临的形势相比，上海的社会安全管理工作虽然取得了一些进展，但也存在不少问题，主要表现为七个“缺乏”。

1. 缺乏完整的社会安全管理法规

近年来，虽然全国人大和国务院各部门通过了上百部有重要影响的法律法规，但在维护国家安全和社会稳定工作方面立法不多，地方性的社会安全管理法规更少，由此导致上海的城市社会安全管理工作主要依靠政策支撑，缺乏具体的法律法规支持，有限的立法资源也偏重于对应急管理工作的规范，常态管理与非常态管理相统一的要求没有得到有效落实。

2. 缺乏科学高效的社会安全管理运作机制平台

目前上海市虽然已建立了市应急联动中心，将其作为全市突发公共事件先期处置的职能机构和指挥平台，但应对种类繁多的综合安全威胁，尚缺乏专业有效的运作机制平台，同时在信息共享、资源整合、整体作战等方面，更未有符合危机处置要求的最优工作环境条件。

3. 缺乏与城市发展相应的社会安全管理基础理论研究体系

上海的应急管理工作目前存在实践强、理论弱的现象，应急科学理论研究体系尚不健全，科技研发支撑能力不足，专业人才匮乏，应急管理工作还缺少相应的标准规定和科学的评估体系。

4. 缺乏超大规模城市应急管理的综合能力

目前，无论常态管理或战时管理的能力都处在较初级的发展阶段，尤其是应对重大突发事件，以及在重大安保工作、重要危机时期，综合安全管理能力更显得相形见绌，政府的动员能力、应急处置的实战能力明显不足。

5. 缺乏防范和应对城市社会安全危机的社会意识

我们于 2007 年 7 月至 8 月间在上海市部分城区进行了关于城市社区危机意识及危机应对能力的调研，结果表明，多数居民缺乏参加危机应对方面培训的积极性，与此相对应的是，社区在此方面所提供的培训远远不能满足居民的需求，与城市面对的主要危机也不相适应。同时，多数居民在面对危机时，将希望寄托于政府行政部门。这是必须从根本上加以改进的。

6. 缺乏强有力的组织体系和高素质的专业队伍

虽然我们已经有了一个基本的组织框架，总体上确立了区县应急管理的组织体系，也明确了应急管理的职责，但结构和人员组成多样，区县编制大都还没有到位，不少还是借调人员，尤其是应急预案、应急处置的专家人才更是匮乏。这是应急管理的极大隐患。

7. 缺乏与现代大城市社会安全管理要求相适应的保障支持体系

除了应急管理法律法规尚不健全外，社会安全管理工作所必需的宣传、救援保障，包括科技、信息、财政支持和应急处置的后续保障工作仍存在严重不足，防范预警和应急演练都缺乏相应的措施保障。

（二）加强上海社会安全管理工作的总体要求

上海的社会安全管理，应当在认清上海经济社会发展所具有的主要特点、所面临的客观形势的基础上，把握社会安全状态变化的客观规律，动员、组织各方面的力量，全力维护上海关键发展期的社会稳定、安全与和谐。需要做到常态与非常态并重，既注重常态下的社会安全管理，也加强在危机发生等非常态下的社会安全管理；效率与效用并重，既全面识别影响城市安全的各类问题，又根据城市社会安全管理的特点，重点管理与防范有现实和潜在的全局性、广域性危害的安全隐患；具体安全与综合安全并重，根据具体安全问题之间存在联系的客观现实，把维护综合安全放在重要位置、提到战略高度；预前与预后并重，既加强对城市安全问题所可能引起的各类危机的预警与预防，也重视危机发生后的应急处置和善后处理；立足城市与超越城市并重，既要根据城市安全的现状开展社会安全管理，也要充分认识城市安全问题对城市周边和全国的溢出效应，在此基础上制定社会安全管理政策和措施。

（三）上海社会安全管理工作的主要特点

由总体要求所决定，社会安全管理工作应体现出以下特点。

1. 管理战略与上海社会安全问题多元交织的现状相适应

上海城市对外开放程度不断提高，安全问题之间相互作用、相互影响、相互转化的趋势不断明显，使社会安全问题的产生与激化不再仅由城市内部管理失误所引起，城市之外的各种因素，都具有极强的传导能力。因此，要重视管理战略的全局化，把上海社会安全管理政策的综合效应、上海社会安全管理工作的短期效果和长期效果、决定上海社会安全管理工作成败的重要因素等问题，放到上海经济社会发展的全局中去研究，使社会安全管理的重点符合上海社会安全问题主要来源的分布情况，服务于城市的现实发展和长远发展。

2. 管理思路与国家和区域性的社会安全管理体制相适应

上海既要服务于长三角、长江流域以及全国的整体发展利益，同时也是全国人力、物力、财力的相对集中地，既直接面对外部环境波动的挑战，也直接向外输出自身波动的影响。由城市地位所决定，社会安全问题超越上海城市本身而具有中观、宏观影响。因此，上海社会安全问题的解决过程，是一个立足现实城市并不断回顾历史、着眼将来的过程，也是一个立足城市现实并不断强调重点、照应全局的过程。管理思路的设计，要在重视城市本身的同时重视城市与周边和全国的相互作用，在注重创新的同时把检验创新成效的标准放到国家和区域整体安全的角度去设计、优化。

3. 管理措施与问题的多样化特点、结果的专业化要求相适应

对社会安全问题的管理，是通过政策的调适，暂时缓解各种因素的负作用，具有阶段性。随着时间的推移，在一定时期、一定程度内得到解决的社会安全问题，会以新的形式表现出来，产生出新的效应。尤其是在城市发展政策的动态调整中，政策的理想效果与实际效果之间、制定与执行之间、作用范围与非预见性因素产生的区域和部位之间、总体效能与社会安全的现实威胁之间，都会存在、产生不适应、非对称，导致城市社会安全管理政策相对滞后。因此，社会安全管理的具体措施，要在治标的同时重视治本，在重视现有威胁的同时重视对新生威胁因素的管理，在重视保障城市主要功能的同时重视次生功能受到的影响。

4. 管理重点与促进社会和谐的总体目标相适应

社会安全管理的目标，是引导与整合有利于保障上海城市安全的各种力量，妥善应对上海城市安全问题所引发的直接与间接影响，这是与社会主义和谐社会建设的目标相一致的。社会安全问题的管理重点，要与城市居民极其重视民生问题的特征相吻合，与来沪人员的城市社会需求相吻合，与维护城市文化安全的现实需要相吻合，与正确应对国际因素对和谐社会建设进程影响的要求相吻合。

5. 管理体制与上海的发展目标相适应

“十一五”规划所明确的上海发展目标，注重社会发展与经济发展的同步，注重共同发展与城市安全有关的各个领域，注重建立以创新为主导的发展模式，注重对重要发展机遇的充分运用和科学运用，全面、协调、可持续性，以及突出重点的发展理念得到充分体现。因此，需要建立起完备的社会安全管理体制，形成“党委领导、政府负责、社会协同、公众参与”的合理格局，构建重点规范社会安全领域的制度体系，畅通能够整合社会安全资源、协调各方安全利益关系、协同社会安全管理行动的运作机制，把信息搜集传递、社会调控、日常管理与应急管理的各项工作统一起来。

（四）上海社会安全管理的具体方式

1. 充分认识上海社会安全问题的特殊性，实行主动管理

上海的社会安全问题，由城市发展历史与城市现实定位所决定，相互影响而产生出综合作用：历史因素不断叠加，作用于城市发展基础的稳固度和协调度；社会影响不断扩张，作用于城市发展质量的提高与优化进程。实行主动管理，就是在管理方式上重视对安全威胁的主动预警，把可能引起社会安全问题的因素、社会安全影响因素的作用方式和发展趋势、社会安全问题的现实影响和长远影响，作为管理的重要内容；在管理重点上重视对可能引起社会安全问题的社会生态结构的主动调整，加强调查研究，综合运用政治、经济、社会、法律等方法，调节与规范城市社会中各种组织、群体之间的关系；在管理手段上重视对现行管理方式的主动分析，根据社会安全问题的长期走势，预应性地提高管理措施的覆盖能力、实际效用及协调程度，调整管理的切入点和落脚点。

2. 努力发挥政府的社会服务与协调功能，坚持综合化管理

上海政府职能的转变和率先改革，意味着政府不再管理社会生活的方方面面，对于隐匿于社会之中的安全威胁，不可能全部纳入管理视线和范围，同时也意味着与周边城市的社会安全管理有“先发”与“后发”的区别。因此，综合化管理具体表现为在政府充分发挥整体优势、聚集效应，主导公共服务领域的基础上，开展合作化管理和区域化管理。合作化管理的重点是充分运用市场和社会的功能，发挥市场提供专业服务和充足财力、协助居民规

避风险和应对危机的作用，发挥社会组织整合安全管理资源、规范敏感对象行为、提供社会诉求渠道的作用，促进社会的自我管理。区域化管理的重点是充分运用上海的区位优势和战略优势，加强与受上海影响、对上海社会具有一定作用的周边城市的合作，建立长三角城市群社会安全管理的区域协商、区域合作机制，最终实现区域联动，通过区域共同利益这一杠杆，调节社会安全管理的重点。

3. 健全社会安全保障和管理的法规与制度体系，加强规范化管理

及时制订符合上海城市安全实际及具有一定前瞻性的地方性法规，健全政府各职能部门的规章制度，规范政府的作用和各职能部门的职责分工，以及政府与社会各自的职责，通过赋予社会一定安全管理职能的方式激发社会的参与意识，使社会中的自主意识能够在政府的指导下予以释放，并加强对作为社会安全管理共同主体的各种非官方组织的管理，界定其活动范围和活动方式，确保社会秩序和社会机构的自我良性运转，努力创建与“小政府、大社会”模式相适应的社会安全管理格局。加强对法律法规的预防式修订，提高对安全问题“源头”的控制能力和惩戒能力，把对影响社会安全的各类因素、人员、组织、机构的预先处置和后续处置都纳入法制轨道。

4. 着眼城市经济社会的综合发展和协调发展，重视分类管理

上海的经济社会发展过程，是不断提高经济发展与社会发展的同步程度、缩小城乡二元结构造成的城乡差别的过程，但需要较长时期的努力；同时也是各区县立足全局、充分发挥各自特色、加强各自重点的过程，更需要重点解决各区县的主要社会安全问题。因此，社会安全管理工作需要整体把握上海社会安全的总体形势，针对中心城区、近郊区、远郊区的不同发展状况，区别对待因城乡差异和各区县发展规划差异而形成的不同社会安全问题，区别对待社会安全问题政治化的不同程度，统筹各自的管理重点与要点，重点强化对主要矛盾的管理能力，兼顾对次要矛盾的消化能力。

5. 全面识别影响城市安全的各类因素，探索分级分层管理

社会安全问题有不同的性质与规模，对其采取统一的管理方式，不仅会导致管理成本的大幅度上升，也会导致管理资源配置失衡和极大浪费，不利于提高管理效能。因此，应当加强对社会安全隐患的风险评估和社会安全问题的影响分析，将其分为正常状态、社会安全面临一般威胁或较大威胁、发生重大社会安全问题、国家安全受到严重影响与威胁等不同层级，以法规形式分别规定政府、社会、企业的不同职责与措施，涉及全局、具有重大危害、应对难度大、需综合考虑与实施应对措施的社会安全问题，由政府根据国家、区域和城市发展的长远利益，统一部署管理与应对工作；性质较为单一、影响限于基层的社会安全问题，则由民间组织和社会基层自治组织负责处理。由于社会安全问题具有多变性，要通过及时的再评估、再分析，将其调整到适当的管理层级之中。

6. 明确政府各部门维护社会安全的职责，突出专业化管理

社会安全问题具有不同的性质，影响社会稳定的途径、方式以及作用重点不尽相同；可能引起社会安全问题的因素分布于不同的领域，作用于不同的对象。管理得当，能够减轻社会安全所受到的负面影响，乃至为维护社会安全提供有力支持；管理失方，不仅会导致现有社会安全问题的恶化，更可能引起连锁反应，导致更多的社会安全问题和安全威胁的产生、发展和沉淀。因此，要充分发挥政府各有关职能部门在制定政策、开展工作、应急管理、控制局面等方面的专业优势，将社会安全问题和安全隐患的管理工作正规化。专业化管理的前提是工作的统一协调，把全局的要求作为指导原则，根据社会安全问题的综合作用与综合构成，提高相关部门站在全面联系的高度看待问题和管理方式的意识，防止把专业化管理简单、机械地视为追求局部最优而忽视全局最优，防止片面强调专业化而忽视全局、长远、根本的利益。

（五）上海社会安全管理的关键问题

城市社会安全管理是一个系统工程，需要贯穿于社会安全问题产生、发展、演变的全过程，针对各种问题的交互作用与各类因素的共同影响，从工作各环节的相互配合等方面，加强战略统筹、战术协同。

1. 社会安全管理政策的综合决策与执行

社会安全管理政策既是一个由诸多具体政策构成的相对独立的政策体系，又是整个城市发展政策的重要组成，受到其他方面政策影响的同时也影响着其他方面的政策。因此，综合性是其主要特性，也是主要要求。

建立社会安全管理综合机构体系。社会安全管理是在整合各类专业化

管理方式基础上的综合管理，需要有超越职能部门之上的常设性决策、管理、咨询、协调机构。综合决策机构在市委、市政府的领导下，统筹来自社会安全管理各职能机构和社会公众的智慧，统筹各个社会发展阶段社会安全管理各相关主体的利益，针对影响社会安全的城市发展政策、涉及社会安全的社会主体利益需求、社会安全问题所影响到的社会矛盾状况、社会安全问题的政治化影响因素，立足于平衡利益、服务全局，制定社会安全管理的相关政策。决策咨询机构由上海市内外社会安全相关领域的专家组成，就上海社会安全的现状与趋势、主要安全问题与矛盾的作用与演变、政策对社会关系进行调整的重点，以及各类政策之间相互协调的方式与内容等问题，为决策机构提供参考意见。协调机构在正常状态下负责对各职能部门的管理工作进行协调，在发生或可能发生重大事件时，按照“政治利益高于经济利益，局部防范服从整体防范”的原则，组织各项管理工作，防止出现管理失位、越位、错位，保证工作全局的协调有序和互相支持。

建设目标明确、科学规范的管理系统。作为综合机构体系的重要基础，管理系统的功能涵盖综合研判、预警监测、指挥控制、社会公关和资源保障等方面。综合研判的重点是对各类危机进行前瞻性、战略性的研究，汇总分析相关资料，对发生的危机进行安全评估和威胁等级评估；预警监测的重点是根据社会安全状况及时搜集并适时向相关部门及社会提供和发布可靠的预警信息，在可预见的领域加强危机监控，对可能发生的危机事故进行慎密预控；指挥控制的重点是规范各部门的日常管理工作，在危机发生时，按照危机等级，实行高度统一的集权控制，做到各司其职、有分有合、整体联动；社会公关的重点是发挥公关手段和功能，加强与非政府部门的沟通，与长三角及内地城市的联合，与国外的合作救助等，借助外部力量控制危机、消化危机；资源保障的重点是投入相应的资金、物资、技术和应急救援力量，探索市场经济条件下应急管理的运作机制，以更有效地保障系统的正常运行。管理体系应充分发挥现代信息技术的作用，加强动态分析系统的软、硬件平台和数据信息系统的建设，并实现与社会安全管理专家体系和各职能部门内部管理系统的综合集成。

明确社会安全管理工作的内部边界。在政府提供公共管理与服务之外，社会化、市场化，以及区域合作，都是社会安全管理工作的主要方式，都是对政府专业管理力量的补充。但是，它们的功能有根本差异，需要在制定政策时予以明确区分。在社会安全管理的预防与预控阶段，社会化方式的功能应在于提高对社会安全管理资源的整合能力，发挥对政府工作的配合作用；市场化方式的功能应在于增强社会安全管理工作的财力基础，提高对政府政策的人力与财力支持；区域合作则应重在完善社会安全管理决策的系统性，突出对重大问题的综合协调与管理。在社会安全管理的应急与善后阶段，社会化方式的功能应在于对政府管理工作无法顾及到的部位进行弥补，使社会主体在精神和物质两个层面都能得到满足；市场化方式的功能应在于帮助受到社会安全问题影响的主体实现自我复原与救助；区域合作则应评估应急与善后决策对整个区域的影响，提高及时恢复与长远巩固的效果。

推动公众全面参与社会安全管理工作。加大公众对政府社会安全管理政策的知悉度和参与度，制定政策前，以各种方式有效征求公众的意见，及时公布公众意见的主要内容和关注重点；政策正式出台前，对公众意见集中而政策中未能作适应性修改的部分，从政策依据、政策综合考虑以及实际制约条件等方面予以详细说明，消除疑虑、增进信任，以激发公众对于通过体制内正常渠道反映诉求的积极性，减少对非正常渠道和体制外渠道的非正常依赖。畅通社会对政策执行情况的评估渠道，公布政策执行情况和效果，听取公众的评价意见，对其中所反映出的政策执行问题，属于执行失误的，应及时调整、优化工作方式，属于政策失误的，应在照应全局的前提下稳妥地修订政策。强化公众对社会安全管理政策与措施的配合意识，通过法律规范、社会宣传、组织协调、案例教育等方式，促使公众自觉地把自身行为统一到管理政策与措施之中。

加强社会安全管理工作的前馈控制。重视对决策程序中负效应的后果评估、预测预警以及预控对策研究等环节，避免预警与预控的脱节。搜集社会安全领域的可靠性预警信息，从政府决策、社会结构、经济社会发展阶段性特征等角度分析安全问题产生、发展的原因，预测其演变方向，及时修改社会安全管理及其相关领域的政策，对各种干扰因素的活动加强监控，及时进行有效管理，对可能产生负面影响的问题制定补救措施，提高政策体系的协调性，强化政策对社会矛盾的简化、缓解、均衡、预应能力，将问题解决在萌芽状态或潜在状态。

2. 社会风险与社会安全问题管理

城市社会中的风险无时不在、无处不在，这是城市经济社会发展中的正常现象。对社会风险与社会安全问题的有效管理，是谋求上海城市安全、抑制社会危机的重要环节，需要有系统的思路、科学的方法、专门的投入。

全面、准确地识别社会风险。提高对上海社会风险来源、作用途径、演变转化方向与方式等问题的认识能力，根据上海城市发展的特点，中国发展所处的特殊历史阶段，国际社会各种力量在政治、经济、文化等领域竞争与合作并存的特征，以及人与自然的平衡关系相对脆弱的实际，对国际政治形势、上海现有社会安全问题的社会影响与发展特征、涉及中国及上海的主要危安因素、社会负面信息与舆论的分布重点等进行综合研究，详尽分析具体领域内的社会风险，评估社会风险的跨领域复合影响、各种社会风险相互作用的综合影响，以及系统性社会风险产生的原因和可能性。

评估社会风险与社会稳定状况。加强对社会预警系统建设及其上海“本地化”方式的研究，以识别社会风险为前提，将引起社会风险的各种主要因素，风险之间、因素之间、风险与因素之间的主要联系，风险发展及因素发生作用的主要环节，促使风险向危机突变的主要环境特征等，作为社会预警指标体系的关键变量，根据变量的不同作用以及在不同环境中的重要程度，分类分层地设定评估权重、设计评估模型、完善评估系统，实现评估方式的标准化和评估内容的动态化。按照评估工作的要求，规定各职能部门的职责，如提高准确搜集、有效传递、及时发布信息的意识与能力；根据评估结果调整管理重点、管理方式与管理行为；加强对本部门职能范围内关键评估指标的信度与效度的跟踪分析；设计、建设、运行本部门评估信息系统以及与市级综合评估信息系统对接等。

建立多元化、规范化的社会风险反映与解决渠道。提高“两级政府、三级管理、四级网络”的纵向、横向覆盖能力，综合运用信访、应急处理、社会调解等正规系统，加强对网络媒体的关注与运用，拓宽社会风险的反映渠道，通过主动从社会中“抓取”社会安全信息，实现对社会风险的及时把握；通过有效整合信息，实现对社会风险的系统把握；通过提高社会公众向职能部门反映社会风险信息的意识，进一步强化职能部门的责任意识。探索解决社会风险的“并行化”方法：一方面，通过政府指导、支持的方式，提高社会与企业解决社会风险的能力；另一方面，通过加强社会与企业的充分互动，在全面发挥各自优势与专长的同时规范其行为。深入推进管理网格化建设，既要理顺网格内资源的关系，促进资源整合，又要充分发挥网格内全局性资源的作用，实现跨网格合作。

正确分析城市防御社会风险、维护社会安全的综合能力。对行政化、社会化、市场化等不同方式进行效果评价，加强全面评价，分析不同方式的优劣以及对特定安全威胁的适用性；加强综合评价，分析在不同情况下组合运用各种方式应对安全威胁的可行性；加强可持续能力评价，分析现有防御机制对于城市发展所提供的各种软硬资源、内外资源的运用、整合能力，以及自我完善、自我调整的灵活性；加强针对性评价，分析现有防御机制的防御重点与主要威胁来源与作用的对应程度；加强发展方向评价，分析防御能力的理想状态与现实状态之间的差距，明确提升能力的主要方向。

完善危机管理体制机制。处理社会安全事件时以“面向城市、服务周边、着眼国家利益”为原则，根据社会安全事件的起因复杂、主体的成分与背景复杂、社会公众面对事件时的心态复杂等特征，把与社会安全事件相关的情报信息的搜集与分析作为应急管理的首要任务，重点搜集关于事件性质、事件相关因素、事件现场、事件直接影响、事件后续发展和事件后果的情报信息。掌握事件对上海政治、经济和社会各领域的影响、对周边城市和长三角地区发展的影响、对国家内政外交的影响，坚持维护城市的整体稳定、确保城市的主要功能顺畅运行，坚持维护国家的整体利益、消除负面国际影响，把应急管理工作的短期效果和长期效果、决定应急管理工作成败的重要因素、应急管理政策的效应等问题，放到上海所处的战略高度去认识、去研究，综合考虑对城市内特定区域、行业、群体、目标的应急管理和功能恢复措施。提高技术应急的能力，通过专业人员建设和专用软件系统建设，加强对技术监控数据的搜集、整理，实现数据分析研究的自动化和智能化。提高公众认识、应对社会安全问题的能力，加强舆论阵地和社区、社会组织、企业等多途径教育培训阵地的建设，把重点放在人民内部矛盾集中、人民群众关注、涉外性较强的领域，采取解决群众实际问题、突出群众长远利益、引导群众自我教育等方式，争取群众对政府各项预防、应急与善后政策的理解与支持。

3. 重要问题和重大事件的社会影响评估

城市发展过程中涉及社会安全的重要问题和重大事件，既相互影响，又共同作用于城市未来的发展质量。对这些问题和事件的社会影响进行科学评估，有利于提高对其背后的深层矛盾和影响因素的认识，提高政策制定、执行、完善的科学性。

上海城市发展政策的完整性评估。社会安全问题并不完全由社会问题所引起，其负面影响也并不完全局限于社会安全领域。上海城市发展政策的完整性，在宏观层面上体现于如何确保经济发展与社会发展的协调，在中观层面上体现于如何确保具体领域发展政策在历史、现实、未来之间的相互协调，在微观层面上体现于如何确保职能部门在制定与执行具体政策时综合考虑政策的经济效益、社会效益与政治效益。因此，发展政策的完整性评估，需要突出对政策可行性、坚固性和发展性的综合评估，突出对政策变化所造成的社会影响的跟踪评估，突出对政策细节与政策整体之间协调程度的系统评估，突出对来自各方面的对政策的批评与建议的吸收性评估。

社会问题政治化发展与影响的评估。随着上海居民成分多样化、个性凸显化、经历复杂化、观点多元化以及由此带来的政治意识的不断增强，社会问题或多或少都会产生出政治化发展和政治化影响。从政治高度对社会问题的发展与影响进行评估，应当立足于社会发展的总体形势、社会生态的总体特点、社会问题产生与演化的总体趋势，以社会安全问题产生的深层次社会根源和政策根源为评估基础，以社会安全问题对政府形象和社会生活的现实与潜在影响为评估重点，通过评估提高对社会安全状况的预警、预见能力，提高对社会安全问题的预防、处置能力。

重要问题和重大事件的具体影响评估。从社会安全的角度看，城市重要问题包括关系城市发展模式的重要决策，也包括在社会安全领域具有全局性、基础性效应的具体矛盾；重大事件既是突发性的，也有经过长期发展而自然演变出的。它们既决定了应急管理和前馈控制的具体方式，也在不断调整着作为城市社会安全和社会发展决定性力量的城市居民的心理与行为，从而对危机管理工作提出新的要求。评估它们的具体影响，要从重要决策、重要矛盾、重大建设与发展事项对上海社会、经济、政治等方面的即期影响着手，充分听取各方面对决策内容、矛盾解决方式、重大事项综合效益的意见，提高相关政策与决策的社会可信度和支持率；从当事群体应激反应方式的特点着手，逐步深入，掌握他们在心理、行为方式等方面可能发生的变化，分别为社会预警和应急管理服务；从非直接相关者的心态所受到的影响着手，分析问题和事件在非直接相关者调整对社会问题的专业化和政治化观察角度过程中所起的作用；从危害上海社会安全和社会稳定的境内外各种势力的策略调整着手，评估其新策略在重要问题和重大事件发生后对社会环境的适应程度及发挥出的综合能量；从问题与事件的政治作用、社会作用着手，以发展、辩证、综合的角度，把正确认识社会所受到的整体影响作为评估的根本目标。

非直接因素对社会安全的影响评估。由社会发展的特点所决定，社会安全既受到各种直接因素的影响，也受到各种在空间、时间上均无直接关联的因素的间接影响，但是这些非直接因素往往又会在一定情况下产生重要作用。对此类因素的评估，需要从四个方面开展。一是了解非直接因素与直接因素以及社会安全之间的内在联系与相互作用的途径，掌握其影响得以放大以及突变的主要规律。二是了解不同种类与作用力的非直接因素的主要作用领域、范围，为评估具体安全问题可能受到的影响及发生的变化提供更广阔的视角。三是了解非直接因素在特定形势与背景中向直接因素转变甚至直接引起社会安全问题的可能性。四是评估非直接因素，尤其是负面因素向有利因素转化的可能性与方式，以使政府的行为能够达到主动改进工作方式、创建有利环境的目的。

普京重拳城市反恐　确保国民安宁

国务院发展研究中心俄罗斯外交政策室主任　万成才

普京执政 8 年间，对祸国殃民的恐怖分子和他们阴谋的恐怖活动从不手软，重拳打击在车臣及其临近共和国城镇和首都莫斯科发生的数次严重恐怖活动，取得了决定性胜利。2008 年第一季度车臣未发生过一件恐怖事件，确保了当地居民的生命财产安全，捍卫了国家利益。这是普京两届总统任期届满后多数国民仍支持他出任政府总理和最大政党统一俄罗斯党主席，进而同梅德韦杰夫总统联手继续执掌俄罗斯政局的最重要的原因之一。

请看普京 8 年间是如何给予恐怖分子沉重打击的，我们从中可以获得什么启示。

首先，普京在“反恐”的旗帜下毅然发动第二次车臣战争，以迅雷不及掩耳之势击溃车臣成建制非法武装，重新占领车臣首都格罗兹尼和车臣全境，把车臣纳入联邦中央的有效管辖之下。

苏联后期，车臣宣布脱离俄罗斯而独立，叶利钦总统 1994 年 12 月出动了数万军队发动了第一次车臣战争，但损兵折将，1996 年夏被迫收兵，在车臣的全部联邦军队从车臣撤出，使得分离势力继续坐大，把恐怖活动扩大到车臣临近的地区和莫斯科。1999 年 8 月 2 日，车臣头号恐怖分子巴萨耶夫带领 500 名非法武装进入附近的达吉斯坦境内，宣布建立“独立的达吉斯坦穆斯林共和国”，其目的是将车臣与濒临里海的达吉斯坦连成一片，夺取出海口，为车臣彻底摆脱俄罗斯而独立创造外援条件。

1999 年 8 月 9 日，普京被叶利钦总统提名为代总统。次日，普京就召开反恐委员会会议。他在会上斩钉截铁地说：“绝对不能容忍在北高加索地区发生践踏法律的恐怖主义行动，必须坚决予以打击”。就在同一天，普京在达吉斯坦成立了联邦军队联系指挥部，从国防部、内务部和紧急状况部调来精兵强将，8 月 13 日宣布对窜入达吉斯坦的非法武装进行清剿，同时对车臣的非法武装进行轰炸。经过两周的军事行动，8 月 25 日就基本结束了清剿行动，巴萨耶夫被迫率残部返回车臣。

普京不让车臣非法武装有整歇的机会，乘胜于 10 月出动十万联邦军队进攻车臣，经过约 3 个月的武装行动，于 2000 年 1 月初歼灭了成建制的车臣非法武装，重新占领了车臣首都格罗兹尼和所有城镇，少数非法武装分子逃入山区。就这样，普京仅用了三个月的时间完成了叶利钦用三年都没有完成的任务，为 2000 年 3 月的总统选举交出了一张竞选成绩单。结果，半年前（1999 年 8 月）只有 2%支持率的普京在 2000 年 3 月 14 日竟然以 50%以上的票赢得总统选举。此后，他又主持重新制定了车臣宪法草案，并由车臣全民公决通过，规定车臣是俄罗斯联邦的一部分，赞同俄这一方针的艾哈迈德·卡德罗夫当选为车臣总统，车臣分离势力政府和非法武装被完全击溃。

但是，车臣恐怖势力并不甘心失败，在境外势力支持下，他们从车臣区潜入俄罗斯本土，尤其潜入首都莫斯科开展恐怖活动。普京 2004 年 3 月 14 日连任总统到当年 9 月的半年内发生 10 起震惊国际社会的恐怖事件。面对严峻挑战，普京临危不惧，沉着应对，果断处置，并借机进一步加强中央权力，使政局继续朝有利于稳定和发展经济的方面发展，从而获得更多民众支持，为而今的梅（梅德韦杰夫）普（普京）组合夯实社会基础。下面列举普京在第二任总统期间处理的几起恐怖事件。

第一件：果断而稳妥地处理车臣总统艾·卡德罗夫被炸死事件。

2004 年 5 月 9 日，在车臣首都格罗兹尼“迪纳莫”体育场举行反法西斯战争胜利纪念大会，车臣总统艾·卡德罗夫就座的主席台被遥控操纵的炸弹炸塌，艾·卡德罗夫总统和其他许多高级官员当场被炸死。20 分钟后，正在莫斯科红场观礼台上检阅游行队伍的普京得知这一重大恐怖事件。他的脸色一下子从对游行队伍的微笑变得阴沉，但他即刻镇定下来，坚持到红场的纪念活动结束。普京回到克里姆林宫，立即听取了有关部门的汇报后决定：10 日就隆重安葬艾·卡德罗夫，11 日亲赴格罗兹尼慰问卡德罗夫家属，并在那里召开反恐现场会议，视察驻军营房，乘直升机从空中俯看经恐怖袭击后的车臣首都格罗兹尼。他在飞机上指示：“必须采取实际计划来恢复格罗兹尼。”回到莫斯科后他又召开了如何恢复车臣经济的会议。不久，车臣局势有了根本好转。

第二件：中断休假返回首都处理莫斯科两架飞机被恐怖分子炸毁事件，

断然调整机场安检力量。

2004 年 8 月 24 日晚，从莫斯科西南郊的灶王爷机场起飞的分别前往黑海之滨的总统休假地索契和南部城市伏尔加格勒的两架飞机在空中爆炸，上百人丧生。普京得知此消息后，立即中断在索契的休假，8 月 25 日凌晨返回莫斯科。经查明，这两架飞机上都有两名车臣妇女，她们没有出示证件在售票处购票，而是从票贩子手中购得机票；另外，当时俄罗斯机场的安全和乘客案件工作交给经营公司负责，于是，恐怖分子仅用 1000 卢布（当时合 40 美元）行贿就被放行上了飞机。鉴于此，普京当机立断，决定将机场安全转交给内务部，为此成立了专门的负责机场安全的分队。自那之后直到 2008 年 5 月 7 日普京卸任总统，俄罗斯再也没有发生这类恐怖事件。

第三件：在别斯兰第一中学恐怖事件中，力排众议，拒不同恐怖分子谈判，武力解救人质。

2004 年 9 月 1 日，是开学的日子，在临近车臣的北奥塞梯共和国别斯兰市第一中学发生了恐怖分子进入学校，开枪打死打伤一些师生后将 1200 余名师生作为人质，要求俄联邦军队从车臣撤出的恐怖事件。事件发生 40 分钟后普京收到恐怖事件的报告。此时他正在从索契前往北高加索的飞机上，拟去参加一所新学校的开学典礼。普京又一次被迫返回莫斯科。

恐怖分子要求北奥塞梯共和国总统扎索霍夫、印古什共和国总统贾季科夫、莫斯科著名儿科医生罗萨利以及普京总统的车臣顾问阿斯拉汉诺夫前去谈判，这些人及许多政界头面人物同意谈判，以解救人质。但普京决意反对，认为他们前去恐怖分子控制的地方谈判会成为新的人质，使局势更加复杂化。他只同意儿科医生通过电话谈判，但无结果。在恐怖分子继续开枪打死人质，不允许给人质送水和食物的情况下，普京断然同意武力解救人质，在特种部队的参与下把恐怖分子全部消灭，解救出大部分人质。

第四件：针对国内“民主派”和西方关于普京反恐行动“违反人权”的指责，普京理直气壮、据理反击，受到国内民众的理解和支持。

普京强力反恐，受到国内“民主派”的猛烈抨击，认为恐怖活动是“普京政策的结果”，如果普京当局同非法武装的温和派通过谈判达成协议，一切问题都可以解决。而西方一些认为车臣恐怖分子的活动是“普京不妥协政策受到的惩罚”，把恐怖分子称作“自由战士”和“起义者”。别斯兰事件后，面对国内外的指责，普京采取了以下两大行动来反击。

9 月 4 日，普京发表告全国同胞书，揭露恐怖分子的罪行，争取国人和在反恐中死难者家属对当局毅然采取行动的理解和支持，增强反恐胜利的信念。他强调：恐怖分子“不只是挑战总统、议会或政府，这是对整个俄罗斯的挑战，是对全国人民的挑战，是对我们祖国的进攻”。普京发誓要捍卫国家领土完整。他称，他作为公民和总统，除了坚决反恐，别无他择。他的这一告全国同胞书扭转了国内舆论，特别是反恐中死难者家属对普京本人和强力部门不满的情绪。

9月12日，普京专门邀请40多名西方国家的记者和在莫斯科出席“瓦尔代”俱乐部的西方俄罗斯问题专家到自己在郊区的别墅，向他们阐述俄罗斯的反恐政策并反击西方媒体对俄罗斯反恐的歪曲报道。当英国记者问为什么不同恐怖分子谈判时，普京说：“谁也无道义和权利建议我们同杀死孩子的罪犯进行谈判”，并反问道：“你们为什么不同本·拉登谈判？你们为什么不邀请他到布鲁塞尔或白宫去谈判？你们为什么不问一问他想要什么，而你们不给予时如何让他使你们得安宁？你们为什么不这样做呢？”普京针对西方记者的发问一再强调，“车臣不是伊拉克，车臣是俄罗斯领土攸关重要的一部分，这是俄罗斯领土完整的问题”。在场的40多名记者谁也不敢正面回答普京一连串的“为什么”。就这样，普京当局把西方记者的嚣张气焰打了下去。

从别斯兰事件后，普京采取行动分别消灭了车臣恐怖分子的所有头面人物如巴萨耶夫、杨达尔比耶夫等，近几年俄罗斯再也没有发生重大恐怖事件。

普京在反恐中行动果断、坚决，虽有牺牲，但带来的是北高加索地区的稳定和全国的安宁；如果在恐怖分子面前退缩或犹豫不决，后果不堪设想。所以，普京在总结他八年工作时，列出的第一条政绩就是保持了国家的统一。

德国应对恐怖主义威胁的主要措施

中国传媒大学国际关系教研室主任、教授　何　兰

自20世纪60年代末以来，恐怖主义逐渐发展成全球性问题，严重威胁着世界上许多国家、城市和民众的安全。在德国，由于20世纪70年代“红军派”和新纳粹主义恐怖活动的滋长，德国政府不断加强反恐怖工作的力度，特别是“9·11”事件发生后，德国政府更是采取各种措施，防范和打击各种恐怖主义活动。德国的“反恐”措施，值得我们借鉴。

一、健全反恐机构　加强立法管理

为协调和统一全国反恐工作，德国于1972年建立了反恐怖活动指挥中心——联邦危机委员会。其任务主要是搜集并贮存有关恐怖组织情报信息，包括恐怖分子的笔迹、指纹、声音等信息，这为查寻恐怖分子提供了极大的便利。德国还成立了联邦宪法保卫局，作为反恐怖活动的具体主管部门。它有权要求联邦当局所有政府机构和社会团体主动提供有关恐怖主义的情报。在基层，德国实行组织严密的治安制度，以便密切掌握与跟踪居民的迁移活

动。如德国公民要从一个城市搬到另一个城市，就必须到警察局登记：迁出时注销，迁入时注册；如果几周内没有注销或注册登记，就要被重罚。对于外国人，监督更为严密。外国人一入境就必须到警察局登记，向警方提供自己的背景材料；如果此人曾在德国的其他城市居住过，则警察局要在收到其原住地提供的档案材料后，才能为其签发居留许可证。

1972 年，德国还建立了一支精干的反恐怖主义特种部队——边防保卫第九大队。该特种部队共有成员 100 人，设有四个作战中队、一个直升飞机联队、一个通讯侦察中队和一个技术中队。它拥有最现代化的武器，如带有红外线仪器、能准确击中目标的新式精密射击武器 PSG1。

为预防和打击恐怖活动，德国加强反恐怖斗争的立法工作，先后共制定了“反恐怖主义法”、“身份证法”、“联邦宪法保卫局法”、“合作法”以及其他有关的法律。这些法律规定：要加强情报、警察、联邦边境防卫处等机构的反恐怖主义合作；新身份证必须使用特种塑料制成，其不易破损、不易伪造，具有磁性，并印有与持证人相关的数据，可供机器阅读；禁止蒙面人参加游行；将电话监听的范围扩大到私人电传、传真和图像电话。这一切为反恐斗争提供了强有力的法律保证。

2006 年 12 月，德国联邦议院以多数票通过了《共同反恐数据法》草案。这意味着德国情报部门和警方今后将共用一个与反恐相关的信息数据库。根据这项草案，反恐数据库将由两部分数据组成：一部分是身份数据，只储存有关恐怖嫌疑犯身份的数据；另一部分数据则隐蔽收集，内容包括涉嫌者的宗教信仰、出国旅行记录和拥有武器情况等。尽管一些数据保护者和人权活动人士批评这一草案将使得那些本来与恐怖主义毫无关系的无辜者也必须像嫌犯一样接受调查，但德国内政部长朔伊布勒及有关专家对这项草案的通过表示欢迎，认为这将有助于防止恐怖袭击。

二、利用高技术手段　加强对入境人员的甄别

在反思“9·11”事件中，许多国家认识到，恐怖分子利用假护照、假身份混入境内，是发生恐怖事件的重要原因之一。因此，完善出入境管理，已成为防止和减少恐怖事件的重要措施。目前反恐高技术手段中开发最快的

是生物特征技术，即利用指纹、脸部特征、虹膜、人体气味等个人生物特征的唯一性，将个人生物特征存储在电脑芯片中，以此来识别个人的身份和了解其犯罪记录，使恐怖分子难以蒙混过关。

继美国之后，德国开始在护照、身份证等个人证件中引入生物特征技术。目前，用于甄别个人生物特征的技术不仅在德国形成一门新兴产业，而且对生物特征的系统开发，已成为德国重要的创新领域，而且使他国受益。德国在慕尼黑成立了生物特征技术转化中心，并在许多国家承担此类项目。例如，澳大利亚的悉尼国际机场，应用了德国德累斯顿 CognitecSystem 公司的脸部特征识别系统；巴西应用了德国汉堡 Dermalog 公司的指纹识别系统；慕尼黑安全技术公司 Giesecke&Devrient 为中国澳门提供了 46 万张可存储生物特征信息的身份卡；西门子公司为印度国防部提供了进入国防部大楼的识别系统，其中使用了声音、脸部特征、指纹三种生物特征识别方法；德国 Infineon 公司成为全球生产生物特征存储芯片的最大公司。波音、欧洲空客等许多大公司，也开始在其要害部门、重点实验室配备虹膜或指纹识别系统。

三、实施反恐怖信息举报奖励制度　加强对重要建筑物和公共设施的安全保护

1977 年“红军派”恐怖分子杀害德国总工会主席马丁·施莱耶后，德国制定了反恐怖信息举报奖励制度，拨出特殊预算由联邦检察局负责提供与发放。该奖励制度规定，根据恐怖案件的情况，对提供有利于逮捕恐怖分子的情报线索的人给予物资奖励，视情况一般可给予 5000—10000 马克的奖金，重要的可给予高达 5 万马克的奖励。这一制度的建立，扩大了反恐怖工作的群众基础，促进了反恐怖工作的全面深入展开，加速了对一些重要恐怖案件的侦破工作。

2007 年 9 月 4 日，德国警方抓获 3 名正准备向欧洲最繁忙机场之一的法兰克福国际机场和邻近的拉姆施泰因美国空军基地发动袭击的嫌疑人，并查获了足以制造一起类似 2005 年伦敦公交系统系列爆炸案以及 2004 年马德里爆炸案的约 700 公斤的爆炸物。据悉，这 3 人曾在巴基斯坦境内一个名为

"伊斯兰杰哈德联盟"的恐怖训练营接受训练，后在德国境内建立分支，秘密筹划恐怖爆炸活动。德国警方根据举报线索，自2006年底就开始对这3人实施暗中监控。

对于重要建筑物和大型比赛场馆等公共设施的保护，是德国政府反恐工作的重要内容。在波恩市大部分联邦设施前，联邦边防警卫监视着进入政府大楼的车辆与人员，未经警卫允许车辆不能进入联邦政府办公楼所在地；为加强防范，德国内政部门在火车站、机场等地采取了更加严格的安全措施。

对付恐怖分子是重大体育赛事中最艰巨的任务。柏林警察局的反恐专家林格尔博士称，最好的反恐措施就是防患于未然，柏林的经验是做好有关恐怖分子活动的信息搜集工作。为此，柏林警方在警察总部专门设立了一个"反恐信息指挥中心"。该中心每天搜集世界各地有关恐怖活动的信息，分析恐怖分子的动态，寻找恐怖袭击即将来临的迹象，并制定有效的遏制措施。针对大型活动的安保，德国积累了许多经验。在一场大型比赛前，德国警方一般先估算观赛人数，并制订相应的安全保护措施，安排警察让体育迷尽快离开交通狭窄区；开赛前，组织运动场员陪同体育迷依次进入运动场，掌握动态；赛事开始后，警方现场指挥部与体育场馆保安人员建立"动态联系"，必要时调遣增援人员；赛事结束后，警方还会在体育迷聚会场所附近增加巡逻。一旦有恐怖袭击事件发生，柏林警察总局指挥中心会立即进行有效指挥，适时采取行动，把损失降到最小。

四、"先发制人"加大对互联网上恐怖活动的监控力度

针对网络犯罪形式多样，对现代信息社会和国家安全威胁日益严重等问题，德国注重"先发制人"策略，以预防为主。德国联邦内政部认为，警方若要跟上技术飞速发展的步伐，具备应对各种形式网上犯罪行为的能力，必须调动法律、行政、人力、财力和组织机构等各方面力量，形成一套打击高技术犯罪的有效机制。

为了确保对信息进行最优化的管理，尽早发现可能的威胁，并在德国境内采取必要措施，德国政府于2004年成立了一个跨部门打击国际恐怖主义的机构——"共同恐怖防御中心"。该中心有180名工作人员，主要是联邦

刑事局和联邦宪法保卫局等部门的分析专家。此外，德国内政部调集专业人员和技术力量成立了“信息和通信技术服务中心”，负责为警方通过网络展开调查和采取措施时提供技术支持。该中心还下设一个被形容为“网上巡警”的调查机构“ZARD”，具备特殊的调查权限。内政部下属的联邦刑警局24小时系统地跟踪、分析互联网上的可疑情况，及时向有关部门提供信息。

2004年8月，德国联邦刑事局在德西部城市威斯巴登召开一年一度的秋季大会。这次大会的主题是“互联网犯罪现场——内部安全的全球挑战”。在为期三天的会议中，德国反恐和安全问题专家重点讨论了如何防范恐怖分子和极端分子利用互联网实施犯罪等问题，并提出了打击互联网犯罪的具体措施。

德国内政部长朔伊布勒在大会开幕式上说，为了防范恐怖主义威胁，针对个人计算机信息的互联网搜查很有必要。

2006年10月，德国政府决定未来3年将新增1.32亿欧元的反恐资金，用于完善对互联网上恐怖活动的监控。德国内政部表示，新增这笔反恐资金将用于增加工作人员和购置电脑等，以此改善互联网监控条件。

五、加强反恐怖斗争的国际合作

加强国际合作是德国打击恐怖主义活动的一贯策略。德国积极与美国、欧盟、欧洲理事会以及八国集团等20多个国家建立了反恐怖活动合作关系，包括分享有关恐怖主义情报、引渡恐怖分子等诸多内容。

2004年3月，在欧盟首脑会议上，与会代表一致同意加强在反对国际恐怖主义领域的合作，并共同发表了《反恐声明》，任命荷兰前内政副大臣德·弗里斯为首位欧盟反恐协调员，负责协调欧盟成员国在反恐方面的行动、信息交流并制订具体反恐政策。会议决定采取的其他反恐措施还包括：将欧盟与其他国家的经济合作与反恐合作联系起来；改善欧盟国家间警察和情报部门的合作；各国法律允许颁布共同的通缉令；加强边界控制和进行电话记录跟踪；筹措打击恐怖主义经费；建立欧洲恐怖嫌疑犯数据库等。

中德两国在反对恐怖主义的斗争方面，也建立了良好的合作关系。2004年5月，我国国务院总理温家宝应德国总理施罗德邀请访德期间，双方就共同关心的重大国际问题交换了意见。双方一致认为，恐怖主义是当今国际社会面临的最大挑战之一，其产生的根源具有多样性和复杂性，需要全面治理才能有效遏制。中国和德国谴责任何形式的恐怖主义，要求国际社会进一步改善并加强在反恐方面的合作，联合国在此方面应发挥核心作用。

综上所述，德国在防范和打击恐怖主义方面，采取了一系列颇具创意的措施，也收到了一定成效。学习和借鉴德国的经验，不仅有助于维护我们国家和城市的安全，而且对于即将在北京召开的奥运会，更具有现实意义。

切实强化政府公共安全管理的主导地位

浙江省发展和改革研究所副所长　郭斯兰

公共安全是指社会和公民个人，在正常的生活、工作、学习、娱乐和交往时所需稳定的外部环境和秩序。公共安全管理是国家行政机关为了维护社会的公共安全和秩序，保障公民合法权益，以及社会各项活动正常开展而进行的各种行政活动的总和。

当前，浙江省公共安全问题面临着空前的压力。一方面，浙江省进入了公共安全事故高发期。随着工业化、市场化、城市化、现代化的迅速推进，公共安全问题面临的严峻形势正在越来越凸显出来。另一方面，应对公共安全事件工作的基础薄弱，体制机制不健全，即传统的政府直接干预经济的职能还处在逐步退出的过程之中，新的与市场机制配套的政府维护公共安全的职能还在摸索、建设和完善之中，政府公共安全管理的能力亟待提高。

正值本文即将完稿之际，恰逢台风“罗莎”横扫浙江省。目睹杭州市区交通因道路积水全面拥堵，许多市民被困家中或路途，甚至省府行政中心也几成泽国，更令人对公共安全深深地担忧。

一、浙江省公共安全管理成绩斐然

近几年，浙江省各级政府在公共安全管理上取得了较好成绩，大大减少了人民群众生命财产损失，维护了正常的生活和生产秩序。

1. 重大自然灾害造成的生命财产损失逐步减少

浙江省是我国各类重大自然灾害多发省份，人民群众生命财产为此遭受重大损失。面对具有不可抗力的重大自然灾害，浙江省委、省政府始终坚持“以人为本、安全第一，预防为主、防抗结合，确保重点、统筹兼顾”的原则，尤其是针对严重的台风灾害，省委、省政府领导牢固确立了“以人为本、科学防台”的防台新理念，把“不死人、少伤人”作为防台工作的首要目标。尽管近两年浙江省连续遭遇两次 50 年不遇的超强台风袭击，但由于党委政府决策正确、措施得当，最大限度地减少了人员伤亡。特别是防御 2007 年在我省登陆的超强台风“韦帕”工作中，浙江省政府和全省人民一道，创下了紧急转移人数最多，同级别台风伤亡人数最少、倒塌房屋最少、直接经济损失最少的奇迹（见表 1），受到了中央领导的高度赞扬。

表 1　近年在浙江省登陆的 5 次强台风造成损失情况比较

台风	受灾人口（万人）	转移人数（万人）	倒塌房屋（间）	直接损失（亿元）	死亡人数（人）
云娜（04）	1299	46.8	42400	181.3	164
卡努（05）	705	105	7468	80.0	22
桑美（06）	254	100	39000	127.4	193
韦帕（07）	760	179	4948	56.2	5
罗莎（07）	719	118	3392	75	无

资料来源：《浙江日报》。

2. 生产事故多项指标稳步下降

总体来看，我省事故总量呈下降趋势，重特大事故得到较好控制，为我省经济发展和社会稳定提供了良好的环境。来自省安全生产监督管理局的统计数据显示，2004 年以来，我省工矿企业、道路交通、水上交通及作业、火灾等事故的起数、人员死亡数、受伤人数和直接经济损失等四项指标逐年下降（见表 2、3）。

表 2　浙江省各类事故统计（2004—2006 年）

类别 \ 指标	事故次数			死亡人数			受伤人数		
	2004	2005	2006	2004	2005	2006	2004	2005	2006
工矿企业	918	783	721	969	824	767	174	98	80
道路交通	50039	43266	36767	7549	6881	6619	50748	48262	42312
水上交通及作业	420	431	294	292	294	184	5	13	4
火灾	13741	9262	5531	339	112	109	198	82	65
铁路路外伤亡	213	186	97	183	136	74	81	58	24
合计	65331	53928	43410	9332	8247	7753	51206	48509	42485

资料来源：浙江省安全生产监督管理局。

表 3　浙江省各类事故直接损失统计（2004—2006 年）　（万元）

	直接经济损失		
	2004	2005	2006
工矿企业	14638.2	13845.8	13560
道路交通	27853.4	15718.0	14231.7
水上交通及作业	3159.3	3536.5	1986
火灾	9680.0	6373.0	5894.5
铁路路外伤亡	128.9	126.1	66.9
合计	55459.8	39599.4	35739.1

资料来源：浙江省安全生产监督管理局。

3. 产品质量和食品安全综合管理工作稳步上升

我省实施的品牌战略取得显著成效，市场经济秩序逐步规范。目前，我省拥有的中国名牌产品、中国驰名商标、国家免检产品数量位居全国前列。2006年，我省食品的国家监督抽查合格率为84.5%，比全国平均77.9%合格率高出6.6个百分点，省级定期监督抽查合格率88%，分别比2004年和2005年提高7.4和5.5个百分点。2007年1—6月，全省食品行业的省级监督抽查合格率达到87.2%，比上年同期提高1.5个百分点。截至2006年，我省食品行业共有中国名牌20个，浙江省名牌137个，国家免检产品44个，产品质量及质量综合管理工作呈稳步上升趋势（以上数据来自2007年9月10日《浙江日报》）。

4. 社会治安进一步好转

近年来，浙江省公安机关坚持把打击作为主要工作来抓，做到什么犯罪突出，就重点打击什么犯罪；什么治安问题严重，就重点解决什么问题；哪里治安混乱，就重点整治哪里；用什么方式更为有效，就采取什么方式，先后组织开展了破案追逃、打黑除恶、治爆缉枪、命案侦破、打击“两抢一盗”等一系列具有很强针对性、实用性的集中打击和专项整治行动，始终保持了对刑事犯罪主动进攻、持续打击的高压态势。近十年来，浙江省公安机关破案绝对数一直居全国前二位，民警人均破案数已连续8年居全国首位。2004年以来，浙江省刑事案件立案数和治安案件受理数，均维持在50万件左右，多年以来上升的势头有效地得到遏制，人民群众安全感逐年提升（图1）。据调查，2006年浙江省群众安全感达94.8%，被认为是全国最具安全感的省份之一。

取得这些成绩，一个重要原因是浙江省加强公共安全管理工作，坚持从思想观念入手，从完善预案入手，从组织管理入手，从健全法制入手。

（1）坚持以人为本。浙江省把以人为本作为一切工作的根本出发点，顺应广大人民群众的要求，从人民群众根本利益出发，不断完善惠及广大人民的长效机制，努力为民办实事，着力解决损害群众利益的突出问题，为广大人民群众创造和谐、稳定的社会环境。特别是在防汛防台抗旱工作中，牢固树立“把人民群众生命安全放在一切工作首位”的理念，坚持以人为本，以民为先，科学决策，周密部署，靠前指挥，最大限度地减少了人员伤亡和各项损失。

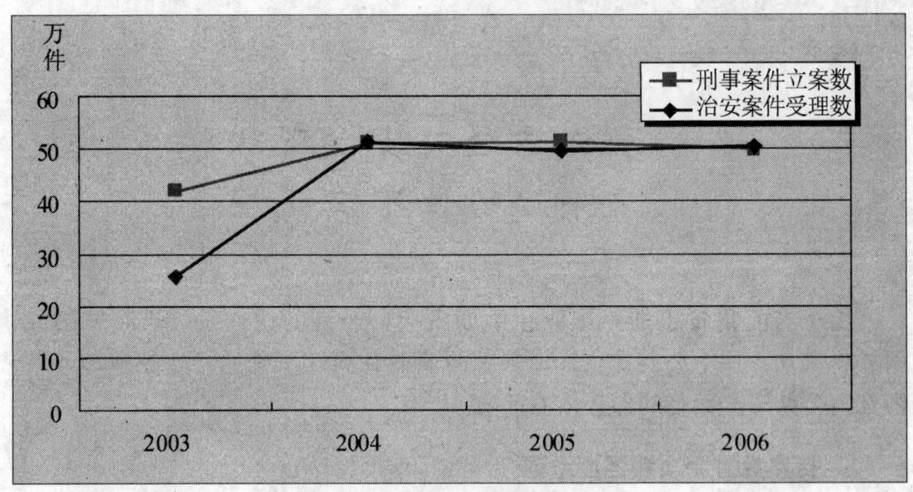

图1　浙江省治安情况趋势图

资料来源：浙江省公安厅。

(2) 完善应急机制。结合浙江省实际，采取“纵向到底，横向到边”，推动全省应急预案体系建设。颁发了《浙江省突发公共安全事件总体应急预案》、《关于加强应急机制建设，提高政府保障公共安全和处置突发公共事件能力的意见》，以及处置台风、环境污染、突发卫生事件、重大食品安全事故、重大动物疫情等系列应急预案，形成了全省总体、专项、部门，以及市、县（区）、乡镇政府，企事业单位和重大活动安全单项应急预案等预案体系，政府应对各类公共安全问题的能力大大提高。

(3) 加大经费投入。浙江省高度关注民生问题，逐年加大教育、医疗卫生、社会福利、社会保障等公共领域的财政支出。为加大安全领域基础设施建设，“十五”期间我省投入近4亿元，建成由卫星接收、雷达、自动气象站组成的监测系统，使台风防御决策指挥做到心中有数。前些年投入近100亿巨资建成的一大批水利设施在抵御自然灾害中发挥了巨大的作用，建成的1400多公里高标准海塘坝和加固的4000多座水库大坝成为千百万浙江人民的生命保障线。

(4) 强化法治建设。按照法治浙江的要求，初步建立了涉及公共安全工作的法规体系，颁发了《浙江省防汛防台抗旱条例》、《浙江省安全生产条例》、《浙江省道路运输管理条例》、《浙江省燃气管理条例》、《浙江省森林消防条例》、《浙江省产品质量监督条例》、《浙江省艾滋病防治条例》等一系列法律规范，为加强公共安全管理工作提供政策和法律保障。

二、浙江省公共安全现状和未来趋势均不容乐观

由于当前我省正处于工业化中期阶段，经济的快速发展，频繁的人、财、物流动，加上公共安全管理基础的薄弱和浙江所处的特定的地理环境，浙江省公共安全面临的形势依然严峻。

1. 自然灾害频次和强度增强

自然灾害包括地质灾害、气象灾害、生物灾害和海洋灾害。在气象灾害中，台风又是影响比较严重的。从近几年的统计看，2005 年和 2006 年两年，我国因台风死亡的人数为 1951 人，大大超过了 1998—2004 年 7 年间因台风死亡人数的总和 1206 人，这两年台风造成的直接经济损失总和高达 1580 亿元，也大大超过了前 7 年的总和 1289 亿元。由于特有的地质构造条件和自然地理环境，浙江省是我国自然灾害种类最多、发生最频繁、影响最严重的省份之一。据统计，最近 16 年平均每年因气象灾害造成的直接经济损失达 130 亿元，占 GDP 的 3.91%，最多年份超过 7%，平均每年受灾农田面积近百万公顷，受灾人口数以千万计。台风是浙江危害最大的气象灾害，其特点：一是活动频率高，建国以来影响浙江的台风达 195 个，年均 3.4 个；二是强度大，建国后登陆我国大陆的超强台风中，近 60%在浙江登陆；三是灾害重，台风带来的风暴潮、狂风和强暴雨破坏力极强，往往造成重大人员伤亡和严重经济损失。建国后，在浙江登陆的 10 次强台风给浙江省带来了惨重的损失（图 2）。

表 4　2004—2006 年浙江省受灾和救济情况

项目	2004	2005	2006
受灾面积（千公顷）	809.70	1093.3	412.32
因灾死亡（人）	231	89	219
灾害救济支出（亿元）	2.04	2.65	4.28

资料来源：《浙江统计年鉴》。

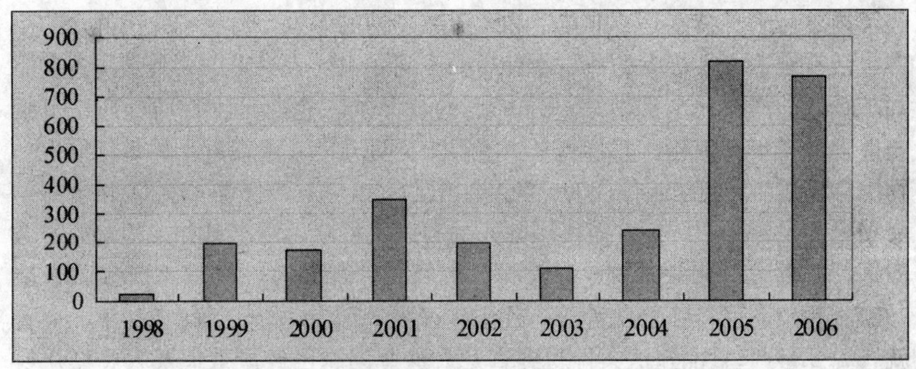

图 2　近年我国台风造成的直接经济损失（1998—2006）（亿元）

资料来源：相关网站。

表 5　建国后浙江省死亡人数最多的 10 次台风（人）

年份	1956	1972	1975	1985	1987	1988	1990	1994	2004	2006
死亡	4925	157	179	213	116	162	80	1126	164	193

资料来源：《平安浙江——全面构建和谐社会》及《浙江日报》。

2. 重、特大生产事故居高不下

据近几年的事故统计，浙江平均每天发生事故 100 多起，死亡 20 多人，受伤 100 多人，直接经济损失 100 多万元，虽逐年呈下降态势，但其绝对数仍很大，排在广东、山东之后，列全国第三。特别是道路交通事故和火灾事故，无论是发生起数、伤亡人数，还是直接经济损失，已多年居全国前几位。一些重点领域和行业事故隐患比较突出。近年来，浙江省各级政府共排出并跟踪化解事故隐患 4 万多个，其中每一个隐患稍有不慎，都可能引发群死群伤和社会影响巨大的公共安全事故。浙江省民营民企发达，“三合一”企业（指生产、仓储、宿舍合而为一的企业）集中，火险隐患突出。前几年发生在湖州织里、温州平阳等地造成群死群伤的特大火灾事故，人们至今记忆犹新。商场市场、娱乐场所、生产车间等人员密集场所的消防隐患依然突出。渔船水上交通及捕捞作业，危险化学品生产、经营、贮存和运输，建筑施工、矿山等领域和行业安全管理问题较多。

3. 公共卫生、食品安全形势不容乐观

据统计，全球新发现的 30 余种传染病已有半数在我国发现，有些还造

成了严重后果。特别是“非典”和禽流感疫情的爆发，给我省人民群众的生产生活安全造成了极大的冲击。食品安全问题也比较突出。尤其是我省食品加工企业的产业化水平不高，近 90%的食品加工企业是小作坊性质，卫生条件常常得不到保障，监管起来难度很大。近几年，浙江省平均每年发生食物中毒事故 108 起，中毒 2500 多人，死亡 8.5 人，严重影响人民群众的生命安全和身体健康。浙江省屡屡曝光的与人民群众生活息息相关的食品安全问题，如毒大米、毒面粉、毒火腿、毒腐竹、毒豆芽、有毒水产品、人造“红心鸭蛋”、苏丹红事件等等，几乎涉及所有食品领域。仅 2006 年，全省就有 2.27 万起食品违法案件受到查处。这些问题已经严重危及人民群众身体健康，损害了政府形象，也动摇了人民群众对食品安全的信心，甚至危及经济发展和社会安定。

4. 社会治安形势严峻

改革开放以来，浙江省刑事案件立案数一直呈上升趋势，从 1978 年的 2.6 万起上升到 2003 年的 40 多万起，增长 15 倍多。从图 3 可以看出，2004 年与前一年相比，浙江省各类案件总数大幅度上升，近三年总体趋向稳定，刑事案件和治安案件的立案数相对比较平稳，但绝对数仍然较大。据省公安厅提供的数据表明，浙江省近几年来无论是刑事案件、治安案件的立案数，还是发案率，都位居全国前列，各项数据均占全国的十分之一左右，社会治安形势依然比较严峻。与此同时，城乡、区域发展不协调，贫富差距拉大，利益格局调整加速，人民内部矛盾凸显，潜伏的社会对抗因素的增长，影响着社会稳定。

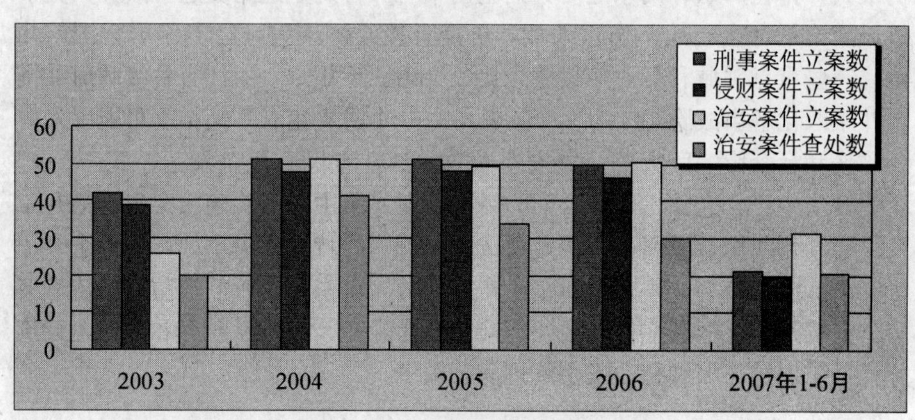

图 3　浙江省社会治安情况统计

资料来源：浙江省公安厅。

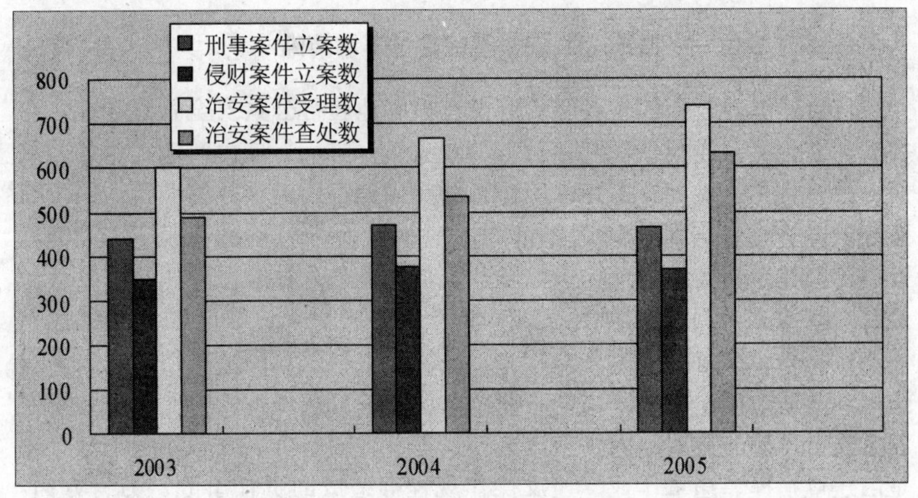

图 4　全国社会治安情况统计

资料来源：《中国统计年鉴》。

三、浙江省公共安全管理存在“四个缺位”现象

公共安全问题并不完全是“自然”发生的。从政府在公共安全管理中存在的问题看，主要在于“四个缺位”：

1. 意识缺位——政府公共安全管理理念存在偏差

在长期以经济建设为中心的背景下，政府职能还没有从单一的发展经济的目标转向经济社会协调发展的目标上。前几年，一些地方政府过于重视GDP，忽视公共安全、公共教育、公共卫生、公共文化、公共设施、公共环境等社会公共事业发展，社会建设与社会发展滞后于经济增长，公众生活质量和生活水平没有随着经济的增长而提高，由于忽视解决民生问题，致使在经济发展的背后潜伏着诸多安全隐患。以人为本、以确保人民群众生命财产安全为本的思想还没有深入到各级政府领导和安全工作监管人的头脑之中，没有从对人民高度负责和执政为民的角度看待安全工作。认识不到位，政府、企业和群众的责任落实也不到位。

2. 职能缺位——政府公共安全管理定位不够清晰

从总体上看，浙江省各级政府没有很好地履行公共安全管理职能，存在着“缺位”、“越位”和“错位”的现象。一方面，应由政府提供的公共服务没有到位。比如，医疗保障体系覆盖面偏小，近半数的城市居民没有医疗保障，城乡居民患病因经济原因应就诊而未就诊的比例超过30%；社会保障体系覆盖率较低，大量从业人员未能进入社会保险体系，社会救助在一些地方项目少、力度小；对低素质的从业人员缺乏培训和就业指导，特别是在高危险、重体力行业，一线基本都是农民工，他们一般来自边远、落后地区，文化素质低，安全意识弱，自我保护能力差，成为诱发各类安全事故的重要原因，从这些年我省发生的安全事故看，绝大部分都是因违章指挥、违章作业、违反操作规程等造成的责任事故。另一方面，不应由政府行使的职能仍然由政府在行使，做了一些自己做不了、做不好、不该做的事情。如过多介入竞争性产品价格决定，忽视市场的作用；对于一些本应由市场调控的行业，没有由市场来调控，使得应该市场化的部门没有得到有效的市场化，如公用事业由政府垄断的格局还未彻底打破，民间资本进入城市供水、公交、通讯等行业仍存在着许多隐形壁垒。当前，我省各级政府基本上还是一个经济建设型政府，远没有完成向公共服务型政府的转变。

3. 体制缺位——政府公共安全管理机制建设滞后

公共安全属于公共产品范畴，是运用公共权力的政府必须向公民提供的服务。公共安全问题的高发，将多年来公共安全管理工作中存在的漏洞集中暴露出来。一是教育防范机制薄弱。公民公共安全意识强弱是衡量政府公共安全管理水平的重要参数。政府宣传教育不落实、群众防灾意识薄弱，是事故灾害扩大的一个重要原因。目前，我省各地区、各部门缺少对公民的公共安全知识教育、防范技能培训、心理适应能力调适，公民规避风险、应对危机知识贫乏。浙江省既是经济大省，同时也是发生公共安全问题最严重的省份之一，但至今公民手中没有一本系统的防灾减灾手册，学校也没有开设公共安全教育课，大学也不设公共安全管理专业，社会缺少公共安全管理方面的专门人才。二是信息引导机制失灵。目前我省各级政府对信息引导机制重视不够，政府工作人员缺乏自如应对媒体、有效引导舆论的能力。三是事前监管机制不力。政府习惯于“后发监管”，事故前、事故中、事故后，各种责任人都处于博弈状态中。比如，我省不少加油站、燃气公司、化学物品经营点比邻居民区，存在重大的安全隐患；不少地下人防工程出租办旅馆、歌厅、洗浴中心，存在着严重的事故隐患。这些问题由于权属单位不同，缺乏统一的日常管理机制，极有可能成为公共安全的“雷区”。但对此，至今还没有引起有关管理部门应有的重视。四是事后责任追究不严。近几年，一些部门和单位，面对事故，不是认真深刻查找原因，真心实意总结教训，而是强调外部因素，强调不可抗力，想着自身如何“安全过关”，最后无论党纪政纪还是国家法律，往往都在博弈中慈心大发，“大事化小，小事化了”，致使安全生产责任人和安全监管责任人对事故、灾害麻木不仁，无动于衷。

4. 投入缺位——政府公共安全管理支出不足

从人力资本的投入来看，政府的安全监管力量还很薄弱。按职工人数和政府安全监管人员的比例，工业化国家政府部门安全监管员的数量是我们的2—4倍。按照一万名职工所拥有的政府安全监管员的比例，我省一万名职工还不到一个，而日本、意大利等国的比例为10000：1.5，英国则达到10000：4.5。目前，我省安监系统工作人员近1500人，而各类企业约230万家，若以目前监管力量计，平均每人监管1700余家，按每2人每天检查2家企业计算，则要5年才能跑遍所有的企业。从财政投入看，长期以来，我省各级政府的大部分财力还没有用到社会事业发展和公共产品供给上来，相对于经济建设的投入，政府用于社会公共安全的经费明显偏低。2006年全省文教科技卫生、社会保障和福利等公共服务性支出占财政总支出的37%左右，而经济建设支出高达23%以上。公共服务投入不足，造成了公共服务产品总量不足，使得日益扩大的公共服务需求与严重不足的公共服务供给矛盾愈加突出。更为严重的是，由于城乡二元结构的存在，长期以来，我省城乡公共服务供给失衡。公共产品的供给仍基本沿袭计划经济年代模式，主要首先是用来满足城市居民的需求，公共产品主要集中在城市，农村公共产品供给较为短缺。2003年，我省对农村公共产品的财政投入只占全年总支出的7%，农村居民从财政获得的人均卫生费用只有城市居民的1/3。从科研投入看，我省还缺少公共安全领域的科研基地、科研院所，科技在公共安全领域的贡献率很低。

四、确保公共安全是各级政府的第一责任

生存权是人民群众最基本的权利。公共安全管理其明显的公共产品特性，无法通过市场机制对资源的配置来实现，必须以政府为主，通过政府配置公共资源来完成。因此，必须强化政府在公共安全管理中的主导地位，政府必须把确保公共安全当作自己不可推卸的政治责任，无论碰到怎样的困难，都始终以确保安全、稳定来安排各项改革与发展，协调具体工作中的矛盾冲突。

1. 各级政府“一把手”要把抓好公共安全管理作为自己的第一责任

安全与稳定是社会赖以存在和发展的基础。现代政府的责任是管理、是服务，管理主要是管理社会、确保安全，为经济社会发展创造良好、有序的外部环境，因此加强公共安全管理是各级政府义不容辞的责任。公共安全管理涉及政府多个部门的工作，分属不同领导管辖，只有政府统一领导、统一协调、齐抓共管，形成合力，建立起政府“一把手”负责制的安全管理机制，才能以最快速度、最大限度，调动一切可以调动的人力物力，应对到来的各种灾害和危机。各级政府“一把手”要牢固确立抓安全管理的意识，把加强安全管理、抓好公共安全作为自己的第一责任。

2. 高度关注民生问题

民生问题是公共安全的基础。“民惟邦本，本固邦宁。”民生问题解决不好，挑战的是社会公共安全。据浙江省 2006 年度建设“平安浙江”人民群众安全感满意率抽样调查显示，民生问题仍然是当前群众最关注的头等社会问题：“社会风气”问题占被调查者总数的 16.0%，“医疗”问题占 13.5%，“社会治安”问题排第三位占 11.5%。接下来就是“就业失业”问题和“教育”问题。研究认为，社会风气和社会治安问题突出，加大了人们的不安全感，而医疗、教育和就业失业问题则加剧了人们心里的不平衡感，这些问题如果处理不好，很容易成为一部分群众对社会产生偏激行为的导火索。国内公共安全问题专家认为，应当尽快建立健全公共安

全保障体系，坚持以人为本，始终把最广大人民的根本利益作为一切工作的出发点和落脚点，按照中央要求，“正确处理新形势下人民内部矛盾，认真解决人民群众最关心、最直接、最现实的利益问题”，把民生问题作为重中之重。当前，特别要把就业、教育、分配、社保、稳定五大现实问题抓紧抓好。

3. 加大公共安全管理的投入

要积极借鉴先进国家的做法，加大教育、医疗卫生、社会福利、社会保障等公共领域的财政支出力度；加强社会管理领域人员力量，强化公共安全管理；加强公共安全管理的研究，注重事前预防和事后总结，特别要针对我省台风灾害严重，火灾、道路和水上交通事故、刑事案件高发的态势，开展对来自自然界和人类自身的风险评估、危险研判、灾难后果、对策措施等专题的研究，提高政府防范和处置危机的能力。

4. 营造人人有责的公共安全管理文化环境

公共安全管理作为一项全民受益的事业，虽然是政府行为，但不仅仅是政府单方面的事情，必须调动政府与民众两个方面的积极性。首先，政府要提高自身的执政能力。政府既要重视执政规律的研究，更要加强执政方法和技能的研究，做到民主、科学、依法决策，不断提高执政能力和政府的公信力，增强民族的自信心和凝聚力。其次，要强化全民安全意识的教育和培养。要把安全教育和抗风险教育作为国民教育，从小抓起，从学校抓起，强化群众风险意识，提高遭遇风险时的自救互救能力。第三，政府要积极动员全民参与和支持风险防范和管理工作。要积极教育和引导群众，自觉增强法律、法规意识，约束自己的行为，积极主动地支持、参与风险防范和管理工作，努力营造一个人人有责的公共安全管理文化环境。

五、努力构建公共安全管理的长效机制

人口膨胀、流动增加、经济发展、环境污染、市场化、经济全球化等因

素正在将我们带进一个高风险社会。只有坚信“安全是相对的，危险是永存的，伤害事故是可以预防的，重、特大亡人事故是能够避免的”，努力构建“政府统一领导，部门依法监督，企业全面负责，群众积极参与，社会广泛支持”的公共安全管理新格局，建立和形成公共安全管理的长效机制，积极做好防范和处理两方面工作，才能把危害降低到最低限度。

1. 建立健全公共安全预警体系和应急机制

公共安全管理要做到“风声尚远，绸缪已就”。要进一步完善以下机制：一是危机预防机制。建立政府主导的公共安全宣传引导系统，加强对公众的公共安全防范意识、防范知识的普及工作，强化对公民公共道德、公民义务的宣传教育，提高公众维护公共安全的能力和水平。二是危机处理决策机制。建立各级政府危机综合管理决策中心，在危机发生时迅速地协调社会各方力量，调动应急有效资源，实施紧急救援，做到统一接警、统一指挥、资源共享、快速反应、联合行动。三是资金保证和社会动员机制。从目前我省政府财政支付能力和财政体制看，集中应对少数突发事件的力量是具备的。但从全方位防范、常规性防范、现代化防范的要求看，资金的来源和保证性仍显不足。解决资金问题，首先要明确政府的主体责任。必须在逐步转变政府职能的过程中，提升各级政府社会管理和公共服务职能的观念和能力，扩大财政在公共基础设施建设方面的投入。与此同时，充分发挥我省藏富于民的优势，发挥民间组织的作用，建立以政府投入为主、社会投入为辅的公共安全应急防范基金。

2. 切实强化职能部门履行依法监督的责任

强化政府公共管理职能，提高应对突发事件的能力，维护人民群众生命财产安全，应当是今后政府各个职能部门共同努力的方向。从管理学角度看，危机应急是一种被动的补救措施，而日常防范则是一种积极主动的化解手段，面对种种公共安全问题，最好的办法就是做好预防工作。职能部门要加强经常性的监督检查工作，排查事故、灾害隐患，特别是对重点行业、重点部位，要经常进行全面的、不间断的安全技术检查，坚持边检查边整改的原则，以检查促整改，杜绝安全事故的发生。要把做好预防措施和加大打击力度结合起来，加强对社会的公共安全控制，严厉查处危及公共安全的不安全因素，对公共安全事故多发点段和隐患点段进行专项治理。

3. 科学有序地推进城市化建设

国内有专家指出，城市越大越不安全，城市越开放越不安全，城市发展越快越不安全。浙江省既是经济发达地区，也是城市化进程最快的省份。2006 年浙江省城市化率达到 56%，高出全国平均水平 10 多个百分点。城市扩张加快，大规模人口集聚，对城市基础设施建设及其管理带来了更高的要求。目前，我省正处于城市化加速时期，城市社会内部发展失衡和社会分化、城乡差距的持续扩大，使得城市发展面临整体性风险。因此，要顺利推进城市化，必须进一步建立健全城市公共安全管理制度，保障稳定的社会秩序，增加市民的安全感，推动城市社会的发展。要严密制定城市防灾规划，包括建立综合防灾规划和分区、分片的防灾规划，以及针对大型公共建筑的单体建筑防灾规划；优化道路、广场、市政设施规划，扩大透水地面，明确城市防灾用地（包括避难场所、疏散通道）；科学布置重点地区的防灾设施，要考虑大型公共设施、人流集聚地区的日常状态和紧急状态，解决好人员疏散问题；要保证交通、供水、供电、供气、通讯等城市生命线系统自身的安全，避免次生灾害的发生。

4. 进一步强化商业保险意识

国外安全专家认为，保险是辅助公共安全的制度上的重要保障，是公共安全内部的缓冲器。目前我国在这方面做得还很不够。比如，吉林市中百商厦有 132 个商户遭受火灾，买保险的只有 2 户，在死伤的 123 人中，只有 12 人买了保险，整个事故只获得人身赔付 27 万元，而美国的“9·11”事件共造成 830 多亿美元的经济损失，其中 420 亿美元由保险公司承担。统计说明，我省保险覆盖面很低，商业保险尚未发挥应有的作用（见表 6)。保险的作用显而易见。一方面，保险作为分散风险的机制，有很好的稳定社会、稳定人心的作用。另一方面，保险是用一种经济制度来安排风险分散和风险防范，因而它更是一种辅助制度。如果把保险用好了，不光在事后可以提供必要的经济补偿，而且在事前也可以起到很好的风险防范作用。比如：汽车安全带的发明者不是有关研究机构，而是保险公司。保险公司可以通过对投保人日常性的检查，起到编外安检员的作用，通过事故发生之后的理赔，分析事故发生的原因，从而制定有效的防范措施，起到亡羊补牢的作用。因此，保险在许多方面能够起到政府所起不了的作用。当前，政府要把商业保险作为整个社会保障体系的一个重要组成部分，重点培育，积极引导，帮助鼓励保险业拓展、创新商业服务领域，扩大业务覆盖面，提高商业服务质量和效率。要通过完善立法、制定相关政策，强化保险诚信体系的建设，大力推进商业保险业的健康发展。政府要对公共场所、高危行业和大型工程项目，以及责任风险事故发生频率高的领域、区域，强制推行商业险种。政府要支持保险业积极参与社会管理，实现信息共享、风险共防、责任共担。

表 6　浙江省社会保险参保人员基本情况（万人）

项目	2001	2002	2003	2004	2005	2006
养老保险	610.4	701.1	801.2	888.0	962.3	1052.6
失业保险	391.1	390.0	396.8	428.4	444.7	504.4
医疗保险	368.2	423.4	510.3	569.2	639.6	730.6
工伤保险	219.7	226	287.7	360.4	453.1	604
生育保险	187.6	193.7	215.0	239.9	284.9	382.7

资料来源：《浙江省统计年鉴》。

5. 加强预防台风灾难研究

自然灾害是难以逃避的，但损失是可以尽量减少的。人类抵御自然灾害的能力比过去已经有了很大提高，20 世纪前半叶，死几万人、几十万人的台风灾难屡有发生，而现在，人口更多、居住更加密集，但灾害造成的人员死亡数字却大大下降了。由此说明，只要我们积极应对，就能把灾害造成的损失降低到最低限度。我省地处东南沿海，是台风灾害多发、频发和遭受危害最严重的省份。特别是在全球大气变暖的大背景下，气候问题趋于严重，台风灾害频次增多、强度增强，随着浙江经济社会的快速发展，经济要素不断集聚，灾害对我省经济社会带来的威胁更加巨大。因此，构建科学防御台风体系，是贯彻科学发展观、建设和谐社会的要求，也是建设惠及全省人民小康社会的重要保障。政府要加大科技投入，提高运用现代科技手段预测台风的准确性；要尽快开展台风灾害风险与公共安全应急研究，深入分析台风灾害对公共安全的影响，为制订台风风险管理机制、减灾防灾措施、社会安全与可持续发展战略提供强有力的理论依据；要不断总结灾害发生时政府公共安全管理的经验教训，提高切实抓好公共安全管理的能力。与此同时，要继续加大防灾减灾基础设施建设的投入，确保海塘和山塘水库堤坝的完好；在台风经常登陆的沿海地区，学校、体育场馆等公共设施应具有避难功能，紧急情况下成为避难中心；要定期动员、组织群众进行防灾减灾应急训练，提高各级政府和人民群众的应急能力。

企业应设立现代意义上的“安全管理总监”

北京西沃福城市安全管理咨询有限公司董事长　陈　硕

南昌市人民警察学校副教授　陈　利

受经济体制转型、产业结构升级以及经济快速发展的影响，改革开放以来，中国企业的发展速度比发达国家企业的发展速度要快得多，同时垮掉的速度也比发达国家的企业快得多。著名企业突然倒台现象中外都有，据统计，世界500强企业平均寿命为40年，跨国公司平均寿命为12年，中国大中型企业平均寿命为7—8年，中国民营企业平均寿命只有2—3年，全国的老字号企业已有70%寿终正寝。正如国家安全政策委员会副会长糜振玉指出的：“企业是国家经济的主体，企业安全是国家经济安全的重要组成部分。”怎样才能使企业可持续发展，就成为我们亟待研究的课题。我们在《安全管理总监》一书中创造性地提出，[①] 企业应在高级管理团队中增设安全管理总监职位（CSO）以协助CEO进行安全管理战略决策和负责组织实施，并以安全管理总监为主要领导建立综合安全管理的组织体系。

① 陈硕等著：《安全管理总监》，群众出版社，2006年2月出版。

一、设立安全管理总监的背景

(一) 时代发展的必然趋势

20 世纪 90 年代国际上开始流行企业全面风险管理（Integrated Enterprise Risk Management），并在 21 世纪成为全球企业管理发展的新趋势。近年来，著名企业评级机构如标准普尔和穆迪已将企业全面风险管理（ERM）列为其对企业评级的基本评价因素，各国的审计标准已将审计的根本任务从审计内部控制逐渐转移到审计风险管理的职能上来。目前，英、美、德等国家对上市公司风险管理的披露要求也已上升到法律规则层面。最近的调查显示，80%西方投资者愿为有能力实施全面风险管理的企业支付溢价，越来越多的企业开始从风险管理的角度来考虑寻找商业合作伙伴，以保障自身的品牌、质量及发展的可持续性。

风险管理概念的产生源于学术界对风险应对及预控理论的研究探索，最早发展的体现风险管理理念的学科是保险学，之后与预控理论较早密切关联的研究领域当属 20 世纪盛行的安全管理。学术界广泛的对各类企业安全管理学科的研究为企业风险管理在 21 世纪最终走向全面系统风险管理奠定了基础。

我国在 2006 年 6 月 20 日才由国务院国有资产监督管理委员会发布了《中央企业全面风险管理指引》。全面风险管理对国内绝大多数企业来讲还是一个新鲜的概念。回顾中国近代发展的历史，国外任何先进的理论和经验，引进到中国都有一个如何适应本土的艰难的落地改造过程。否则一堆"洋"概念和"洋"模型不但不会带来好处，反而会因消化不良造成管理混乱。我们认为目前国际上流行的企业全面风险管理（ERM）就像一种高级软件，它的运行需要有一个良好的基础操作平台，即需要诚信的市场经济环境和从业者良好的职业道德操守作为实施的基础。举例来讲，国外做风险测度分析时需要建不少数学模型，同时依赖大量统计数据，如果数据失真，分析结果就会误导决策者。而我国现阶段各类经济统计数据失真度之大经常使诸多国内外大牌分析师出丑，也难怪国内企业家们常常凭第六感觉拍脑袋决策，他们何尝不想科学决策?!

细看在《中央企业全面风险管理指引》中所称的企业风险："指未来的不确定性对企业实现其经营目标的影响。企业风险一般可分为战略风险、财务风险、市场风险、运营风险、法律风险等；也可以能否为企业带来盈利等机会为标志，将风险分为纯粹风险（只有带来损失一种可能性）和机会风险（带来损失和盈利的可能性并存）。"防范纯粹风险在我国现阶段企业管理水平上虽然难度较大，但通过强力推行尚可较好地实施。可面对机会风险时，我们目前能把握的概率实在太小，经常是成一时输一世，因此管理机会风险的难度对于现阶段的我国企业来讲是高得不宜轻易提倡的。由于现阶段职业道德操守的严重缺失以及在社会剧烈转型的历史时期造成的全民心态"矿工化"，使得企业的各级员工即使在最良性的愿望下也容易出现为博风险性机会而致使企业受损，更何况私欲膨胀者很容易利用管理机会性风险的权力侵害企业利益，从此角度我们不难理解为什么具有纯市场经济学背景的郎咸平教授会极力反对目前国企改制中管理者持股的市场化改革。这正应了一位西方哲人的话："良好的愿望常常构筑的是通往地狱之路。"因此，现阶段我国企业主要应强调防范纯粹性风险。按照著名管理大师彼德·杜拉克所说："企业的最重要责任是生存，其指导原则并非是最大利润，而是避免损失。"避免和减少损失等于创造效益正成为现代企业的重要理念，企业安全管理已成为管理科学体系中的重要学科。换句话说，企业安全管理（ESM）是企业全面风险管理（ERM）的初级阶段，随着内外条件的成熟，方能逐步实施全面风险管理。

（二）职业发展的必然规律

企业安全管理最早就是从简单的企业驻防的保安门卫角色，扩展为保护企业资产的保卫工作，再由被动地执行保护转变成事先预估问题以防阻损失，这里的资产包括人力、财产、信息、形象。根据《企业事业单位内部治安保卫条例》规定，单位的内部治安保卫工作由单位的主要负责人负责，但董事长或总经理不可能具体管理相关事务。由于企业危机的发生，可能来自外部环境，也有可能源自企业的内部环境。从企业内部来讲，企业的资本张力、销售能力、技术创新、经营成本、人力资源的流动等任何一个环节都会造成企业的不稳定因素，形成企业的安全隐患，它们分散在不同的职能部门归口管理，如治安管理归保卫部、生产安全归生产安全办公室、财务安全归财务部等，而各个职能部门又分别向各自的副总级的高管汇报，然后再汇总到CEO，没有统一协调的权威以确保企业安全有序经营。CEO对安全管理业务不一定十分在行，使安全管理的跨部门决策缺乏系统性和科学性。因此，企业主要领导也应有安全管理的高级助手。

解决这些内部问题，可以从企业自身的内部控制入手，加强企业的制度建设，不断加以改进。如果在高管团队中增设安全管理总监，以既懂企业管理又懂安全管理的复合型人员管理企业的安全事务，对各职能部门分工负责的多方面的安全管理工作实施系统化的决策，统一、高效的指挥，一定会使企业的安全管理工作跃上新的台阶。

现代企业安全管理大不同于传统的企业保安工作，安全管理总监也不是传统企业中的保安部长的升级版，保安部长的工作只是安全管理总监工作中的一部分。在中国企业的现实环境中，企业保安部长基本上只是企业中层干部，这些部长主要负责企业的治安安全管理工作，诸如保安人员的招募、培训、考核，门卫安全巡逻检查，人防技防，厂区治安等工作，主要精力在于处理企业很细致、很琐碎的日常保安管理等方面事件，因此不可能有专门的时间和精力投入到企业的安全策略研究和优化、安全应急事件的预警和响应的事务中来，也很少能从全局、战略的角度阐述企业安全规划。形成这种情况的原因，与其级别有关：保安部长只是企业中层管理者，是企业安全管理决策的执行者，由于级别不够高，他的职位和权力特征决定了他的局限性，没有权利做宏观规划，最多只能提出一些建议，有限的权力不能承担巨大的责任，不足以协调企业内部的所有机构和部门。而企业内部的一些制度和规定必须获得高层强有力的支持，并由高层管理者来制定才能得以施行。因此企业保安部长不在其位、不谋其政，也就不可能履行真正的整个企业的安全管理职责。

时至今日，企业安全管理已完全不是原始的单纯保安巡逻，而是羽化成体察企业人财物、产供销每个环节，担负整个企业发展安全的全能宏观战略决策。安全管理总监作为企业安全管理战略决策者，对企业安全拥有最高职位和最高职权，对企业安全的总体目标负责。其工作侧重企业的长远发展计划、战略目标和重大安全政策的制定，拥有资源的控制权，以决策为主要职能。

（三）安全管理总监名实的匡正

最早提出“安全管理总监”这个名称的是信息产业，出于对维护信息安全的需要，使得掌管核心数据和维护系统安全的人员组成了一个新兴而又特殊的职业——CSO（首席安全官，Chief Security Officer）。一些具有复杂网络的大型机构已经开始明确设立CSO职位，领导着专门的信息安全小组；而大部分规模稍小的企业，虽然没有设立专门的CSO职位，但一般指定了专门人员负责整个机构的信息安全，行使着CSO的职责。CSO们对信息安全技术的把握，直接关系到企业核心资产的安全，他们对信息安全技术和产品的需求，牵引着信息安全产业的发展。

CSO作为舶来语，创立之初仅特指管理信息技术安全方面事务的人员，其主要职责是处理组织内部与信息安全相关的事务，避免信息安全事故的出现；并在信息系统出现紧急事件中负责协调资源，将组织受到的损失降到最低点，直接向CIO（首席信息官，Chief Information Officer）汇报。按准确的定义，他们应该称为CISO（首席信息安全官，Chief Information Security Officer）或者ISO（信息安全官，Information Security Officer），这是有别于CIO的。

但是，Chief Security Officer作为中文意译的首席安全官，应该负责企业全部的安全事务，才是完整意义上的首席安全官。随着企业内的信息安全系统逐渐与物理安全的日渐融合，在国外越来越多的大企业中，CSO的内涵也在不断延伸，CSO不仅处理IT安全方面的事务，而且上升到关注企业的物理安全层次上，包括业务连续性、灾难备份以及门禁系统等，甚至上升到政策的制定层面，开始处理企业所有的安全问题，直接向CEO汇报工作。首席安全官必将发展到超越信息安全管理的范畴，成为一个宏观的安全概念。笔者更想与时俱进地应顺时代发展，超越IT行业狭义的CSO概念的禁锢，恢复CSO肩负着的企业整个安全管理的使命，从更宽广的视野范围匡正它在企业内的另一个中文名字——安全管理总监。

二、安全管理总监的专业职权

企业中管理者向谁负责，显示了他在企业中的地位。安全管理总监是企业安全管理的高级执行者，和企业的运营总监、财务总监、销售总监、企划总监等一样，他直接向最高管理者首席执行官进行工作汇报。同时，由于需要监督和协调全局各部门、各项安全管理措施的执行情况，并确定安全工作的标准和决策，安全管理总监应该处于大中型企业副总的职位，在中小型企业中可以以董事长助理或总经理助理的身份行使安全管理总监的权力。否则，安全管理总监职位低下的制约决定了他的权力有限，无法开展真正意义上的企业安全管理工作。

安全管理总监职权有三种类型，即直线职权、参谋职权、职能职权。

第一，直线职权是安全管理总监拥有的发号施令、安全决策方面的权力。直线职权以安全管理总监职位为基础，它直接对安全管理总监管理范围内的下属安全人员发挥作用，遵循着分级原则和职权等级原则。

第二，参谋职权是企业安全管理机构和安全管理总监所拥有的辅助性职权，包括咨询权、建议权等。参谋职权以安全管理总监的专业知识和技术智慧为基础，通过安全管理总监的智力优势完成企业所赋予的安全管理任务。

第三，职能职权是指安全管理总监或安全部门所拥有的那部分职务分工特点所必备的权力。安全管理总监职能职权是由安全业务或安全部门来行使，安全部门一般都是由一些职能专家所组成。安全职能职权是企业组织职权的一个特例，它界于直线职权和参谋职权之间。

安全管理总监的职责不能完全依赖组织架构而自然放到某一个位置上去，而是需要通过自己的努力工作，获得成功案例后，推销给企业的高管，让他们真正认识到安全管理总监在整个企业里的巨大价值后，确定自己的地位。

三、安全管理总监的基本职责

作为一个现代企业的安全管理总监，他们的权力是很大的，可以给整个企业在安全方面提出自己的意见，对企业资源分配提出自己的想法。他的责任就是保护企业资产不受侵犯。其基本职责必须符合现代社会发展的客观要求，具体有如下几个方面：

（一）安全管理总监是安全保卫目标方向的提出者

一个企业的安全管理工作能否取得成效和成效的大小，关键是能否制定出本系统、本组织安全工作的总目标。科学的切合实际的安全工作总目标，对企业的发展具有战略意义，决定着安全管理活动的方向，体现安全管理总监和大多数成员的意志以及企业发展的要求。因此，安全管理总监要能够为企业制定一个切实可行，足以激发全体员工奋发向上的安全工作发展目标。

（二）安全管理总监是安全保卫的计划者

制定安全工作计划是安全管理总监的首要任务，也是安全管理总监指引组织发展，调动成员力量的重要手段。安全管理总监必须高度重视安全工作计划，并善于制定安全工作计划。法约尔说："缺乏计划或一个不好的计划是领导人员无能的标志。"安全管理总监制定安全工作计划，要认真调查研究，广泛征求员工的意见，特别是安全专家的意见和建议；要从企业生产实际出发，实事求是，量力而行；要有严格的科学态度，采取科学的方法，力求符合客观事物的发展规律，从而保证安全工作计划的科学性。

（三）安全管理总监是安全保卫的组织者

组织是保证安全管理活动顺利进行的必不可少的条件，因而是安全管理总监的重要职责。组织就是把企业安全管理活动的各个要素、各个环节、各个方面，从劳动的分工和协作上，从时间和空间的相互联结上，从上下左右的相互关系上，做较好的结合。因此，作为安全管理总监根本的职责是保持组织的统一、精干、高效。首先要根据安全管理的实际需要设置安全管理的组织机构，明确职责和分工，配备工作人员。其次是通过对外部环境和内部条件的分析和预测，及时调整组织结构，使组织不断适应客观条件的变化。

（四）安全管理总监是安全管理的指挥者

安全管理总监要不断地在安全管理过程中发布命令、下达指示、制定措施，以此来统一组织及其成员的安全工作意志和行为，所以他又是一个安全工作的指挥者。指挥者的任务就是在严密组织的基础上，按照预定的安全工作计划，对所属组织和人员指明安全工作目标和计划，合理地分配任务或布置工作，并督促和检查执行情况，及时指导和处理安全管理中出现的问题。安全管理总监只有从系统的整体出发，纵观全局，对安全管理过程实行统一指挥，才能达到安全目标，实现有效的管理。

（五）安全管理总监是安全保卫的协调者

安全管理要有成效，各要素、各功能之间必须保持高度的协调性。这种协调的实现，需要安全管理总监在安全管理活动中不断地进行统筹和调节，所以安全管理总监又是一个协调者。作为一个安全工作的协调者，他的任务就是围绕企业安全目标，进行统一安排和调度，使其相互配合、紧密合作，既不产生重复，又不出现脱节，更不相互矛盾。安全工作的协调包括纵向和横向协调，内部和外部协调，也包括对人财物的协调及各个部门、各个单位的协调等。

（六）安全管理总监是安全干部的选拔配备者

企业的安全管理总监要想使自己确定的安全目标、安全方向、决策得以正确贯彻执行和组织实施，必须有得力的干部。有了好的安全管理干部，即使是安全目标在决策制定时有欠缺，也能在执行过程中加以纠正和完善。因此，安全管理总监必须善于发现安全人才，能够把恰当的人安排在恰当的安全工作岗位上，使其充分发挥聪明才智，做到人尽其才。要具有知人善任的能力，对下属各部门、各单位的安全干部进行选拔和任用。

四、安全管理总监的资格要求

任何从事专业活动的人，在其进行工作之前，首先遇到的就是应建立一个怎样的知识与智能结构。目前，企业安全管理总监还是一种全新的行业，合格的从业人员极其稀缺，业务开展带有较强的探索性质，究竟具备什么样的知识与智能结构，才能或更符合安全管理总监的工作要求？

企业安全管理是针对企业运行过程中可能出现的所有危机进行发生前的预测、防控和发生后的处置、救援等一切工作，它涉及到企业日常经营管理的各个方面和环节，包括生产安全管理、财务安全管理、经营安全管理、信息安全管理、人力资源安全管理、内部治安安全管理、重要人员安全保卫等方面，避免和减少损失是其最大指导原则。安全管理总监应该具备设计安全管理组织架构、生产安全管理方案、信息安全管理方案、治安保卫方案、人力资源安全管理方案、经营安全管理方案、财务安全管理方案、安防技术方案等的能力。

安全管理总监的内涵及其工作方法逐渐清晰，进而描绘出保护企业安全的整体框架。既然人们知道实现企业安全必须依靠管理和技术力量双管齐下，那么企业安全保卫工作的职责要求安全管理总监必须是一个既懂得管理又了解技术、既要熟悉企业关键业务又要了解单位整体状况以及单位风险控制目标、既要具备灵活的沟通技巧又要具备相关的法律知识的复合型人才。他不一定在每个技术领域都是专家，而且这也不可能。他要有一定的技术知识，但不一定要知道技术细节，重要的是他一定要懂风险控制。安全管理总监的定位在于：他应该对企业的整个系统的安全进行安全评估；在评估基础上分析风险以及风险将对企业造成什么损失，然后采取一些解决方案预防风险的发生；如果风险最终还是发生了，他应该采取相应的补救措施。

技术管理不同于纯技术，也不同于纯管理，管理技能的培养对安全管理总监具有重要的意义。管理不仅仅包括制定方案，重要的是从风险管理开始，知道自己目前的企业安全存在着什么样的风险，这些风险会给企业安全造成多大的危害；其次，针对这些风险，应该采取什么样的方法和手段；第三，制定什么样的政策，同时对员工进行怎样的培训；第四，一旦企业发生问题，如何应急、响应和处理。

安全管理总监除了应具备上述素质、知识、能力的要求外，还应具备丰富的人生经验和生活阅历，正如宪法对国家主席任职有年龄要求一样，安全管理总监不宜由初出茅庐刚毕业的青年学生担纲，这不是个年龄或经验积累问题，而是攸关一个企业生死存亡导向的问题。企业安全管理总监必须具有社会和生活的历练，这种沉淀不是靠多读几本专业书籍和多上几堂 EMBA 课就可以完成的，它必须具备丰富的企业管理工作经验和敏锐的安全管理实际操作能力。安全管理工作需要经常思考负面的问题，接触人性中恶的一面，由此十分容易给从事这项工作的人带来压抑和挫折的感觉，而抗挫折、抗压抑是青年人的弱项，同时安全管理工作在处置突发事件和危险事件所要求的处变不惊、临危不乱的素质也需要人生的历练才能铸就。如果说企业的首席执行官是“发动机”的话，那么首席安全官就应该是“刹车系统”，“发动机”可以年轻而有活力，但“刹车”却应该是灵敏、敦实可靠的，因此安全管理总监最好由中年以上具有丰富经验和阅历的人来担任。这很像欧美国家的军队，军官可以由刚从军校毕业的学生担任，而军士长常常从身经百战的士兵中选拔，企业的经营管理和安全管理与战时的军队指挥有很多的相似之处。企业董事长或总经理可以不兼任企业的安全管理总监，但他必须了解企业安全管理工作，只有这样，在管理中他才会全心全意支持安全管理总监的工作。

当然，企业安全管理能力的提升不是一蹴而就的。安全管理总监只是一个为企业保驾护航的守望者，他只能起到健康顾问和医生的作用，帮助企业提高免疫力和抗病承受能力，而不是企业安全的救世主，企业安全管理的好坏最终有赖于全体员工的良好安全习惯和规范化行为的养成。企业安全管理总监面临着巨大的挑战，任重道远。我们坚信：随着中国企业改革的不断深化，企业安全管理工作的内涵不断延伸，安全管理总监们将逐渐成为掌握企业命脉的核心人物。这些成长的安全管理总监将肩负着一个共同的使命——保护自己所在的企业能够更安全永续地健康发展。

昆山市的发展与江苏城市化进程的思考

中共江苏省委台湾工作办公室　桑登平

一、引　言

在《中华人民共和国国家标准城市规划术语》中对城市化的定义为“人类生产与生活方式由农村型向城市型转化的历史过程，主要表现为农村人口转化为城市人口及城市不断发展完善的过程”。从理论上讲，城市化是一个国家或地区实现人口集聚、财富集聚、技术集聚和服务集聚的过程，同时也是一个生活方式转变、生产方式转变、组织方式转变和传统方式转变的过程。这些表现主要体现为：在工业化过程中，社会生产力的发展引起的地域空间上城镇数量的增加和城镇规模的扩大、农村人口向城镇的转移流动和集聚、城镇经济在国民经济中占主导地位，城市已成为社会前进的主要基地，以及城市的经济关系和生活方式广泛地渗透到农村这样一种可持续发展的过程。城市化发展的程度乃是一个国家衡量经济发达的尺度，随着城市化程度的不断提高，城市在社会经济发展中的作用就会不断增大，显而易见的是在工业化水平方面。

江苏的城市发展历史悠久，早在19世纪初，在世界上拥有50万以上居民的10个城市中，中国就占了6个，其中江苏就占3个，它们是江宁（即现在的南京）、扬州和苏州。城市化也是江苏经济发展的五大战略之一。近年来，全省按照“城市现代化、农村城镇化、城乡一体化”的总体思路，大力推进大城市和特大城市建设，积极合理地发展中小城市，择优培育重点中心镇。2006年底，江苏的城市化率已经达到了51.9%，较2005年提高了1.4个百分点。20世纪90年代以来，国际政治经济出现了历史性的变化。随着经济全球化和区域经济一体化的不断推进，台（外）资投入的重心已逐渐由珠三角向长三角转移。其中，江苏吸收台（外）资的规模得到不断地扩大，自2003年首次超过广东后，一直位居祖国大陆的第一。随着苏台两地经贸交往地不断深入，从有记载的1990年开始到2005年的16年间，江苏对台湾的出口年平均递增已达到58.21%，自台湾进口年平均递增也达到了65.55%，而苏台两地的间接贸易总额年平均增长率则高达63.71%。截至2006年底，苏台间接贸易总额累计为1131.4亿美元，其中江苏向台湾出口194.15亿美元，江苏从台湾进口937.15亿美元，分别占江苏省对外贸易累计总额的11.64%、6.04%和19.6%；在祖国大陆与台湾地区的间接贸易累计总额的份额占到了18.74%、18.95%和18.7%。截至2007年6月底，江苏已累计批准台商直接投资和转投资项目18500多个，协议利用台资776亿美元，实际利用台资337亿美元。台商在江苏项目投资的平均规模已由“八五”期间的141万美元、“九五”期间的310万美元，上升到“十五”期间的568万美元；而2006年则达到了778万美元，这已是台商在祖国大陆项目平均投资规模的两倍以上。苏台经贸关系的可持续发展，在一定程度上对江苏的城市化建设起到了加速器的作用。我们从昆山城市化发展的缩影中可以获得这样的启示和参考。

二、台资经济对昆山城市化发展起到的作用

早在20世纪中期，法国地理学家戈特曼就曾预言长三角将成为“世界第六大城市群”，如今长三角占尽天时地利，凭借着优良的区位优势、大量的高级技术性劳动力、较为完善的工商业基础设施等，已初步融入到全球生产网络内，并在其中占据了重要位置。长三角也成为了祖国大陆最大的经济

核心区域之一和城市化发展最快的地区。昆山地处长江三角洲，是江苏省的“东大门”，东邻国际大都市上海，西依历史文化名城苏州，区域面积927平方公里，其中陆地面积641平方公里，水域面积186平方公里，是江南典型的“鱼米之乡”。而昆山利用台（外）资的进入发展城市化的经验，是科学发展观在江苏大地上群众性创新实践的集中体现，这昭示人们，科学发展是全面达小康的必由之路。

（一）昆山优越的经济基础奠定了城市化发展的条件

自2004年开始，这个总面积不到1000平方公里的县级市就始终在全国经济社会发展百强县（市）中排名第一。昆山在较高的发展平台上始终保持着健康、持续、快速发展的态势。2005年底，昆山率先实现江苏省全面建设小康社会的指标体系。2006年，全市完成地区生产总值930亿元，财政总收入151亿元，进出口总额428亿美元；四年来上述三项指标分别增长了31.2%、38.2%和49.2%。昆山已连续两年荣登“中国经济最发达十强县（市）”榜首，2006年又获得首批“国家生态市”称号，在国家科技部和中国科学院组织的“城市创新能力评价”中位居全国县级市第一名。

如今的昆山，富民与强市良性互动，经济与社会协调并进，台（外）资与民资竞相发展，城市与乡村共同繁荣，环境与发展同步提升，展现出全面小康社会的现实模样。如今的昆山，在居住者眼里是生活的佳地，在投资者眼里是创业的乐园，在旅游者眼里是休闲娱乐的天堂。

昆山在彰显外向型经济特色和优势的同时，围绕电子信息、精密机械、精细化工、高档民生用品等四大主导产业和平面显示、新能源、新材料等三大种子产业，已经基本形成了完整的产业链。而在这其中，台资在昆山发展外向型经济的过程中应该是功不可没的。截止到2007年9月，昆山已经累计批准台资企业近3500家（其中增资项目达1100多个），已开业的达到3000家；总投资额超过400亿美元，合同台资250亿美元，实际利用台资114亿美元。昆山利用台资的份额分别占到江苏省和祖国大陆利用台资总额的1/4和1/9。目前，昆山的台资不仅占了该市利用外资总量的65%，而且还创造了昆山70%的工业产值和80%的出口额。昆山是台商在大陆投资最为密集的地区之一。现在在昆山集聚的近700多家台资IT企业已经形成了全球最大的笔记本电脑生产基地，其产量占到了全球产量的1/4。

显而易见，两岸的经贸交流与合作可以为台资企业提供广阔的内地市场、充足的劳动力，也可视为台资企业能够得到进一步发展的新机遇，尤其是在昆山这块热土之上。台商的资金和技术向昆山（乃至江苏）转移的过程，也给江苏城市化的发展带来了积极的促进作用，它在为城市基础设施建设提供大量资金的同时，又带动了地方民营经济的发展，解决了部分农村剩余劳动力的转移。从另一个层面来看，它还带动了地方产业结构的调整，台资企业利用高新技术为江苏和昆山吸引了人才、培养了人才，台湾先进的管理理念，直接或间接地为江苏城市化的发展战略及思想软环境的建设提供了重要的帮助。这就是在实现台资产业集聚带来的规模经济效应的同时，对江苏城市化建设所起的积极作用。

（二）台资经济为昆山城市化建设提供了有效的资金保障

就体制改革和对外开放的先发优势来说，整个江苏地区的开发区建设是先于全国其他省份的。从 20 世纪 80 年代初、中期就已开始起步，90 年代就已投入使用的一批国家级和省级开发区中，就有昆山开发区。当时昆山在没有国家政策扶持的情况下，自发效仿南方建设经济特区的模式，除了建设国家级经济技术开发区外，又建设了自己的高科技工业园、留学人员创业园区、出口加工区、国家农业综合开发现代化示范区、江苏国际商务中心、沿沪产业园、德国工业园区、日本工业园区、瑞士工业园区、西班牙工业园区，以及中科昆山高科技产业园、昆山软件园、昆山旅游度假区、昆山经济技术开发区配套区等等。实际上这些园区就是昆山在发展外向型经济和城市化的建设中，在不同的建设阶段里所设立的不同功能的产业聚集区。这些园区有许多是给台商“量身定做”的，以充分满足台商投资的特别需求，为广大台商提供一个有利于降低成本、提升产业竞争力的生产环境。这些园区作为昆山对台招商引资的重要平台与载体，使越来越多的台资企业在此获得了发展空间，实现了企业经营规模与利润的持续扩张，并业已形成了鲜明的园区特色。随着各类台资企业在园区内的集聚与发展，这些园区已经成为昆山经济发展的重要增长极。

昆山各级政府集中资金推进各类工业园区、农业园区及其他类型园区的建设，其用意是“筑巢引凤”，再用这些新吸引来的台湾（包括国外）资金，为昆山新一轮的招商引资和产业结构调整提供适时有效的资金保障，从而实现昆山发展外向型经济的良性循环。台资的涌入为昆山的城市化建设起到了相当关键的作用，既为昆山的城市化建设提供了宝贵的资金，也为昆山的城市经济发展提供了难得的契机。从某种意义上来说，建设各类工业园区的另一个作用就是推动当地城市化建设的步伐，因为在住宅与社区、医疗与教育、商业与娱乐业等配套设施方面的建设，就已经为城市的基础设施和生存环境的建设和改善起到了极其关键的作用。因此，两岸间的经贸交流与合作，确实拉动了昆山乃至江苏城市功能设施建设的新需求。

（三）台资企业推动了当地产业结构的升级，也为昆山城市化的发展提供了坚实的基础

从20世纪90年代中期开始，昆山的对台招商引资就开始由劳力密集型的传统产业向电子信息类的高新技术产业转移。从分散到聚合，从聚合到延伸，昆山着眼的是要快速形成高新技术产业链和高新技术产业基地，且已基本获得了成功。目前昆山的近700多家台资IT企业，已经形成了以耀宁、沪士、南亚、科尼为龙头的电子元件和电子新材料生产基地；以富士康、骅盛等为代表的电脑接插件生产基地；以仁宝、广志等公司为龙头的电脑整机生产基地；以中讯、华杨等公司为龙头的通讯产品生产基地；以中创、托普等公司为龙头的软件开发基地。昆山的台资IT企业已从电子基础材料、覆铜基板、印刷电路板、电子元器件、电子显示器到整机生产，完整地构划出一条IT产业链。昆山现在生产一台笔记本电脑，原材料是无需进行全球采购的，因为在直径70公里的范围内，最快50分钟，最慢2个小时，所有的材料就能配齐。因此，台资高新技术产业的引入除了带动昆山当地配套产业的加速发展外，也带动了昆山本地企业成立研发机构的热潮，这在一定程度上推动了昆山当地产业结构的升级换代。

台资高新技术产业的引入，也带来了昆山对于高知识储备人才的需求，人才的流入加上企业本身对现有员工的培训和管理，为当地推进城市化进程，为城市软环境的建设提供了积极的因素和有益的帮助。这在于当地的劳动从业人员由于从事了高技术含量的工作，使他们作为城市人所应具备的品质、修养和情趣得到了提升，并在知识文化的层面上与日益推进的城市化建设步伐拉近了距离。

（四）台资企业在很大程度上解决了地方农村剩余劳动力的转移，在与当地乡镇企业的结合中又加快了昆山城镇化的步伐

1990年，台资企业刚刚落户昆山时，虽然都是一些劳力密集型的传统产业，但当地充足而又相对廉价的劳动力则为这些先期到来的台资企业节约

了可观的经济成本。而相辅相成的是，台资企业大量的用工机会又为当时作为一个农业小县的昆山提供了一个减少和转移农村人口的有效途径。这对当时处于城市化初级建设阶段的昆山来说，起到了就地转型、就地吸收农村富余劳动力的积极作用。

当然，昆山在发展城市化进程的进程中，当地的乡镇企业（即现在的民营企业）也是功不可没的。民营经济对昆山经济贡献的增大，也成为昆山推动城市化进程的重要力量。因为，昆山民营经济的迅速增加，规模和所涉产业的迅速拓展，已经吸引了当地大批的农村人口和生产要素向城镇聚集，而台资企业在昆山的大批落户，又为当地民营企业带来了前所未有的发展机遇。昆山在发展外向经济的同时，注重发挥台资的带动作用和溢出效应，大力实施外向带动、民营赶超和服务业跨越等“三大战略”，以外促内、以内引外、内外并举，努力形成台（外）资与民资融合发展的新优势。昆山一方面仍然围绕着电子信息、精密机械、精细化工、高档民生用品等四大主导产业和平面显示、新能源、新材料等三大种子产业，通过加大对台招商选资的力度，重点引进了一批规模型、龙头型、基地型的项目，推动了昆山台资产业链向两头的不断延伸、价值链向高端的不断攀升，这使昆山的产业层次得到优化和提升，使产业规模得到集聚和发展；另一方面，昆山依托众多的台资企业，引导和促进民资与台资的配套协作，让全市 1000 多家民营企业进入了跨国公司的生产协作体系，配套销售额年近 300 亿元。现在昆山民营资本的投入已连续三年实现每年 100 亿元以上的增长。与此同时，在发展现代服务业上，昆山实施了跨越计划，集中力量开发和建设花桥国际商务城，重点加大生产性服务业的对台招商力度，使昆山现行的服务业业态得到调整，功能得到提升。在这整个过程中，昆山的民营资本表现出了不可忽视的作用。

显而易见，大批台（外）资企业的到来，给昆山众多的民营企业带来了配套协作的机遇，通过这种配套协作的实践，昆山的民营企业势必会对自己提出更高的标准和更严的要求：在质量方面要求达到国际质量认证标准，价格方面要符合规模化专业化经营生产的要求，并要严格履行交货期等。游戏规则的建立，使得许多民营企业从刚开始与台资企业配套合作时，就已经确立了自己较高的生产定位。在台资经济的推动下，目前昆山的民营经济不仅呈现出以园区为载体的发展格局，而且已基本形成层次多、分工明显、专业性强的产业特色。这里既有包装、印刷、原辅材料等简单的加工业，也有较高层次的电子、车辆、设备等生产制造业。民营企业通过与台资企业的配套合作，出现了三大可喜局面：一是拥有自主知识产权的企业增多了；二是科技型企业增多了；三是出现了参与国家行业标准制定的企业增多了。昆山民营企业与台资企业的配套合作，一方面可视之为昆山民营企业在“走出去”战略中的一个“热身”过程，另一方面也为在昆山的台资企业“深耕”和“生根”创造良好的条件。

在昆山台资与民资“比翼齐飞”、先进制造业与现代服务业“双轮驱动”的格局已经初步形成的同时，在苏台两地经贸交流与合作热潮的推动下，昆山各镇在建设民营工业园区的过程中，特别注重与城市建设的结合，他们统筹和整合城乡劳力、土地、设施等资源，加大基础设施的建设，着重提高当地城镇的亮化、绿化、美化、净化水平，这样不仅营造了在昆山聚集高科技产业与高素质人才的氛围，而且还能有效地拓展城市发展的空间，带动和加快当地城镇化的建设步伐。

（五）台资企业与民营企业共同实现的产业集聚，有效地发挥了对昆山城市化建设的促进作用

对于产业集群与城市化的关系，埃德温·米尔斯和布鲁斯·汉米尔顿在其《城市形成模型》一书中做了最好地概括：“产业的区位选择和集聚过程是城市化发展的主要动力。”若再作进一步的推论，假如规模经济存在于某种经济活动中，那么从事这种经济活动的经济主体为了获得规模经济就必须选择在某一区位内进行大规模的生产，这就是经济活动的地方化过程。而这个经济主体的雇员为了避免交通成本就会在附近定居，这样就引起了人口（需求）的集中，一些相关的经济活动及其从业人员也就会就近选址（克服运输成本、通勤成本）。这种集聚在一起的人口和经济活动又会产生积极的外部效应，即集聚经济。集聚经济的作用甚至可以吸引那些与最初活动无关的经济活动和人口的进一步集聚，从而开始城市化过程中的不断演进。

笔者认为，昆山的经济发展之所以取得如此巨大的成就，与大量的台资企业落户昆山所带来的产业集聚效应有着密切的联系。因为两岸的经贸合作为昆山产业结构的调整提供了及时和有效的契机，并为当地民营企业发展自己的配套产业带来了难得的机遇，这种相关产业的集聚活动可以有效地发挥昆山的规模经济效应，也为昆山城市化的发展提供了有力的经济支持。

三、总结与思考

在经济全球化和区域经济一体化两大潮流并行发展的大背景下，城市化已日益成为国家综合竞争力的关键支撑，同时也是区域经济一体化的一种鲜活形式。胡锦涛总书记在党的十七大报告中指出："……按照形成主体功能区的要求，完善区域政策，调整经济布局。遵循市场经济规律，突破行政区划界限，形成若干带动力强、联系紧密的经济圈和经济带。……要走中国特色城镇化道路，按照统筹城乡、布局合理、节约土地、功能完善、以大带小的原则，促进大中小城市和小城镇协调发展。以增强综合承载能力为重点，以特大城市为依托，形成辐射作用大的城市群，培育新的经济增长极。"这段话实际上也是给昆山的城市化发展指明了路径，而世界级城市群发展历程中的经验和教训，对昆山城市化的发展是否也有所启示呢？

（一）对昆山城市化发展历程的反思

昆山在城市化的发展过程中，也不可避免地遇到一些带有共性的问题，如城市的空间布局、制度保障、市场机制等基础平台，以及一些公共服务要素并没有得到有效的合理配置，重复建设、资源浪费的现象也有所存在。农民工与城市居民之间的紧张关系，更多地是缘于利益协调机制无法很好地予以启动而为。这些不足的因素实际上并非是因为我们的城市"不可承受之重"所致，而是因为它的发展还很不平衡，在某些地方还未成熟。值得一提的是，20 世纪 80 年代初，由于多年的政治运动干扰经济建设，使得祖国大陆众多的城市建设多年停滞。为了城市的安定，国家曾阻止过农村劳动力大规模地向城市转移，而昆山在执行国家政策的同时，注意农村剩余劳动力的利用价值，因为蓬勃而起的乡镇工业使得昆山农村的剩余劳动力得到就地转型，由此反而促进了昆山小城镇的建设，使停滞几十年的城市化重新生机勃勃。但这种"离土不离乡"的中国模式毕竟是特殊阶段的产物，因为时值计划经济向市场经济的转轨、新旧制度并存，农民、企业、地方政府都对自己创造的财富有了较大的支配权。正因如此，昆山看到了资源无法合理自由流动的弊端，因而也就名正言顺地将这些资源就地投入使用，这反而创造了较高的使用效率，在一定的程度上避免了大城市建设中普遍存在的那种“城市病”。

时至今日，昆山城市化的支撑背景已经发生了巨大的转变，台（外）资的引入使得现代企业机制逐步形成，城市对市场经济和金融服务的需求日益强烈，各种要素的自由流动早已成为可能……种种迹象表明，在这些“因素魔棒”的变幻之下，过去引以自豪的小乡镇渐渐丧失了优势，这直接导致了乡镇工业布局的松散、产业结构的趋同、技术层次的低劣，而且又限制了乡镇经济发展的规模，这些都是促使昆山城市化的发展在自觉或不自觉的状况之下，走科学发展之路的原因所在。

（二）昆山城市化不要再在开门与关门之间的徘徊

要加快昆山城市化的建设，并向工业社会转型，就必须减少农村人口，让农民进入城市，使他们最后只占总人口的两三成。世界工业国的发展规律都一再证明，工业化是难以撇开城市化而独自前行的，当人们从手工劳动中解放出来之后，客观上农村剩余劳动力只有转向第二、第三产业，以更高效的方式来创造社会财富。要做到这些，首先就要将资本、劳动、人口等各方要素集中到一定的程度，这个结果往往就是新型城市的出现或原城市的扩大。因为城市化是工业发展中资源配置变化的必然产物，城市的集聚效应、规模效应都能较好地推动地区经济的高速发展。而昆山面对有限的资源、众多的人口，采取集约化的利用方式，应该是昆山城市化建设过程中不得不作出的选择。

（三）昆山在城市化进程中亟需避免的三种倾向与三大误区

昆山在城市化进程中亟需避免的三种倾向在于：

一是力求避免城市建设中出现的“孟买现象”和“墨西哥现象”。由于大批的农民进入城市，贫富差距立即就能显现，首先一些违章的贫民住所可能会应运而生。这就需要政府或企业在对农民工进行业务培训的同时，更应注重对农民工法制意识的教育。政府应拿出对农民工的关爱措施来实现社会公平公正，如给农民工建设廉租房，积极提供农民工子女入学教育的机会。但也必须注重对城市和社区的正规化管理。

二是防止在城市化的建设中形成新的泡沫经济。小城镇的建设不能遍地开花且盲目发展，如果当地没有二、三产业的支撑，这种小城镇的建设最终也是一个空壳。

三是应避免产业结构的雷同而凸显不了自己城市化的特色。一个地区若能将1—2个优势产业又好又快地做强、做大，能形成支柱产业就行。另外在分工中如果互有侧重，就应该做到优势互补，这样的区域经济才有发展前途。

昆山在城市化进程中亟需避免的三种误区在于：

一是将城市经济的增长当作是对城市化发展的支撑。不少领导干部自觉或不自觉地将"发展是硬道理"理解为"增长是硬道理"，将经济增长看作是城市化发展中看得见、摸得着的好处。这种唯GDP、唯增长式的城市化发展方式，只能给城市化的发展带来"经济病"、"社会病"和"生态病"，使城市难以实现可持续发展。

二是将城市改造、城市规模扩大当作是城市化的发展。城市发展与城市改造、城市规模扩大密切相关，如果对城市改造缺乏科学合理的规划，那么就必然会造成城市特色的危机。另外，在城市化的发展中，还需戒除重城市经济指标，轻城市人文精神；重城市文化"活动"，轻城市文化"内涵"；重城市文化"形态"，轻城市文化"神态"。

三是将提升城市竞争力看作是城市化发展的本质。近年来由于过度地强调和看中城市竞争力的宣传和研究，导致了在城市化的发展中热衷比拼各自的"经济总量"和"城市规模"的扩张，并不厌其烦地开展一系列的城市排名、城市竞赛等华而不实的活动。

(四) 如何以科学发展观来指导昆山的城市化建设

按照世界城市化的进程规律，即使是发达的国家也历经了"城市化—逆城市化—重新城市化"的曲折之路。昆山的城市化如何健康地向前发展，要从中国的特殊国情出发，作慎重的考虑，未必按照世界的规律。昆山的城市群发展是侧重集聚还是辐射，其效果各有不同。以科学发展观来看城市化的建设，城市究竟发展到什么程度为最好？目前是没有固定正确答案的。笔者以为，加快城市化的建设与城镇体系的同步建设，可能更符合江苏及昆山的实际情况。既然城市化战略的正确实施，关系到江苏及昆山经济社会发展的全局，其大势必是不可逆转的。要在更高的层次上推进昆山城市化的进程，就应该做到：

(1) 数量与质量并重。人口、非农产业、生活空间、生活方式、观念意识等方面的城市化，是一个内涵与外延并重的长期的发展过程。在昆山城市化新的发展阶段，始终要坚持以人为本，既注重数量上的推进，更要注重质量上的提高，目的就是加强城市的功能定位和建设。通过提高质量、改善结构、优化组合，增强城市的综合实力和竞争力，走内涵建设与外延发展有机结合的新型城市化的发展道路。

（2）在可持续发展中建设生态文明。按照可持续发展的基本要求，以科学发展观致力于节约利用资源和保护生态环境，着眼于昆山民众生存环境的改善和生活质量的再提高，促进人与自然相和谐，实现经济发展与人口、资源、环境相协调。以昆山惯有的体制创新和科技创新为动力，在2006年获得全国首批“国家生态市”称号的基础上，向着更优的生态环境和更高的生态目标冲刺。

（3）经济与社会的同步推进。既要重视人口的空间迁移，更要重视社会文化的转型以及由此而引发的经济体制的变革过程。统筹经济社会的协调发展，切实关注和解决在推进城市化的过程中诸如失业、贫困、教育、医疗、公共卫生以及实现社会公平公正等问题，以完成城市化质的提升，从而促进社会进步和“城市人”在生活、道德等方面的全面提高。

（4）城市与乡村的协调发展。昆山要以全面协调和整合城乡利益关系为着眼点，充分发挥城市在产业、市场、信息等方面对农村的带动作用，促进城市文明向农村延伸，促使城乡之间人口和生产要素的合理流动和优化配置，努力实现全市城市与农村在经济、社会、文化、生态等要素上的交融与协同，逐步消除昆山城乡的二元结构，从根本上解决“三农”问题。

（5）区域一体化的发展。昆山目前已处于城市密集发展的阶段，尤其是一些发展较快的乡镇已经呈现出区域一体化的态势，城市空间规模的增长与结构转型的迅速发展，使城市与区域发展的“双赢”正在成为昆山现阶段城市化建设的新追求。昆山应通过优势互补、设施共建、资源共享来形成区域内便捷的交通网络、合理的产业结构、密切的经济联系、敞开的生态空间，使昆山在区域整体的发展中有机地实现有序、互动、集约和高效。

（6）政府导向与市场推进相结合。昆山要加快城市化的步伐，就必须进一步地改革和完善社会主义市场经济体系和运行机制，坚持政府导向与市场推进相结合的原则。改革与完善政府在政策调控、市场监管、公共服务等方面的职能，通过深化改革来逐步排除影响城市化发展过程中的各种体制性、政策性的障碍，充分发挥政府在城市化过程中的导向和调控作用。

四、结　语

城市化战略是江苏经济社会发展的重要战略之一，进入21世纪以来，随着对外开放的不断深入和地方各级政府的积极努力，江苏的城市化进程已经取得了突破性的进展，城市化率和发展水平均高于全国平均水平。2002年，江苏就已经提前三年基本实现了“十五”规划中所确定的城市化目标。在“十一五”的规划中，江苏城市化的目标更加明确、前景更加辉煌。在城市化的发展道路上，江苏与台湾在经贸合作的领域里还大有可为，无论是先进生产制造业，还是现代服务业和新型农业，都与昆山乃至江苏有着广阔的合作前景。互惠互利、实现双赢是苏台经贸交流与合作的目的和选择，这也必将推进江苏城市化发展的进程。

城市发展必须注重自身的自然和人文特色

陆军航空兵学院原政治教研室主任　王占和

生活在某一城市的人，都会对自己生活的城市有一个基本评价；我们走过的城市，都会给我们留下一段难忘的印象；我们在茶余饭后总会谈论起一座城市的风貌、历史与这座城市的点点滴滴。这些评价、印象与点滴在深层次反映的就是城市的个性魅力。我们知道，网络世界是虚拟的，而通过网络展示的世界城市则是真实的。在一座座真实的城市里流连忘返自然是一种享受。环顾世界，不论是古典的或是现代的、发达的或是发展中的、内陆的或是海滨的、巨型的或是袖珍的，凡是能够在大家脑海中留下深刻印象的都市，一定是有着独特个性的城市。一座有个性魅力的城市，通过它独特的地理现象、鲜明的建筑标志、悠久的文字记载、有序的规划传承、完美的生态环境和交往的联系，扩大了所有人类活动的范围与影响，并且使这些活动承上启下，继往开来，这就是城市的文化特色。城市的文化特色应该具备以下几个基本要素：

一、独特的地缘优势

对此，我们不妨举例说明：它是一座小城，却磅礴大气；它是一座边城，却充满朝气；它是一座经济富裕的城市，却没有浮躁之气；它是一座中国的城市，却融汇了不同国家的文明。鸡鸣三国的口岸名城，闻名中外的东亚之窗，这是内蒙古满洲里。再如：蓝天、绿草、白桦林、神秘的玛瑙草原、时缓时急的河水养育着亚洲最美的湿地，也养育着这里的勤劳人民。肥沃的河滩上走出了伟大的蒙古民族，温暖的木刻楞房子，现在是华俄后裔的繁衍之地。黄皮肤男人的智慧和蓝眼睛女人的热情造就了室韦，中国多民族和谐共存的范例，这是亚洲最美的湿地蒙古族发源地内蒙古额尔古纳的室韦。再比如：藏于深山的汉唐古镇，武夷山下的两宋名城，千姿百态的丹霞地貌，与浩瀚湖水完美结合，成就了举世闻名的世界地质公园。“一门四进士，隔河两状元”，地处东南有孔子故里遗风，傩舞粗犷，桥灯清丽，有小桥流水的灵秀，而没有那深宅大院的沉重，这是福建泰宁。城市独特的地缘优势造就了这一座座城市的无穷魅力。

二、鲜明的建筑标志

建筑的个性，不同于绘画、诗歌与音乐，它是一种强制性的审美，一旦出现，谁的眼睛也躲不了，不得不让你去感觉去体味去欣赏。从巍峨飞动的万里长城，到清丽宁静的江南民居；从雄浑博大的皇家宫殿，到浅吟低唱的茅屋竹楼；从静穆孤寂的埃及金字塔，到明丽典雅的希腊神庙；从富丽堂皇的泰姬陵，到刺破青天的哥特教堂，尽管不同时代、不同民族、不同地域对美的理解和表达千差万别，但烙上时代印记、凸显民族风情、体现地方特色的精品建筑总是摄人目光、撼人心魄的。

这里，我们来欣赏文人笔下的建筑名城。例一：华夏之根——山西运城。舜耕历山，禹凿龙门，嫘祖养蚕，后稷稼穑，中华文化从这里一路摇曳走来；穿过汉唐风雨，经历宋韵之声，这里是五千年文明的主题公园；永乐宫中笑谈古今往事，鹳雀楼上眺望三晋风流，关公的诚信就是这座城市源远流长的人文精神。例二：“清水穿城过，人家尽枕河”的浙江乌镇。京杭运河边上的古镇，虽然不是三吴都会，仍旧自古繁华。清水穿城过，人家尽枕河，临窗取水，傍桥而视，杭白菊、蓝印花、三白酒，传统物产影响华南生活几百年。拳船、香市、高竿等独特民俗让江南乡间文化一脉传承。明建学社，清立书院，成就几代鸿儒。正所谓江南多才子，乌镇属最多。例三：世界建筑史上罕见的古堡小城——山西张壁。这是世界建筑史上罕见的袖珍小城，0.1平方公里的面积，古堡地道、宫殿庙宇各种建筑一应俱全，军事宗教、民俗历史多种文化融为一体，可进可退。方寸小城规划高超，鱼形巷龙形口、孔雀琉璃，处处可见心思奇巧。张壁，古庙神佛意，明堡暗道奇。

在欧洲，独特的城市风格和辉煌的建筑艺术令人赞叹不已。无论是古罗马、佛罗伦萨、威尼斯，还是当今国际大都市巴黎、布鲁塞尔、阿姆斯特丹，都堪称一座座建筑的博物馆、艺术的宫殿。古典主义、后现代主义、哥特式、巴洛克式、拜占庭、文艺复兴等各个时期、各种流派的建筑交相辉映，使欧洲保持着永不衰竭的魅力。一位哲人问："去掉了巴黎的建筑，巴黎还剩下什么?"可以想象，没有了巴黎圣母院，没有了卢浮宫博物馆，没有了埃菲尔铁塔，没有了凯旋门，没有了万神庙，巴黎的魅力将荡然无存。同样地，没有了故宫，没有了天安门，没有了万里长城，北京的魅力也会大打折扣。一个有魅力的城市，必然离不开有魅力的建筑。

三、悠久的人文记载

文化是城市的名片，透过这张名片，可以看到一个城市的容貌和神韵，可以感受到一个城市的底蕴和历程。

洛阳的魅力在哪里？洛阳是国务院首批公布的建都时间最早、历史最长的古都。四千多年的开埠建城史，先后有十三个朝代在这里设国立邦，悠久的历史给这块土地留下了丰富的文化遗产，现有国家级文物保护单位10处、省级69处、市县级571多处，出土珍贵文物40多万件；举世闻名的中国三大石窟之一——龙门石窟被联合国列入世界遗产名录；佛教传入中国兴建的第一座寺院——千年名刹白马寺，有"释源"和"祖庭"的美誉；北部邙山遗存着东周以来历代王陵形成的中国最大的古墓葬群。在华夏绵延无尽的文明史中，洛阳一直是历代文人墨客大书特书的章节。中华民族最早的历史文献《河图洛书》就出自洛阳，伏羲氏据此画成了八卦和九畴。在此，周公"制礼作乐"，老聃著述文章，孔子入周问礼，班固写出《汉书》，司马光著成《资治通鉴》，著名的"建安七子"、"竹林七贤"曾云集此地，左思的《三都赋》一时使"洛阳纸贵"。以洛阳为中心的"河洛文化"历来就是中国文化的核心。现代的洛阳，市井中仍然保留着厚重的文化氛围，城区内遍布包括河南科技大学在内的五所大中专院校和各级各类学校，人们热爱学习，崇尚知识，志存高远，积极向上，是远近闻名的礼仪之邦。洛阳，她有群芳之冠的牡丹。牡丹是中国传统名花，自古就有富贵吉祥、繁荣昌盛的寓意，代表着中华民族泱泱大国之风范。洛阳牡丹根植于隋，盛于唐，甲天下于宋。唐代诗人刘禹锡和白居易有诗为证："唯有牡丹真国色，花开时节动京城"、"花开花落二十日，一城之人皆若狂"。

法国巴黎的魅力在哪里？答案在美丽的塞纳河畔的卢浮宫内可以找到。这个世界顶级博物馆珍藏着四十多万件艺术精品杰作，其中包括世界上最著名的三个女人：维纳斯、蒙娜丽莎、胜利女神。正是卢浮宫璀璨夺目的艺术之光，使无数人对巴黎流连忘返。

比利时布鲁塞尔的魅力在哪里？布鲁塞尔没有雄霸之气，却有和谐之美。北约、欧盟的总部设在这里，更重要的是当年马克思和恩格斯在这里共同起草了《共产党宣言》。

瑞士伯尔尼的魅力在哪里？作为瑞士的首都居然没有机场，这是居民怕噪音污染而投票公决的结果。但很多到日内瓦和苏黎世的人下飞机后都要旋即转乘汽车去伯尔尼，因为伯尔尼有爱因斯坦的故居，"狭义相对论"和"广义相对论"都在伯尔尼诞生。

"山不在高，有仙则名。"城市是文化的载体，文化是城市的灵魂。文化离开了城市，城市就失去了灵魂，文化也失去了空间。

四、有序的规划传承

有序是指一座城市要有规划，杜绝"挖了填、填了挖"的城市工程。

我们不妨来鉴赏都江堰。都江堰市地处四川成都平原西北部，是一座以堰命名的城市。公元前 256 年，蜀郡守李冰率众建成了享誉世界、被人类称为"活长城"的都江堰水利工程，距此不远处的道教发祥地青城山更以博大精深的道教文化、凿决天下的自然风光而名满全球。都江堰是闻名世界的旅游胜地，有全国重点文物保护单位芒城遗址、龙池国家森林公园、灵岩仙山等旅游胜地，数不胜数。

2000 年底，青山城—都江堰列入世界文化遗产名录，都江堰先后跨入了中国优秀旅游城市、国家重点风景区、国家生态示范区、全国卫生先进城市、全国历史文化名城、全国文化先进市、国家园林城市行列，并荣获“中国首届人居环境范例奖”和“笛拜国际人居环境良好奖”市政府系统及都江堰景区、青城山景区通过 ISO14000 环境体系认证，2002 年位居中国西部县域经济竞争力排名第十一位，四川省经济综合实力十强县（市）之一。

都江堰拥有丰富的资源优势。都江堰市是一个“山在城中、城在水中、路在绿中、人在花中”的城市。岷江一分为六穿城而过，河、渠、沟枝杈相连，借助地势落差，自上而下，自流灌溉川西 36 个县市，实灌面积 1000 多万亩，惠及 2000 多万人口，让岷江下游的百姓们过着“水旱从人、不知饥馑”的生活。都江堰市的人居环境极为优越。都江堰市地处四川盆地西部边缘，海拔从 592 米到 4582 米，有河渠纵横的“水城神韵”。如果失去有序的规划传承，都江堰的“水城神韵”将不复存在。

不妨再次提及埃菲尔铁塔。这个法国工程师居斯塔夫·艾菲尔的天才创意，曾遭到了巴黎人的强烈抗议，因为它就规划在周围一片古希腊式和法国古典主义建筑的中间。就像在一场古典音乐作品晚会上，突然安插进一个摇滚乐手的演唱，破坏了原有典雅的格局。当年艾菲尔与政府签约后，著名作家莫伯桑、大仲马，作曲家古诺等一批法国文化、科学界名人精英带头怒吼，领着市民递交了一份著名的抗议书，认为“这怪物艾菲尔是对法国优美风尚和历史的威胁”。铁塔建成后，许多人依然命车夫绕道而行，避免这个钢铁骨架刺伤自己的审美眼睛。直到许多年后，这座占地 15 公顷、高 325 米的艾菲尔铁塔才成为法国的“云中牧女”，每年有 400 多万人到塔上观光游览。这就是巴黎人的固执。这份固执就是强烈的规划意识。据说，巴黎香榭丽舍大街的改造，哪怕是栽一行树，都要进行全民公决。正因为如此，欧洲的许多建筑，都可以讲出上百年乃至上千年的历史。意大利的佛罗伦萨市政厅是古代帝国的国王府，已有 600 多年的历史。荷兰特芬市市长办公室也是 13 世纪的古建筑，至今依旧气度非凡，魅力依然。而被视作古典结构至高典范的罗马巴特农神殿，已有 2400 多岁的高龄，至今仍虎虎有生气地站在山巅，傲视群雄。

城市建设，应该表现出对科学的尊重，对民意的重视，对法律的服从，对历史的负责；而绝不是领导个人决策的试验品，更不是急功近利的短期行为。

五、完美的生态环境

城市不是建筑材料的堆积，不是征服自然，而是皈依自然，与自然共生共荣。城市需要鲜花、草地、绿荫，需要凉爽的清风、清新的空气、潺潺的流水。诗意地栖居，是人类对城市生活的理想境界。但诗意不在钢筋水泥的丛林中，也不在玻璃瓷砖的光泽里。她是“两个黄鹂鸣翠柳，一行白鹭上青天”的明丽，是“碧玉妆成一树高，万条垂下绿丝绦”的清新，是“朱楼隔绿柳，白塔映青山”的和谐。

我国的烟台是融山、城、海、岛、河于一体的生态城市，也是中国十大最佳魅力城市。烟台地处山东半岛东北部，与辽东半岛及日本、韩国隔海相望。烟台是一座美丽富庶的滨海城市，也是全国首批对外开放的14个沿海城市之一和国家重点开发的环渤海经济圈内的重要城市。烟台地处黄、渤海分界线。黄海水、渤海潮的世代恩泽，使这里成为胶东半岛独具魅力的仙境城市。烟台的城市风貌因独特而诱人，背靠一道翠绿的弧形山脉，怀抱一湾蔚蓝的大海，依山傍水的烟台景色如画。绝佳的纬度和适宜的湿度，让烟台四季分明、气候宜人，荣获国家“人居环境范例奖”、“国家园林城市”和“中国优秀旅游城市”称号。

再比如，仅有68平方公里、44万人口的荷兰海牙，最高建筑不过六七层而已，但全世界知名。这固然与国际法庭设在这里有关，但更重要的是海牙濒临北海，地势平坦，到处是绿茵的草地、树木和花坛，没有“水泥森林”的压抑，特别是名贵的郁金香到处都有，秀丽清雅，独具魅力。或许这样的“天人合一”最使人心旷神怡：宽阔平坦的广场上，姹紫嫣红，绿树成荫，成群的鸽子悠闲自得地翱翔。那份和谐，那份温馨，那份安详，不能不让人怦然心动。一座城市，倘若看不到绿树，闻不到花香，听不到水声，便如同去了毛的凤凰，那无疑是悲哀的。

对城市发展中人防建设的思考

海军航空工程学院教授　赵金魁

城市建设发展涉及城市的方方面面，包括政治、经济、社会、空间、生态、景观、文化、风尚、抗险、防灾等等。所有这些都关系着城市建设发展战略和国家安全。下面仅就城市建设中的人防建设问题，谈点个人看法。

一、人防建设具有维护国家和平与安定的重要战略地位

人防建设是国防建设的重要组成部分，是国民经济和社会发展的重要方面，同国家安全紧密相关。人防建设是一种战略防御手段，是潜在的威慑力量。世界一些主要国家认为，民防是“现代战争条件下求得生存的重要战略措施”，是“战时的决定性战略因素”和“有效的威慑力量”。第二次世界大战结束后，特别是20世纪80年代以来，世界上越来越多的国家认识到民防建设的战略地位。在二战结束后的几十年中，尽管国际局势趋向缓和，世界爆发大规模战争的可能性越来越小，可是进行民防建设的国家和地区却从二战时期的十几个国家上升到了现在的100多个，而且建设的规模越来越大，水平越来越高。据国外公布的资料，美国目前修建的民防工程可容纳1.2亿人，占总人口的57%；苏联修建的民防工程可容纳1.8亿人，占总人口的

68%；瑞士、瑞典修建的民防工程可容纳总人口的100%；日本仅修建的地下商业街和大百货商店的地下售货场，总面积就达200多万平方米。

新中国成立后，经过几十年的建设，我国的人防建设不断完善，为保护国家安全发挥了巨大作用，在提高国家的战略地位和延缓战争爆发方面做出了积极贡献。我们要深刻认识新世纪新阶段国际国内形势的发展变化，增强忧患意识和历史责任感，居安思危，认真做好军事斗争准备中各项人防应急准备工作，扎实有效地搞好人防建设，发挥其战备效益、社会效益和经济效益，使人防建设在构建社会主义和谐社会中发挥积极作用。

二、坚持人防建设与城市建设相结合，走平战结合之路，促进城市建设的和谐发展

胡锦涛同志在党的十七大报告中指出：“必须站在国家安全和发展战略全局的高度，统筹经济建设和国防建设。”我们要紧紧抓住“社会建设与人民幸福安康息息相关”这个根本，坚持人防建设与城市建设相结合，走平战结合之路，促进城市建设的和谐发展。要坚持人防建设与城市建设的一体化，融人防建设和城市建设为一体，并作为人防建设的重要指导思想。要按人防建设的要求，规划和发展城市建设，把人防工程纳入城市建设发展的总体规划。

人防建设与城市建设相结合，既有利于城市平时的经济发展，完善城市功能，增强战时和发生自然灾害时的抗毁减灾能力，又能拓宽人防建设领域，充分发挥其战备效益、社会效益和经济效益。因此，把人防建设与城市建设结合起来，是国防建设的需要，是现代化城市建设和谐发展的需要，是一件利国、利民、利于构建社会主义和谐社会的大事。

随着城市建设发展，城市总会出现一些不协调、不如人意的问题，如城市建筑用地紧张、交通拥挤等。把人防建设与城市建设相结合，能够缓解城市建设用地紧张、交通拥挤等矛盾。因为城市建设的发展单纯走向高空发展的路子，不能从根本上解决城市发展的矛盾，若是不断向城市远郊区扩展，土地资源也毕竟是有限的。因此，城市建设要统筹人与自然和谐发展，走三维空间发展模式，在开发利用地面、地上空间的同时，结合人防建设，科学

开发地下空间，这是解决城市发展中出现的人流拥挤、交通阻塞、环境污染、生态失衡和能源紧缺五大矛盾问题的有效途径。把大量的商业铺面引入地下，既能够比较妥善地解决当前城市人流拥挤、交通阻塞等问题，又能为战时人口疏散隐蔽打下基础准备。

中央确定人防建设平战结合的方针后，给人防建设注入了生机与活力。人防建设在努力提高战备效益、满足战时需要的前提下，城市人防部门要对直管的公共大型人防工程进行充分的开发利用，充分发挥其投资效益，为国家创造财富，为社会稳定、经济繁荣和人民生活服务做出新的贡献。人防部门要大力宣传人防建设的方针政策，鼓励投资人防建设的单位和个人，把所建的人防地下室、地下人员掩蔽场所实现平战兼容，开发利用，建成适应城市建设发展的居住空间、业务空间、商业空间、文体活动空间、交通空间、物流空间、生产空间、动力（发电）空间、贮存空间、医疗空间等。走平战结合之路，开发利用人防工程，既能促进人防工程的维护管理、提高工程的完善程度，使工程处于良好的战备状态，又能充分发挥人防建设的投资效益，方便人民群众的生活，还可以扩大社会就业人员的安排机会，减轻城市就业难的社会压力。

我们要坚持“长期准备，重点建设，平战结合”的人防建设方针，努力使城市建设中的人防建设成为广大人民群众的“民心工程”、“造福工程”，成为构建社会主义和谐社会、维护国家和平安定的“战略工程”。

三、借鉴发达国家经验，人防建设应注意的几个问题

（一）进一步完善人防建设的立法和执法

早在20世纪三四十年代，英国、丹麦、比利时、瑞典等国就制定了民防法。此后，美国、挪威、法国、芬兰、苏联、瑞士等国相继颁布民防法，并不断修改完善。其中不少国家还根据民防法，制定了具体的法令和条例。如法国自1959年以来，陆续制定了《民事保护防务部队法》等40多个有关民防的法规；瑞典从国家到市政区都有一套比较完整的民防法规。各国民防法及法规对民防的性质、体质、职责、权利以及各项民防建设内容要求都作

了明确规定。如丹麦新民防法规定，所有年龄在16—65岁的丹麦男女国民，均有执行民防勤务的义务；新加坡《人力物力征召法》规定，民防可随时征调民防人员集合，对违反民防工作征召者，可判以徒刑；比利时民防法规定，各省市必须根据民防办事处及消防队需要，或按当地民防法规定，提供土地、场所、物资及必要的补给品作为民防用。有的国家还规定了不少有利于民防发展的具体措施，如规定修建城市地面建筑必须附设地下室，并规定了开发地下空间可享受优惠的政策。

（二）进一步坚持人防建设长期化、经常化，着力提高总体防护能力

二战之后，不少国家曾以较快的速度建立了较完善的民防体系。如瑞士在1960—1970年的10年间，修建了可供掩蔽400多万人的民防设施。许多国家认识到民防建设不是一朝一夕的事，普遍确定了长期经营的指导思想，既不搞突击，也不能断线，把民防建设纳入经济发展和国防建设的总体规划，使之成为一项长期的、经常性的任务。为保民防建设长久不衰，瑞士制定了长达15年的发展规划，美国也制定了7年规划。二战后各国的民防工程主要是随着核武器的发展而发展的，因而核防护一直是各国民防工程建设的重点。有鉴于此，近年来一些发达国家加强了民防工程对新型武器的防护准备，特别是对高技术常规武器的防护。同时，各国还着眼于提高救生效率，制定了应急疏散计划，建立完善的民防通信警报系统，加强民防专业队伍建设，大力开展民防教育训练和各种民防演练，以全面提高民防的综合防护能力。

（三）进一步加大人防建设的经费投入

国外不少专家通过分析认为：用在民防建设上的费用比花在战略军事系统上的经费更有价值，加上民防具有战时防空、平时抗灾等双重功能，因此不少国家在经费投入上十分舍得。如1982年，美国为了到1985年能将民防应急疏散计划的生存率增至80%，共投入26.4亿美元用于该计划的实施。即便是现在，美国每年投入民防的经费亦在8亿—10亿美元。苏联自20世纪60年代至解体前的20多年间，每年用于民防建设的经费在10亿—20亿美元。瑞士在1971—2000年的29年中计划用于民防的经费为30亿美元，平均每年高达1.05亿美元。德国、瑞典、芬兰等国的年度民防经费也在1

亿美元以上，其中芬兰的民防经费占到国防开支的20%。

（四）进一步建立和健全防空与防灾相结合的机制

20世纪80年代以来，民防建设与城市防灾抗灾相结合，已成为各国民防发展的共同趋势。1979年，美国国防部民防准备局与其他4个机构合并，成立了联邦紧急应变管理局，负责民防战备建设和平时防灾抗灾工作。为了应付自然灾害和突发工业事故，苏联民防部门积极参与抢险救灾工作。在世人震惊的切尔诺贝利核电站事故中，民防部门在处理灾害后果时做出了卓越贡献。德国政府则明确规定，民防任务范围不仅是对战时那些异常的灾害情况采取防卫措施，就是平时一旦出现极其严重的灾害时，民防也将对此采取相应的救援措施。日本根据风灾、水灾、地震等自然灾害多的特点，在总理府设“中央防灾会议”，各地设有地方防灾组织，统管民防和防灾救灾工作，通过平时的防灾活动推动民防的基本建设。瑞典于1986年7月1日建立了新的民防权威机构“国家民防、救援与消防勤务局”，这个新机构继承了前“瑞典民防局”的职责，并受权承担有关救援勤务方面的其他职责。

我国内地大城市防空袭的思考

西安政治学院军事理论教研室教授　郭建军

国家大城市多为区域性中心，战略地位十分重要。在信息化条件下，敌方的空袭行动由于具有射程远、全天候、全方位、不间断的特点，其突然性、破坏性、准确性明显增强，对人民生命财产安全、国家战略资源和战争持续能力构成严重威胁。因此，内地大城市的人防准备、抗空袭能力直接关系社会稳定和国家安全，对战争进程和国家战略全局具有重要影响。客观分析大城市人防建设和防空袭能力，针对差距采取有效措施及早应对十分必要。

一、科索沃战争防空袭经验教训

20 世纪 90 年代，以美国为首的北约军队使用信息化高技术武器发动了科索沃战争。这场战争是一个大国集团对一个弱小国家的野蛮侵略。在战争初期，南联盟人民团结一致，英勇抵抗，保存了军事实力，有效减少了损失和伤亡。其做法是：按“明天就打仗”的要求做准备，结合城市建设修建了大量的战备工程，加强人防设施的维护和管理，使其长期处于完好状态，战时 80％的人口可以转入地下人防工事；重视人防队伍建设，且训练有素，在抗空袭中发挥了重要作用；形成了较严密的战时人防体系，战前将重要战略物资、设备转入地下，提前作好了应对空袭的精神和物资准备；隐真示假，隐蔽伪装，有效保存了重要物资和设备，保障了人民的生命安全和部分重要民用设施；迅速抢救、抢修、消防，及时消除空袭后果，减少了人员伤亡。

然而，力量悬殊的南联盟难以抵挡强敌的78天的空中突袭。尤其在北约集团以其98%的精确制导武器对科索沃首都等大城市实施长时间重点打击的情况下，南联盟一些重点城市目标遭到敌人集束炸弹、钻地炸弹、石墨炸弹、反辐射导弹、贫铀弹的打击，对发电厂、雷达、电台、电视台和无线电接转台，以及炼油厂、化工厂、军工厂造成严重破坏和化学危害。所有关系到国计民生的生产和生活设施，如电力系统、燃料系统的重要设备，桥梁、机场、港口、车站等交通设施，都因敌长时间的空袭遭到摧毁，使得南联盟以首都等重点大城市为依托的政治、经济和军事中心也失去了与敌抗争的能力，国家经济迅速崩溃，战争潜力迅速减弱，不得不接受政治解决的条件。

二、我国内地部分大城市人防建设现状与存在的主要问题

多年来，在国家的高度重视下，我国人防坚持“长期准备，平战结合”的方针，人防建设发展较快。当前我国虽然对主要战略方向的重点大城市和东南沿海一类、二类和三类人防重点城市及部分乡镇，有区别、有目的地加强了人防建设，坚持“平时为经济建设服务，战时为战争服务”的人防战略指导思想，千方百计地不断加大投入，经过长期建设已初步形成了符合国家人防建设要求的人防体系。一些城市人防装备比较先进，能基本满足战时抗空袭和平时防空袭演练的要求。

但是应该看到我国人防建设发展还不平衡，由于内地部分大城市长期以来远离军事斗争准备的主要方向和一线，都程度不同地存在一些严重的问题：第一，和平建设时期部分大城市领导对信息化高技术战争空袭威胁意识淡漠，思想重视不够，缺乏危机感和紧迫感。第二，重城市发展和经济建设，轻人防规划、资金投入和人防建设，城市发展与人防建设未能同步进

行，城市建设发展快，人防设施建设滞后。第三，西部有的省份，除少数几个城市有 20 世纪七八十年代所建的功能滞后的人防工程外，目前还未建成符合国家人防要求的省、市人防指挥所，且多数城市无人防指挥所，有的新建、后建城市目前还未健全人防机构和设施。第四，人防体制机制不完善，缺乏整体规划，政策规定不够具体、完善和到位。第五，人防宣传教育薄弱，例如某重点大城市 70%的人不清楚人防具体内容，认为“人防就是放警报”，严重缺乏防护意识。第六，一些原有人防设施，多为土建筑，问题较多，维修难度大，不能满足当前防空隐蔽的要求。有的西部省份城市常住人口人均掩蔽率与国家人防办要求人均所占有的地下防护面积差距较大，部分常住人口无法进入有限的地下人防设施进行有效的人身防护。第七，各类各级指挥所信息化建设滞后，人防专业设备陈旧，存在着专用有线、无线通信设备陈旧，部分电台稳定性、安全性较差，难以上下连通，电信系统商业运作人防租借费用昂贵，通信警报集中控制系统主要设备产地、规格各异，性能偏低。第八，人防专业技术人才短缺，人才引进和培养渠道不畅，高、精、通人才更少，部分现有技术人员知识老化，专业技能水平不高，防空专业队伍建设缺乏经费，影响专业队伍建设。第九，在重要经济目标防护建设方面，虽然明确了重要经济目标防护工作重点和相关单位防护责任，但对重要经济目标的界定没有统一标准，责任单位组织防护演练少。第十，有的西部重点省份为我国重要武器装备科研、生产集中地，但每年上级下拨的人防资金仍按数年前的数额执行，长期以来仅占东南沿海某省同类款项的约 1/10，一旦空袭来临，遭到的严重损失将难以弥补。有的国家一类人防重点城市人防建设经费严重不足，有的省份未按规定的省财政收入比例对人防进行补助性投入，人防和疏散基地建设经费缺口较大，一旦危机情况发生，人口疏散就成问题。

三、几点思考

为使我国内地大城市人防建设适应信息化高技术战争背景下的防空袭要求，应采取积极有效的战略措施，提前防患。

1. 及时修改、完善人防法规、政策

多年来我国城市建设快速发展，在城市人防建设过程中遇到了一些前所未有的新问题、新困难，人防法规部分内容已无法适应快速发展的城市人防建设，因此应及时补充、修改、完善人防法规和相关政策，使法规定位更准确，政策规定更到位。如明确国家电信资源人防使用规定。国务院应设立相应的人防编制序列以进一步理顺和协调上下关系，协调解决人防问题，应进一步理顺人防领导指挥体制，明确职责，提高人防建设运行效率和人防建设质量。

2. 把人防作为考核城市功能的重要指标

信息化高技术战争背景下的现代化大城市应是地上、地下共同发展，功能齐全的城市。否则，一旦遭到空袭，综合性损失将十分严重。因此，大城市应有明确的地下发展规划，国家在大城市综合评估时应把城市地下防护功能作为对直接责任人的重要考核指标，城市人防设施不健全、防空袭能力不强的城市不能作为功能健全的城市。

3. 加强人防宣传教育力度

在长期和平环境和经济建设条件下，和平麻痹思想在大城市人口中相当普遍，其中包括大量未经历过严重自然灾害和困难的年轻人防空袭意识更加淡漠，防护知识严重贫乏。因此，应制定系统的人防教育规划，进行深入系统的人防宣传。人防教育应进院校、进机关、进课堂、进社区普遍深入人心，使国民具备必须的人防知识，有必须的人防心理准备和心理承受能力。

4. 加大对具有战略意义的重点城市、重点目标人防建设的资金投入，加强防护工程建设

由于敌方远程空袭能力增强，远程突袭手段、途径增多，内地重点大城市遭敌远程空袭的可能性明显增大，因此应统一规划，有计划地加大对内地重点大城市的人防资金投入，加强对重点大城市、重点经济目标、重点武器装备科研生产地等原有人防设施的维护、改造和按标准进行防护工程建设。信息化高技术战争背景下的人防工程必须具备防侦察监视、防信息攻击、防精确打击功能，以免遭和降低不必要的损失。还应尽快统一重要经济目标界定标准，以区分目标性质和按标准进行防护工程建设。

5. 对人防干部进行系统专业培训，补充急需人才，通过检验性演习促进整改

国家人防办应对省、市人防领导人，国家一类、二类人防重点城市负责人和人防干部进行系统的人防专业培训，提高其对人防战略地位重要性的认识，提高专业素质和运用信息系统进行人防组织指挥能力，同时应有计划地按人防专业发展需要向人防部门及时补充专业人才，提高人防运行效能。还应适时组织不同规模、不同形式的防空演习并进行效益评估。根据在演习中发现的问题和考核结果，有针对性地协调、解决，并提出整改期限和再次检验目标。

6. 统一人防主要装备标准，加紧解决指挥、通信、信息传输等连通困难问题，并进行检验性考核

目前，内地部分重点大城市人防指挥、信息等系统基本装备不够统一，连通严重困难，成为致命弱点。一旦空袭来临其直接后果和连带后果将是十分严重的。因此应尽快统一、规范人防信息、通信、指挥等装备的生产和使用标准，提高安全性，并模拟信息化高技术战争背景的防空演习，以确保战时情报、指挥、通信、信息畅通，减少不必要的损失。

城市安全发展与国防建设的思考

中国人民解放军后勤指挥学院教授　唐武文
中国人民解放军后勤指挥学院研究生　张泽宇

我国是一个地域辽阔、民族众多的大国，随着社会经济长期的不断发展，形成了数量众多、类型多样、规模不等的大、中、小城市。虽然城市发展有各自不同的特点，但总体说来，都具有非农业人口集中，以从事工业、商业、交通等非农业生产活动为主，是一定地域范围内社会经济和文化活动以及政治军事集中的共性。尤其在军事上，城市所发挥的重要作用更是不容忽视。在科索沃战争中，以美国为首的北约凭借其强大的军事实力，对南联盟实施了长达 78 天的空袭，重点袭击了以南斯拉夫首都贝尔格莱德为主的各个城市，一举瘫痪其经济活动，轻松达到战争目的。由此可以看出城市在未来战争中所具有的重要地位。进攻一方通过进攻城市可起到打击对方重要目标、削弱战争潜力的目的和效果，防御一方通过城市防卫作战可挫败敌进攻企图，稳定战略或战役全局。目前，随着经济的稳步发展，我国的城市化水平也在不断提高，进入了一个相对快速的增长期。站在新起点，充分认识城市安全发展在现代战争中的重要作用，抓住机遇，科学筹划，确保城市安全发展与国防协调建设，具有十分重要的理论和现实意义。

一、城市的发展是现代军事行动最重要的支撑

随着现代战争技术含量的不断提高，决定战争胜负的物质技术要素越来越向城市集中，特别是信息化条件下的体系破击战、结构瘫痪战，其打击重点基本集中在城市。在某种意义上，信息化战争就是打击城市、打击市场、打击基础设施。国际恐怖主义为了扩大影响、制造恐慌，也都以大城市为袭击破坏目标。也正是基于这一特点，“台独”分子才不断发出企图打击上海、广州、香港等大城市和三峡电站等重要目标的叫嚣和威胁。充分认识城市建设与现代战争的关系，从经济发展大局和国防建设全局出发，谋划城市的安全发展具有重要意义。

1. 城市发达的经济决定国防经费的投入

经济发展是国防建设的物质技术基础，国家经济实力本身就是国防强大与否的根本标志。统计表明，我国城市的经济总量占全国七成以上，这意味着城市经济是国家经济的最重要来源，关系着国家经济的命脉。一个国家的军队和武器装备的数量、质量和结构，取决于经济发展水平所能承受和提供的物质技术状况；人员素质提高和武器装备的更新、发展，也取决于国民教育和科学技术的发展水平。因此，只有以城市经济发展为主体，带动国民经济的全面发展，才能使国防经济规模得到有效增长。

2. 城市丰富的资源保障军事活动的实施

城市的石油、煤炭、钢铁、电力、水力等资源集中度高、储备量大，工业种类多，设备完善，技术成熟，容易形成一定规模的工业生产体系，具有较好的物质和技术基础，为节约时间，降低成本，充分做好战争准备提供了有利的条件。城市轻工业的发展，粮食的集中储备也为军队战时需求提供了坚强的后盾。城市人口占全国人口的四成多，而且分布集中，组织健全，既利于就地组织扩编和补充部队，也利于发动、组织群众配合和保障作战。未来的信息化战争，从某种意义上说，就是知识的较量，而城市的信息资源、医疗卫生、科学技术力量雄厚，科研机构、高等学府集中

于城市，丰富的技术和人才蕴涵其中，成为我军事活动中重要的技术保障力量。

3. 城市便利的交通保证军事资源的输送

从战争动员、部队机动到战役战斗的实施；从发展战时经济、保持战争潜力到作战支援等，都要通过军事交通运输来实现。军队机动离不开交通运输，而城市大都交通方便、通讯发达，在运输中处于关键的节点位置，可组织快速机动部署、保持通信畅通和进行信息作战。尤其是位于铁路枢纽城市、沿海港口城市以及水陆交通城市，在后勤活动中起到了关键的作用。控制住城市，也就控制了交通要道，从而能有效保障后勤作战物资的前送以及伤员后送。大力发展城市交通运输事业，构建军民通运的运输体系，对于在未来战争中提高后勤保障能力具有重要的现实意义。

二、我国城市安全的现状还不适应维护国家安全的需要

1. 思想认识上不够重视

我国幅员辽阔，农村面积广大，革命战争时期采取农村包围城市的战略，取得了最终胜利。但这并不能证明这种战略运用在现代战争，甚至未来战争中能够达到同样的效果。如今，由于武器突击精度的不断提高，“精确打击”摧毁具有重大影响的城市重要目标，成为主要的作战样式。这些重要目标是战争支点，是政治、经济、军事斗争的“关键”。摧毁“支点”，打掉“关键”，战争就会失去依托。从第二次世界大战后大大小小的局部战争来看，对城市实施突击，从而达到战争目的的现实都证明了这个观点无可厚非。越战期间美军对越南河内等城市的空袭、美军空袭利比亚首都的黎波里、多国部队空袭伊拉克首都巴格达市、北约空袭南斯拉夫各大城市等，都说明进攻城市的实质在于摧毁战争支点，瘫痪经济基础，打击民心士气，以迅速达成战争目的。建国以来，我们为防备战争破坏一度影响过城市建设，比如福建沿海，特别是厦门的发展。在城市建设过于集中，特别是集中于东南沿海的问题，比如石化企业就过度集中在东南、华南沿线的大城市里，一旦遭敌打击，容易在被破坏时危及城市人民的安全和经济的运行。如何在统

筹抓好城乡发展的同时，统筹好平战建设，显而易见是城市安全发展的一个重大课题。

2. 基础设施建设比较脆弱

城市是未来信息化战争的主战场，城市建设质量的高低，在一定程度上决定着我军后勤保障能力的大小。由于几十年来较为和平的国内环境，使我国城市对战争的承受能力没有经历过任何战争考验，应对突如其来的战争，是否能充分发挥城市的作用还是个未知数。我国城市的基础设施建设在军民通用上还做得不够，比如美国的公路相当一部分能够保证战斗机的起降，而我国有些城市的某些地段大雨一浇则塌方下陷，还常常出现这样那样的“豆腐渣”工程，如何能适应军事需要？港口、机场等不少设施设备还要加装、改装后才能用于军事行动。这样，不仅大量的设施战时可能用不上，即使能用上，转换速度也太慢，对战争的支持度极为有限。此外在布局上有的重要目标过于集中，一次袭击很可能收到同时破坏两个以上重要目标的效果。基础设施关系着国计民生，也关系着军事行动的成败与战争的胜负。在历次城市作战中，重要基础设施都成为敌军重点打击的对象。基础设施建设的好坏，应急保障措施的有效与否，自我修复能力的强弱等都将成为能否顺利实施作战支援，乃至取得战争胜利的关键环节。

3. 危机管理还刚刚起步

任何城市安全都不可能不出问题，没有危机，能完全避免敌人的打击破坏，而是出现问题，遇到危机，遭敌打击时能否正确应对、强化管理、减少损失、避免混乱。近二三十年来我国处在相对和平时期，导致城市的危机意识、忧患意识薄弱，对相应的危机管理、应急管理研究和准备不足，既缺乏应对复杂情况、突发事件的预案和演练，又缺乏能够防范各类风险的建设规划标准和布局。比如：平时城市市场繁荣，生产高效，但战时人员、资金、技术可能向安全的地区流动，对此，如何管理，要不要实行经济管制，管到什么程度，使用什么方式等等；平时城市交通就经常拥堵，战时军需民用迭加，加上道路遭破坏，交通如何管理，要不要管制，如何管制等；重要的基础设施如水、电、气、广播电视等遭破坏后，如何应对，怎样保证供应，怎样稳定人心，怎样恢复供应能力和经济秩序等，都还缺乏必要的研究、模拟、演练和对策。

三、推进城市安全发展与国防协调建设的几点思考

1. 加强平战统筹，进行整体规划

城市建设必须要有一个科学的总体规划，才能保证城市得到合理的发展，军事行动得到有力的支撑。而科学的规划需要站在整体的角度进行科学统筹和战略部署，这就首先要有正确的指导。在平时与战时的关系上，要按照宁可备而不用，也不能用而不备的原则，立足最困难情况和最复杂局面，把问题想得多一些、时间想得长一些、标准定得高一些、方案定得细一些，真正做到不打无准备之仗，不搞无准备之建设。在城市建设与发展规划上，一定要全面贯彻国防要求，充分兼顾国防需要，从一开始、从源头上就打下军民两用的基础，防止需要时再打补丁，再搞加装、改装，再耗时误事，贻误战机。事实上，平时对国防的投入与战时临时投入相比要小得多，效果也好得多。在城市建设的布局上要按照大集中、小分散的原则，防止为追求规模效应，重要目标扎堆建设，还须以敌一次袭击不能破坏我两个以上重要目标为原则，适度分散配置。在产业结构上，既要强调分工优势、专业化发展，又要注重门类齐全、相对独立，既与大系统互补，又能小系统独立，以利就近就便快速恢复生产，综合支援战争需要。

2. 走军民结合、平战结合的现代化城市发展道路

城市建设实现军民结合、平战结合离不开军事的需求，它既是城市建设的重要原则，也是我军现代化建设的一项基本任务。其目的就是将国防建设融于国家建设之中，在国防经费投入有限的条件下，依托国家经济的雄厚基础，使军队现代化建设收到事半功倍的效果。落实这一指导思想非常重要的一点就是要加强城市与军队后勤的协调发展，提高军事行动对城市的利用能力。世界范围内的新军事变革，使得以信息技术为核心的现代高技术迅猛发展，各类高技术的军用与民用界限变得越来越模糊，通用性越来越强。这就要求我们利用城市得天独厚的科技条件，加大军民通用技术的开发力度，既瞄准信息化战争对高技术的需要，也重视发挥军事高技术在国家经济建设中的巨大推动作用；既注重军事高技术转为民用，也重视民用高技术为国防建

设服务。比如，在城市建设方面体现国防需求原则，在交通运输、邮电通信、机场码头等基础设施建设中，明确提出战时需要；推进城市工业建立高效灵活的平战转换体制，一旦发生战争，城市工业可以迅速转换产品，使军品生产能力得到迅速扩大，从而使后勤供给能力融入整个国民经济的大体系之中。城市拥有已经比较发达的信息技术和信息产业，而提高后勤对信息技术的移植、研制能力，则有利于实现我军信息化的跨越式发展。要按照动员法规，明确军地各级保障机构承担的责任和义务，建立顺畅的军民联供关系，把城市的比较雄厚的人力、物资和技术力量有计划地利用起来，建立军民一体的保障体系，发挥整体保障的效能。

3. 加强信息化条件下城市防卫，提高作战支援能力

受信息化战争形态的影响，现代城市防卫作战既不同于过去以地面大规模接触作战为主的城市保卫战，也不同于过去以防敌空袭为主的防空作战，而是在信息化局部战争的背景下，城市军警民一体、诸军兵种一体，依托城市市区及其外围地区，为保障城市安全而进行的抗击敌非接触、非线性、非对称、全纵深、多样化打击的防卫作战行动，将包括信息防御作战、反空袭作战、反特种战和城市维稳作战等一系列作战行动。这些作战行动有时可能单一发生，有时可能同时而至，都关乎到城市的安全，以及战略、战役全局的稳定。这就要求城市要有针对性地加强人防建设和演练，提高抢修抢建能力。军队要组织好战略、战役防空，特别要重视研发高效的反导系统。在作战目标的选择上，要注重选择严重威胁我城市安全的目标予以精确打击，实行攻势防御，寓防于攻。在部署上，注重把主战兵器的配置与重要目标的防护结合起来，确保其安全需要。信息化条件下城市防卫作战，由于敌可同时对我全城区域内多个目标实施精确打击，因此必须按照整体作战的要求，构建城市防卫体系，对城市防卫作战进行全面部署、全面设防。当然，全面设防不是平分兵力，关键是形成城市防卫作战的整体布势，围绕城市重要目标，重点使用兵力，确保重要目标的安全。只有城市的防卫能力增强了，才能满足我军的物质技术需要，有力保障作战需求和战争胜利。

城市信息化建设与国家安全

陆军航空兵学院火控教研室讲师　王　宁

城市信息化建设是城市发展，提高政府办事效率，增强城市整体竞争力的客观要求。随着信息高速公路的不断完善，网络技术的日臻成熟，我国城市的信息化建设，必将步入一个新的发展时期。当然，在重视城市信息化建设的同时，更要关注国家的安全，这是任何一个民族和主权国家都不能掉以轻心的要务。本文就当前城市信息化建设和我国信息技术的发展情况，谈几点看法：

一、强调规划先行，解决网络和信息滞后的问题

信息化建设和城市建设一样，必须坚持规划先行，统筹协调。从总体上来看，我国的城市建设水平发展不平衡，广博的地理环境、多变的地貌特征、复杂的机构设置和起点不高的信息技术，决定了城市信息化建设在进行规划时必须具有超前性意识。特别要考虑到国内外信息技术软件与硬件之间的匹配问题。

所谓软件，即指去完成这个任务的人的思想、所要应用到的平台以及计算机软件等；硬件则是指为完成软件需求所创造的必要物质条件。我国

近年来虽然GDP总量不断飙升，为完成一个项目所投入的资金也在不断地增加，使得物质条件越来越好，甚至到了所需即所得的程度。但投入了多少，是否将投入的经费、资源的功效发挥到了应有的程度呢？首先是没有一个判断的标准，其次是没有一个安全的系统平台作支撑。在此，我们可以分析一些事例，就以与我国国民生活密不可分GPS（全球定位与导航系统）来说。这一系统已普遍应用到测绘、导航、定位等与我国国防息息相关的各个领域。虽然，我国已经能够自主研发GPS接收机，并且能够具有较高的精度，但是信号来源却只能向美国租用。GPS对于我国的测绘工作确实带来了很多方便，但是有一点应该提防：在我方利用GPS对我国国土进行测绘的同时，美国也能够获取到我方接收机所接收的数据；我方积极解算成果的同时，美国也能同时拥有我们的解算成果。若是到了战时，美国如果将我国上方的卫星关闭，使得大量导航设备不能使用，那么带来什么后果是难以想象的。以上只是比较好的情况，若是美国将GPS民用频段关闭，那么除美国军方或其授权方能够正常使用其作为导航设备外，其他国家的GPS接收设备将全部失效、报废，则将带来更大的灾难。

一个城市的信息包括多个方面，对于城市建设而言，需要在交通、通信、政务、商务、传媒、气象、生态环保等方面的信息化基础上建设，才能谈及城市信息化，而且，上述信息化基础建设，能成为一个信息化的产业链，可稳步推进信息化建设。就拿国计民生最直接相关的交通信息化来说。我国若干年以前就提出要建立虚拟城市和与之匹配的电子地图。电子地图在我国已较广泛地应用了，但是主要应用还是在于通过终端，基于网络平台进行应用。最广泛的还是交通上应用较多的GPS导航。对于我国而言，比例尺为1∶5000的地图为秘密级，但是如今国外公司的GPS电子地图导航系统精度已经可以达到1∶2000了，这就意味着我国的电子地形图，在精度上与国外尚有很大差距。

面对新兴的信息产业，我们必须着眼于用发展的眼光、长远的眼光、战略的眼光做好规划，推进应用。要立足于充分利用现有的信息资源和基础条件，立足于自身经济社会发展的实际需求，面向应用、面向世界、面向未来。建设互连互通的传输网络，构筑资源共享的信息平台，建立电子政务、电子商务、远程教育、远程会议、便民服务等若干应用系统，开发和建设具有自己信息特色的资源数据库，所有这些规划都是第一位的。只有这样，才能解决网络滞后、信息落后的问题。

二、强化信息管理，确保信息安全

信息化对国家安全、社会稳定和民族文化具有深远影响。在信息时代，信息本身成为国家利益的一个组成部分，信息量成为衡量国家间利益均衡的一个重要参数，信息安全保障能力是21世纪综合国力、经济竞争实力和生存能力的重要组成部分。

随着信息化在各个领域的深入发展，信息安全的重要性与日俱增，成为世界各国面临的共同挑战。中国的信息化尚处于初始阶段，但发展很快，信息安全问题也日益显现。致力于发展符合中国国情的、科学合理的信息安全战略，强调以安全保发展、在发展中求安全，努力实现信息化与信息安全的协调发展。

Windows系统的“后门”嫌疑从其诞生的第一天就存在，应该说这是美国人的一贯做事行为，这个怀疑并不是没有道理的。并且，微软时不时暴露的狐狸尾巴也能够侧面证明这一点。微软近日启动了它预先嵌入在Windows XP中的“机关”（外国人称为“碟件”、中国人称为“后门”）。对于Windows的盗版用户，频繁地发出警示，处于显示屏右下角的那颗“蓝色五角星”大约每隔半小时就弹出一个对话框，里面写着“您可能是软件盗版的受害者”。同时，此话下面还有一段小写字体的警告语。大家知道，微软此举意味着什么。利用数理统计方法，微软能够极为准确地推断出在中国境内的Windows“盗版率”，从而在国际谈判中占到有利的位置。既然微软能通过网络，方便地知道你是不是正版用户，它当然也能通过同样的方法盗取你计算机中的资料、控制你的计算机操作。在技术上，这对于微软这样的公司应该说是不成问题的，做不做只在于职业道德。当然，职业道德和国家利益比起来恐怕还是微不足道的。这从各国政府对windows系统一贯的抵触情绪就看得出来。事实上，没有任何一个国家对微软足够放心，甚至美国政府是不是放心微软都是在两可之间的。对于我国更是如此，也许国人在津津乐道地享受着微软带来的快乐的同时，殊不知个人信息和国家安全就在这种信任的背后可能正悄悄地外流。

也许我们需要的不仅仅是能够保证信息安全的硬件，而是一个能够独立拥有自主知识产权的操作平台。信息化建设是一项涉及多学科、多部门、全社会共同参与的综合性和基础性的工作，城市的管理者应成立一个层次高、有权威、专业性强的专门机构进行综合协调管理，使终端、网络、数据库既能产生出源、流、库各自的规模效益，又能发挥出对经济的整体推动作用。要坚持法制的原则，健全制度，规范管理，依法推进；要坚持市场的原则，全社会投入，企业化运作，根据需求，利益驱动；坚持行政的原则，要面向发展，政府推动；坚持效能的原则，要健全组织，强化责任，提高效率，创新机制。

三、提高应用效率，解决“一慢一快”的问题

信息更新缓慢与技术发展快速之间的矛盾，是城市信息化建设中一个突出问题。信息要搭载在一个平台上进行传播，从无线广播到电视媒体，从报刊到网络，从有线电话到移动通讯设备，搭载信息的途径越来越多，信息量越来越大，分布越来越细致，从国防建设到家用生活，从使用者被动接收到按需查询。这里就有很多基础性的工作需要完成，但是由于现如今技术发展的不平衡，只有几个大城市能够达到信息随时更新的程度。我们曾作过一个小调查，即一个关于天气预报的调查。在网上搜索“明日天气”，共有数十万的相关帖子，可是具体到我们要搜索的那一天，仅仅有更新的不到百家。也就是说一些关系到城市建设的、关系到老百姓切身利益的资料有很多，但不是时时更新的，比例不到1∶1000，这就是说技术发展了，但是由于种种原因，平台的更新却很慢。

电子政务，数字城市，必然引起工作方式、生产方式和生活方式的转变，要提高政府工作的质量和效率，实现政务信息化、办公自动化，关键是政府上网，加强应用。首先，推进各县区、各领域政务部门业务网上办公，不断完善政务网功能，规范政府的行政行为，努力提高行政效率和服务质量，增强政府部门工作的权威性和办事透明度，最终推动政府切实转变职能；其次，积极推进城市建设和管理信息化，运用数字技术，重点建设和完善城市各类应用系统，在提升城市整体功能的同时，提高城市管理和服务水平；第三，推动社会各项事业信息化，整合一批能够为社会提供普遍服务的

公共信息资源，形成一批基础性、公益性的大型数据库，建设一批跨部门、跨行业的综合性信息网络应用系统，加快资源整合、共享、共用，提高城市的社会公共服务水平。

四、重视同步建设，解决信息资源共享问题

目前，在一些大中城市，有的县乡（镇）村都建立了信息化网络平台，按照国家和省信息化工作领导组的决策，统一部署，稳步推进政府信息化建设。有了高起点规划，还要有高标准建设来保证它的质量：在网络建设上，要建立统一的应用平台，重组资产、整合资源、优化资质，避免重复建设、投入割据和人才流失；在数据库建设上，要利于检索、利于追加、利于更新、利于创新：在软件开发上，以应用开路，要应用得体、应用方便、应用到位，尤其在事关政府职能转变和管理体制改革方面的项目和对面向公众服务的办事项目上，要规范业务流程，简化工作环节，让企业和群众真正享受到政府信息化建设带来的便利和实惠。在加快政府信息化建设的同时，要切实加快企业信息化和全社会信息化建设的步伐。对于地方而言，由于人民生活水平差距较大，所以要求信息化到千家万户条件确实有些苛刻，也没有必要。但是我军要建设为信息化部队，达到快速反应，仅仅说本单位驻地的条件不允许就是消极的。目前基层部队里人才济济，但是一些土政策又大大地限制了信息化建设的发展。简单来说，一些政策法规从颁发到执行中间要经历很多的环节，按照传统的管理模式，从上到下一级一级传达，从制定到执行要经历很长的时间，也许就因为这个时间会耽误很多的问题。若全军能有一个信息共享的环境，上级制定规章后直接下达到各个基层单位，工作效率会提高很多。

五、建立军地共用信息平台，解决人才互补问题

从根本上来说，信息化建设的发展，取决于高素质的人才队伍。要把人才队伍的建设作为推进信息化进程中的重中之重。创造用好人才、吸引人才、培养人才的良好环境。完善人才激励机制，加强人才培训，要培养一支精干的高级管理建设人才；要培训一批复合型的实际操作能力强的应用人才；要进行政府上网的应用性培训，在领导干部、在职公务员和广大职工中加强信息技术的应用性培训，尽快适应网络时代“电子政府”的要求；要加强各级各类教育和培训工作，普及信息化知识，提高全民素质。

同时，军用和民用信息系统相结合非常必要。其理由是：军用通信装备战前不可能准备十分周全，只能考虑到主要的、基本的需要。战争一打起来，情况千变万化，全靠现成的装备是不够的。民用通信经常在使用、经常在更新、经常在发展，且覆盖面广，投资有效益，是一种良性循环，可以长久维持。在战争的环境中，二者结合起来，可以发挥整体的作用，比单独使用更具优越性，既能增加容量，又能增加安全性。在某些领域，民用系统在技术上的发展，有时胜过军用系统的发展，例如移动通信、卫星通信、个人通信等。平时民用，战时军用，军民两用是完全可行的。

军用民用相结合应解决的问题有：国家需要有一个全面的、整体的建设规划，不能各行其事；建设民用系统时要考虑到如何转入军用（如加密设备），建设军用系统时要考虑如何与民用系统相沟通；在研制设备和建立通信网时，应要求解决兼容与接口标准问题，一旦有事，就可以互相连接、畅通无阻；军用和民用都要尽可能地采用国际最先进的技术，并互相移植和借鉴，如无特殊需要，技术上也要求相近和相通；生产军用的厂家，应同时生产相应的民品，生产民品的厂家也要承担生产军品的任务；应尽量吸收非军事院校及研究机构参与军用通信的研究，以发挥其专长，促进其在平时就作好战时参加服务的准备。在 GloMo（全球移动信息系统）计划中参加的知名院校有 10 个，如麻省理工学院、斯坦福大学、加洲大学各分校、南加洲

大学等。它们承担了 35 个研究课题的 22 个，占2/3，发挥着主要的作用。

总之，城市信息化建设是惠及全社会的大事，而国家安全是城市信息化建设中应有的内容。军民结合，共建 21 世纪城市军事信息系统是一个具有战略性的指导思想和原则，在城市信息化建设中有必要加以考虑。我们要强调规划先行，解决网络和信息滞后的问题；强化信息管理，确保信息安全问题；提高应用效率，解决“一慢一快”的问题；重视同步建设，解决信息资源共享问题；建立军地共用信息平台，解决人才互补问题。全面推进城市信息化建设，让生活在每一座城市的人民，充分享受信息化建设与国家安全的成果。

构建城市公共突发事件应急机制问题研究

石家庄陆军指挥学院科研部教授　李梦鹤

石家庄陆军指挥学院硕士研究生　孙向东

推进城市建设，构建和谐城市，使之具有现代化的城市基础设施、良好的生态环境和和谐的人文环境，已成为全国各中心城市的发展目标。同时，如何应对城市公共突发事件，提高政府应对危机的能力，保持社会稳定、城市安全，促进城市发展，也成为摆在政府面前的一个不可忽视的重大问题。

一、城市公共突发事件的现状分析

城市公共突发事件是指在城市中突然发生造成或者可能造成重大人员伤亡、重大财产损失和重大社会影响的涉及公共安全的紧急事件。根据城市公共突发事件的发生过程、性质和机理，我国政府通常将其划分为四大类，分别是自然灾害、事故灾难、公共卫生事件以及社会安全事件等。

自然灾害主要包括水、旱灾，台风、冰雹、雪、高温、沙尘暴等气象灾害和地震、滑坡、泥石流等地质灾害等。事故灾难通常包括民航、铁路、公路、轨道交通等重大交通运输事故，工矿企业、建筑工程、公共场所及机关、企事业单位发生的各类重大安全事故，造成重大影响和损失的供水、供电、供油和供气等城市生命线事故以及通讯、信息网络、特种设备等安全事故，核辐射事故，重大环境污染和生态破坏事故等。突发公共卫生事件通常包括重大传染病疫情、群体性不明原因疾病、重大食物和职业中毒，重大动物疫情以及其他严重影响公众健康的事件。突发社会安全事件主要有重大刑事案件、涉外危机、恐怖袭击事件以及规模较大的群体性突发事件。另外，由于资源、能源和生活必需品严重短缺，金融信用危机和其他严重经济失调、经济动荡等涉及经济安全的危机也成为影响城市安全的重要因素。①

据有关部门统计，近 10 年来，我国平均每年因自然灾害、事故灾难、公共卫生和社会安全事件造成的非正常死亡超过 20 万人，伤残超过 200 万人，经济损失在 4000 亿元以上。目前，全国 70%以上的大城市、半数以上的人口和 75%以上的工农业产值分布在气象灾害、海洋灾害、洪水灾害和地震灾害频繁的沿海及东部平原丘陵地区，每年因自然灾害造成的损失都在千亿元以上，其中我国位于地震烈度为 7 度的省会城市有 25 个，占省会总数的 74%。我国生产安全事故总量大，重、特大事故频发，平均每年发生事故近 100 万起，死亡 13 万人，伤残 70 多万人，造成的直接经济损失超过 2500 亿元。每年发生的重大食物中毒事件超过 100 起，年均超过 2 万病例，死亡近 200 人，职业中毒人数与致死率不断攀升。各种刑事案件发案率居高不下，群死群伤的爆炸、投毒等恶性案件时有发生，杀人、绑架等暴力犯罪危害严重，犯罪活动更加趋向职业化、组织化、网络化。近年来由于人民内部矛盾引发的群体性事件不断增多，连锁反应增强，人员参与规模增大，有些甚至采取自残、自杀等过激行为，持续时间长，反复性强，处置难度加大。② 同时民族分裂势力、宗教极端势力、国际恐怖势力以及“法轮功”等邪教组织与境内外敌对势力相互勾结策划实施暴力、恐怖活动，企图对我人民群众造成生命财产损失的同时，造成更大范围的社会震动和国际影响。

现阶段，我国已经迈进全面建设小康社会、构建和谐社会的全新发展时期。建设社会主义市场经济、社会主义民主政治、社会主义先进文化、社会主义和谐社会，建设富强民主文明和谐的社会主义现代化国家的道路全面铺

---

① 全国干部培训教材编审指导委员会组织编写：《公共危机管理》，人民出版社、党建读物出版社，2006 年第 1 版，第 9 页。

② 全国干部培训教材编审指导委员会组织编写：《公共危机管理》，人民出版社、党建读物出版社，2006 年第 1 版，第 18、19、20 页。

开，城市作为国家政治、经济、文化中心的地位与推动国家建设全面发展的作用更加突出，城市的安全稳定和全面发展对国家的经济政治生活乃至在国际上的政治外交斗争都会产生巨大的影响。我们应该清楚地看到，我国正处于经济转轨和社会转型期，城市发展乃至社会发展正处于一个“非稳定状态”：生态环境恶化、自然灾害频发、资源能源日趋匮乏，对经济社会发展的制约作用加大；城乡和区域经济社会发展仍然不平衡；经济政治体制改革进入攻坚阶段，日益触及社会深层次矛盾；人民群众的物质文化需求不断提高，社会意识形态趋于多元；西方国家加紧在意识形态领域打“没有硝烟的战争”，向我国输送资本主义政治制度、意识形态和价值观念，企图对我实施西化、分化，加之传统道德文化体系的失稳以及社会上存在的各种消极腐败现象，以上种种不利因素及其相互作用，必然导致城市公共突发事件发生的概率大大增加，对其造成的危害及影响难以做出有效预计，我们对突发事件的处置工作将更加复杂，难度亦将更加艰巨。因此，我们必须高度重视城市公共突发事件对城市发展的严重危害，加强对城市公共突发事件问题的研究，采取各种方法手段积极预防、妥善处理，保护人民群众生命财产安全，保持城市繁荣稳定，促进城市建设和谐发展。

二、应对城市公共突发事件面临的问题分析

1. 城市公共突发事件种类多，范围广，对投入力量的“联合性”要求高

城市公共突发事件涉及领域广泛、起因复杂、暴发突然、蔓延迅速。另外，由于城市特殊的地理、社会人文环境，往往会对发生的各种灾害产生“放大”作用，产生次生灾害、衍生灾害并形成大规模的灾害链、灾害群。危害的这种广泛性、渗透性以及综合性，为我们处置突发事件造成了很大的困难：不仅需要大量人力处置一般性的突发事件后果，如对各类自然灾害造成城市基础设施损毁的修复工作；还需要专业人员应对特殊性灾害，如对核化泄漏后果的消除：不仅需要单一部门实施，还需要各部门联合参与，在城市自身力量难以满足需要的情况下，还可能动用军队和武警力量，甚至动用中央的力量。如松花江水污染事件造成松花江吉林市江段以下数百万人饮水

困难，中央调集了大量物资、采取各种手段以减小化学物质对松花江水环境的影响。因此，在应对城市公共突发事件，特别是大规模、可能造成严重危害的突发事件，必须依托上级的有力支持，整合城市各方面力量，党、政、军、警、民一体，形成处理突发事件的最大合力。

2. 处置突发事件力量多元，情况复杂多变，对组织指挥的灵活性要求高

一方面，从应对突发事件可能动用的力量来说主要有：一是城市职能部门，如公安、消防、交通、化工、卫生、环保、气象、市政、城建、电力、通信、民防等单位；二是企事业单位员工、机关工作人员、大中专学校学生以及社会团体人员；三是人民解放军、武装警察部队、民兵预备役人员。在特殊情况下，还可能得到上级及其他相关部门、单位的支援和配合。这就导致在协调控制各种力量时构成了十分复杂的指挥控制关系：既有直接上下级之间的隶属配属关系，上级对下级的一切行动具有决定权和控制权，下级必须无条件地服从上级的命令指示；还有非直接上下级之间的支援配合关系，是在本级得到了其他兄弟单位部分力量的加强时形成的一种临时性指挥关系；但更多的是各机关、部门之间，军队、地方之间，解放军、武警、民兵之间的一种互不隶属、相互平行的协作关系，这种指挥关系强制性较弱，不是以命令、指示形式去实现，通常采取请求、协商的形式来解决问题。面对复杂多样的指挥控制关系，要求我们科学地建立指挥系统，灵活协调各种力量，在充分发挥各自作用的同时形成整体合力。

另一方面，城市公共突发事件往往发生突然，变化迅速，形势可能急剧恶化。尽管人们对突发事件的发生能够做出一些预测，但是对发生时间、地点、方式，“质量”转换时机、可能产生的危害往往把握不准，应对行动滞后，进一步加剧情况恶化。对于突发事件早期，可能仅需要城市相关部门组织自身力量即可处理，但是一旦控制不利，情况急剧恶化，就需要国家、省、市各级政府组织指挥党、政、军、警、民各方力量联合应对。如 2003 年爆发的“非典”，尽管各级政府事先采取了一定的措施，但是由于对 SARS 病毒致病机理、传播途径、预防方法等各方面情况不了解，采取措施不及时，造成了初期应对“非典”的被动。因此，这也需要我们建立一个灵活机动的指挥系统，能够有效应对各种规模的突发事件，尽量将突发事件的危害控制在萌芽状态或减小到最低。

3. 城市公共突发事件政治性强，内外影响大，对处置工作的策略性要求高

突发事件不仅能造成重大的人员伤亡和财产损失，还会引起巨大的社会影响：一是随着城市建设的快速发展，原来隐藏着的各种深层次矛盾会日益显露出来，如失业问题、收入分配不均问题，如果不能得到及时有效地处理，就会成为爆发突发事件的隐患。二是由于受国际大环境的影响，近年来，民族、宗教、人权问题及由此引起的各种矛盾在国内有愈演愈烈之势。在境外敌对势力的怂恿策划下，境内民族分裂分子、宗教极端分子以及其他破坏分子相互勾连，利用部分群众对个别现实问题的不满，积极运作和实施反党、反社会活动，组织各类非法游行示威活动、冲击外事机构，甚至采取爆炸、暗杀等恐怖主义活动，以扩大影响、混淆视听。在处置这类问题时，往往直接涉及到民族、宗教、法律等一系列政治敏感问题，破坏分子与人民群众混杂，境外与境内反动势力遥相呼应，人民内部矛盾与敌我矛盾相互交织，政治攻势、军事威慑和武力打击手段综合运用。处置不当，不但会引起国际、国内社会的高度关注，还可能授人以柄，造成国家在政治、外交上的被动。因此，在处理此类突发事件时，我们要站在战略高度，从党和国家的战略全局出发，严格遵守党的民族宗教政策和国家的法律法规，严格依法办事，正确把握政策界限尺度，慎重稳妥地处置各种问题，做到有理、有利、有节。

三、构建“平突结合”的城市突发事件应急机制

随着我国改革开放的进一步深入和对外交往的不断增多，城市面临的各种突发事件会越来越多，并成为影响社会稳定和城市发展的重要因素，对此我们必须高度重视，不但要在事发后积极处置，更要在事发前认真准备。历史告诉我们，凡事“预则立，不预则废”，我们必须建立一套健全完善、“平突结合”的应急机制，以夺取处理突发事件的主动权。从城市现实情况及一些城市建立应急机制所取得的经验来看，我们考虑可以按照“集中领导、分级负责，统一指挥、各司其职，反应灵敏、运转高效”的原则，在以下方面有所动作。

1. 建立权威高效、机动灵活的应急指挥系统

城市突发事件应急处置活动是一项极为复杂的社会活动，从组织到指挥、从技术到保障、从事件处置到消除后果，涉及到诸多方面的关系，只有建立权威的指挥机构，实施统一指挥和集中控制，才能保证处置行动顺利进行。另一方面，由于突发事件发生的突然性、发展的快速性，只有提高指挥系统的快速反应能力，通过高效灵活的指挥活动，才能有效遏制灾害后果。

基于上述两点考虑，可以进行如下机构设置：

一是建立市公共突发事件应急处置指挥部，作为全市公共突发事件应急处置工作的最高领导机构，统一领导公共突发事件应急处置工作。以市民防指挥中心为基础，人员可由市政府和地方军事领导机关以及城市相关单位领导组成。总指挥一般由市委主要领导或主管民防工作的市领导担任，副总指挥由地方军事部门和民防办公室的领导担任，根据突发事件性质，也可由化工、交通、公安、卫生等部门领导担任。指挥部下设交通安全、消防、公共卫生、安全生产、核化事故救援、反恐等各类职能部门。其责任主要是制订城市突发事件应急总体预案，建立应急处置社会联动机制，研究确定公共突发事件应急处置的重大决策、指导意见并组织指挥应急处置。其下各类职能部门组织制订、完善各类单项预案，提供各类保障，建立健全各种专业救援队伍，负责相应种类的小规模、一般性公共突发事件应急处置工作。另外，在人口密集、工矿企业相对集中且易发生突发事件的区、街道、社区、大中型企业单位可视情建立区、基层单位应急指挥分部。主要是在本级任务区内完成与上级指挥部相应的工作，在突发事件发生时，进行应急指挥，及时上报情况，请求支援。

二是建立公共突发事件应急处置指挥中心。“指挥中心”作为市公共突发事件应急处置指挥部的常设机构，平时搜集和掌握突发事件信息，并与指挥部职能部门实施信息共享并对公共突发事件统一接警，启动市公共突发事件应急处置程序，组织和调动应急联动单位及时进行应急处置，迅速向市委、市政府及市公共突发事件应急处置指挥部报告。在组织构成上，主要由市民防指挥中心、市公安局指挥中心协调组建。

三是建立公共突发事件应急处置前方指挥所。根据公共突发事件应急处置工作的实际需要，由市公共突发事件应急指挥部人员配备相应的机动通信指挥车辆及器材，在事发现场建立前方指挥所，实施现场指挥，以提高指挥的针对性、时效性。

2. 建立功能全面、反应灵敏的应急队伍

应急队伍是处理城市突发事件的主体力量。突发事件应急处置的复杂性、紧迫性，要求应急队伍既要能应付大量的一般性灾情，更要能处理特定灾情；既要有健全的组织结构，又要有高度灵敏的反应机制。从我国民防建设和城市发展的实际来看，建设一支以民防队伍为主体、军民结合，群专结合、合成高效的应急队伍是完全必要和切实可行的。

一是突发事件应急专业队伍。作为处理突发事件的骨干力量，对顺利完成（处置突发事件）任务起着主导作用。主要由城市的城建、公用、电力、卫生、医药、公安、化工、环保、通信、交通运输部门组成，按照“专业对口、适应生产、便于指挥、便于行动”的原则，建立医疗救护队、消防队、治安队、防化防疫队、通信保障队和运输队等，遂行抢险抢修、医疗救护、防火灭火、防疫灭菌、消毒和消除污染、保障通信联络、抢救伤员和抢运物资、维护社会治安等任务。

二是突发事件技术专家队伍。技术专家队伍是应对突发事件的智囊团。主要由各行业、各学科和各专业领域的技术人员和科学家组成。主要为各级指挥机构和应急队伍提供技术咨询与指导，对突发事件的性质、造成危害的范围和程度作出准确地判断，对突发事件的发生、发展和后果进行分析评估，为指挥机构决策和组织指导处置行动提供依据。

三是突发事件心理防护分队。由从事心理学研究的心理学家、心理医生和宣传、新闻、教育等部门的专家和学者组成。主要任务是谋划和制订减轻人员心理伤害的对策和预防措施；对群众进行心理疏导、提供心理咨询；揭露破坏分子的欺骗宣传，澄清事实真相；动员群众积极应对，尽快恢复正常秩序。

四是突发事件预备支援队伍。以大中型企事业单位、机关、学校、社会团体人员为主，以人民解放军和武装警察部队为后盾组建，主要任务是作为预备力量，支援上述各类应急队伍行动。其中人民解放军和武警部队组织严密、素质过硬、装备优良、反应快速，能大规模、成建制地行动，是实施突发事件应急处置工作的重要“突击”力量。

3. 建立整体联动、运转高效的突发事件运作机制

运行机制是协调各级指挥机构、职能部门，整合各类应急资源，组织各项应急行动，加强各种应急保障的关键因素。只有实现指挥机构与应急队伍整体联动，应急行动与保障行动的高效运作，才能有效应对突发

事件。

一是构建一个能够贯通市、区、街道社区的灵敏、顺畅的一体化信息联动体制，能够迅速及时地预警、通报、处置突发事件。由市政府实施统一领导，将原来的各职能部门各自分立、互不相通的指挥系统加以整合，实现对“110”、“119”、“120”、民防、供水、供电、供气、供暖、环保、防汛、防震、市政设施、安全生产各部门的统一指挥、整体联动。如南宁市的城市应急联动中心、深圳市的紧急事务管理体系应急指挥系统、广州市的“110”社会联动系统、上海市的城市综合减灾体系、武汉市的应急管理联动、乌鲁木齐市的“110”和“120”社会联动等，都基本具备了应付突法事件的指挥处理联动机制功能。

二是科学确定突发事件预警分级和应急处置权限。预警分级和处置权限是使指挥机构应急处置活动有序展开的重要保证。通过科学设置突发事件级别，赋予各级各类指挥机构和职能部门相应的处置权限，能够有效增强处置突发事件的及时性、灵活性，提高指挥效率。如沈阳市根据公共突发事件的危害程度将突发事件预警级别分为五级：一级（红色）警报为全市范围内发生的重大公共突发事件，由市公共突发事件应急处置指挥部统一组织指挥；二级（橙色）警报为本市发生的跨区、县（市）或两个以上灾种的公共突发事件，在市公共突发事件应急处置指挥部指导下，由各类相关专业职能部门会同当地区、县（市）政府进行应急处置；三级（黄色）警报为本市局部地区发生的小范围的公共突发事件，在市公共突发事件应急处置指挥部指导下，由当地区、县（市）政府组织有关单位和相应力量进行应急处置；四级（蓝色）警报为省内其他城市发生未波及本市的公共突发事件，由市各类相关职能部门发布预警和跟踪监测，采取适当的防范措施，做好应急处置准备工作；五级（灰色）警报为国际性和国内其他省份发生的未波及本市的公共突发事件，根据国家和省有关要求，有关职能部门做好跟踪监测和相应的防范准备工作。① 这种分级明确，预警清晰、权限明确的等级划分，有利于对各种各类规模的突发事件进行合理的处理。

三是周密制订应急处置预案。应急处置预案是公共突发事件应急准备和处置的基本依据。各级指挥机构、职能部门应广泛调查研究，掌握详细信息，结合实际情况，科学制订预案，结合演习和经验教训，反复论证完善，保证应急预案具有良好的可行性、适应性和可靠性。通常按照危害评估、预

① 赵均：《构建公共突发事件应急反应机制的思考》，《中国人民防空》，2004年第8期，第7—9页。

测分析、分工编写的步骤制订相关预案。应急处置预案应制订预案的指导思想、目的和依据；指挥机构及应急队伍的编组及任务区分；预案启动的条件、适用范围；启动后的组织指挥、协调控制；各种保障工作、管制措施、心理防护等予以明确，力求全面、细致、严密。

四、建立城市突发事件应急机制应把握的几个问题

1. 重视应急通信网络建设

依托市民防、公安指挥中心通信系统，打破原有多个应急通信系统条块分割、各自为政的传统模式，整合各职能部门专业通信网，建立跨部门、多层次、多手段，反应灵敏、稳定可靠的应急通信网络。充分发挥各通信公司的技术优势，解放军与武警装备优势，公安及民防的基础设施优势，广播、电视、报纸、计算机网络等传媒优势，建立无线通信与有线通信、移动通信与固定通信、卫星通信与微波通信多种方式的通信网络系统，实现应急信息传输处理的互联、互通、共享。

2. 加强突发事件应急保障

城市突发事件发生突然，危害可控性差，参与救援单位多，保障行动多样且时间紧迫，保障任务繁重艰巨。客观上要求预先准备，充分发挥各级技术部门和保障部门的骨干作用，依靠全社会的整体合力，综合使用各种保障力量、保障手段，从物资器材、交通运输、通信、气象、医疗防疫、工程、技术等方面有效地进行保障，重点加强资金保障。资金保障制约影响着应急作战能力的形成，是其他各类保障的基础。因此资金保障主管部门应科学制订经费保障计划，建立严格的经费请领分配，报销结算、监督管理机制。通过国家拨款、市政府年度预算与社会力量共同承担的模式，筹集应急资金；加强财务工作指导，重点抓好计划、预算、审计、使用、决算等环节，严格控制开支范围，统筹兼顾、保障重点。

3. 重视应对突发事件的教育训练

贯彻“以防为主”的原则，加强宣传教育的力度，创造良好的教育训练

环境、搞好教育训练的各项保障，通过党校短期进修班研究性培训、高等院校专业培训、初高级中学知识普及教育、企业和社区防护技能教育培训等多种方法途径，在人民群众中普遍开展有关政策法规、灾害防护、自救互救知识的教育，大力培养专业技术人才，增强人民群众的防灾抗灾意识和能力。

积极开展突发事件应急演习，结合应急处置预案、参演单位的实际情况、演习规模以及城市可能遭遇的突发事件种类及受危害程度，科学设立演习预案，建立精干导演机构，恰当选定演习场地，精心组织保障，通过指挥机关演习、专业队伍战术演习、单项科目演练、全科目综合演习多种形式，提高指挥员及指挥机关的指挥控制协调能力，及时发现和解决指挥系统和指挥控制过程中出现的问题，完善应急预案，提高专业应急队伍熟练使用各种装备器材的能力、近实战条件下作战与协同的能力。

4. 加强应急机制的法制建设

城市突发事件应急机制的建立与实施，涉及到处理党、政、军、警、民等各个方面关系，组织起来具有很大的难度。因此，必须要有法律做保障，通过法规、规章的形式予以明确和规范，使之能够有效地执行。一是以国家相关法规为依据，建立符合本市实际情况的地方性法规、规章和其他规范性文件。国家在防灾抗灾方面建立了比较完备的法律体系，如《人民防空法》、《防洪法》、《防震减灾法》、《灾害救护法》、《物价管制法》等一系列法律及行政法规。作为具有立法权的市人大、政府等权力机关可以根据本行政区域的实际需要，在与国家宪法和有关法律、行政法规不相抵触的前提下，制订本行政区域或特定范围内的发生效力的法规、规章。二是根据国家应对突发事件的相关预案制订本城市突发事件应急预案。“非典”发生后，国家高度重视对突发事件应急预案的建设，制订并颁发了《国家通信保障应急预案》、《国家核应急预案》、《国家公共卫生突发事件应急预案》等一系列突发事件应急预案。市相关部门应以国家应急预案为指导，建立城市范围内的公共突发事件总体预案及分支预案。做到有法可依、有章可循。

对建立特大城市处置突发事件跨部门军地联动指挥决策机制的思考

国防大学危机管理中心教授　欧阳维

为搞好特大城市的应急处突工作，需要以国家现有总体安全框架为背景，以改革创新精神，建立和完善围绕处置突发事件的跨部门军地联动指挥决策机制。

有效应对特大城市各类突发事件的关键环节在于实现军地跨部门联合与合作。这种联合与合作在本质上是军地联合指挥机构对跨部门力量进行有效指挥协同的一种核心功能。对完成好处突任务的共同理解和责任感，是实现军地各方通力合作与协同的基础。特大城市面临威胁的跨国性、多样性、突发性和隐蔽性特点，要求相关城市的政府机构、军队、各种社会组织和非政府组织齐心协力，充分发挥各自的力量，成功实施跨部门行动，共同完成任务。从军队来说，如何紧密地和各级党委政府及其他社会组织协同一致，相互配合，是保证处置行动成功的关键。特大城市应急处突力量多元，专业差异性大，多数互不隶属，在跨部门联合行动上存在以下主要困难：

1. 条块分割的组织管理体系

在现有体制下，不仅是军队和地方之间，就是地方各部门之间、政府和社会组织之间也主要是纵向关系，基本是“烟囱林立”。长期形成的组织间纵向关系，使得工作文化和习惯在联合应急行动中是一种巨大障碍。应对特大城市面临的威胁，特别是应对各类突发事件，不仅需要在军队或政府内部有隶属关系的各部门之间实现联合，而且要在不同隶属关系，但有共同任务的部门间实现军地结合的跨部门联合行动。无疑，跨部门联合行动需要增强横向关系，打破和克服纵向关系的负面作用。

2. 指挥方式大不相同

军队与地方政府、相关机构和社会组织在指挥体制、指挥协同方式上有很大不同，这形成了特大城市应急处突工作中有效应对突发事件的指挥协同困难。军队的特点是无条件服从指挥和命令，但在市场经济条件下有些职能部门和社会组织难以做到这一点。政府各个部门和机构的职能不同，决策的程序和方式不同，有时也可能是相互交叉和矛盾的，这就给统一指挥、统一行动带来了困难。社会其他组织，特别是非政府组织与军政职能部门在这方面的差异就更大了。

3. 缺乏有权威的综合协调部门和相互尊重、承认的机制

为实现对应急处突工作的统一指挥，特大城市需要成立综合性的指挥机构，但从现状看，在如何实现统一指挥上还存在一些差距。在怎样进行跨部门统筹决策，如何共享情报，如何明确职责，制定共同能够执行的计划和应急方案，如何组织保障和演练，在行动中各种力量之间是什么关系，协同中谁为主、谁为辅，常设协调机构是否具有权威性、代表性等方面还有很多不确定因素。

为搞好特大城市应急处突工作，我们需要建立一种什么样的决策机制呢？总的说，一是应考虑在应对突发事件时能实行跨部门的集中统一领导，不能各行其是；二是应考虑能够在各个相关职能机构（包括军地职能机构）之间共享情报，相互了解各自的功能，减少情报损耗；三是应考虑减少决策层次和减化程序，能够对突发事件进行快速反应，不能按部就班，错过时机；四是应考虑科学决策，充分发挥处突专家的作用；五是应考虑积极发挥各种处突力量的效能，而不是相互推卸责任和扯皮，避重就轻；六是应考虑能减少指挥时的矛盾和阻力，实现军地指挥员之间共同的面对面决策。在这些原则框架下，可以考虑采取以下措施：

一是建立特大城市跨部门军地联动指挥机构。这种跨部门指挥机构应以国家安全决策机构为基础，并在国家的整体安全筹划和实施框架下行动。当

前的问题是国家安全指挥协调机构不够健全，实现对军地的一体化指挥比较困难。在特大城市建立这种具有跨部门指挥协调能力的联动机构，应对国家安全决策机构负责，同时对地方党委政府负责，能够全权处理本城市或跨地区的安全问题。这种有跨部门功能的军地联动指挥机构应吸收情报、公安、安全、军队、财政、外事、宣传和其他政府有关部门的人员参加，形成权威性较强的、有军地领导共同参加的高级别城市应急处突指挥体系。目前的特大城市的领导指挥体系，与这种一体化指挥体系还有一定距离，因此需要在军地之间进一步探索、整合与磨合。美国在反恐行动中组成了由国防部或国土安全部牵头，有国防部、国土安全部、联邦调查局、中央情报局、国务院、特勤局、司法部、财政部等单位参加的联合跨部门小组（JIACG），四年来在反恐行动中成效显著，起到了重要作用。

二是形成处理突发事件的领导核心。应对突发事件，要按照以国家和地方政府为领导核心的原则处置，军队在总体上以为国家和地方政府提供安全支援为原则。当军队担负支援地方行动任务时，不论是参与指挥还是参与行动，其角色都是辅助性的。俄罗斯政府规定：军地在城市地区实施联合反恐行动中，行动指挥员由内务部或联邦安全局领导担任，这是在总结莫斯科和别斯兰事件成功和失败教训后得出的结论。在城市应急处突工作中实行属地管理，由当地政府领导负责处理责任地区的突发事件，这个原则无疑是正确的。同时还应当考虑到，如发生国防安全方面的重大事件，军地领导指挥关系应按国家要求及时转换。

三是形成有效的协同机制。现在我们主要的办法是进行任务性的临时协同，事过人散，军地跨部门协同关系缺乏法律和规章制度的保障。不论是在军队还是在政府各职能机构内部，联合与跨部门行动能力在没有法律和规章制度保障的情况下显得十分脆弱，相应指挥机构的人员编制解决不了，导致平时管理问题难以落实。美国颁布的年度国家安全战略，对国家各部门能起到指导和协调作用。参联会在 2006 年出版了第 3—08 号“联合出版物”，规范了联合行动中军队与政府各部门、非政府组织间的跨部门协同方式。美国国防部跨部门小组副组长马修上校（Colonel Matthew F. Bogdanos）认为，跨部门行动的主要困难在于缺乏国家管理制度，包括法规和行动标准等，另外在编制、人员方面也难以落实。即将卸任的参联会主席佩斯（General Peter. Pace）最近在一次讲话中说，要解决跨部门行动问题，由于没有相关法律，最终只能靠总统来协调了。

四是建立更为密切的军地联动关系。军队应能够与政府其他部门一道制定应对突发事件威胁的计划和预案，明确各个机构在预防、准备、反应和恢复行动中的职责和方法。不少国家在政府各部门之间、军队和政府之间、政府和社会组织之间建立了联络官制度。有了这些联络官，就能比较容易达到相互沟通、相互了解、互通情况的目的。如在美国国防部就有国土安全部和国务院的联络官，反之在这些单位也有国防部的联络官。同时在这些部门之间，还要建立定期磋商交流机制。

五是加强情报共享。城市应急处突工作的基本任务就是能够对可能发生的突发事件进行预防和反应。为此，在跨部门军地联动指挥机构内部，加强情报共享能力至关重要。如果没有情报共享，就很难或不可能做到对突发事件的有效预防和反应。“9·11”事件之后，美国成立了跨部门的国家情报总局，整合了各方面的情报，发挥了有效作用。在跨部门小组中，共享情报需要具备一些基本条件，如对参加跨部门指挥部的各单位人员需要进行保密资格认证。如果这些人员通过了认证，就能够享有了解最机密情报的权力。他们应平等工作，具有代表性和志愿性，原则上可以调用各自单位数据库的情报，达到全体共享。而共享情报的最大好处是可避免出现情报分散孤立导致判断失误的错误。在去年新疆“12·25灭鼠行动”中，地方和军队在情报上合作得非常好，起到了至关重要的作用。

六是注重军地高层和工作层次的共同培训和训练。在跨部门军地联动指挥机构的领导下，应组织军地有关单位共同进行联合想定作业和演习。如可以设置有关情况，组织军地双方指挥人员进行沙盘推演模拟作业，以检验和完善预案。这种共同培训和训练，既可以委托地方有关院校进行，也可以发挥军队的长处，委托军队院校组织实施。美国国防大学经常结合处突任务，组织军地领导人到校参加相关课题的想定推演，取得了较好的效果。

七是加强对跨部门军地联动指挥的信息技术保障。关键是要围绕如何实现军地指挥联动问题开展这项工作。当然，如果不能较好地解决指挥关系问题，技术保障就没有了方向和依据。如果指挥关系调整得比较好，比较顺畅，那么就需要在指挥方式和指挥器材上下功夫，以提高指挥效率。基本的方法是实现通信上的互联互通和网络上有不同权限的接口联接，实时传递信息。不仅要连接军地之间的固定指挥单元，还要能够连接移动或运动中的指挥要素。这样，军地各种力量之间就有可能实现联合跨部门行动。美国海岸警卫队近年来开发了“深海”一体化 C^4ISR 系统，成为国家安全 C^4ISR 系统的一部分。这个系统可与国家安全网、海上巡逻机舰、各个通信主机站、军队地区指挥所、卫星通信网、机密协议因特网相联。可以通过雷达、摄像机、传感器、自动识别系统、监视机得到远方信息，认证威胁来源。还可以帮助海岸警卫队和超过 100 个军队和执法机构打交道，在一定程度上弥补了和这些部门的间隙，形成了共同完成任务的基础。看来这样的技术系统的确能够起到促进跨部门力量一体化的作用，值得我们研究借鉴。

城市重要军事目标的危机管理及应急防护

二炮司令部军研部研究员　杨承军

二炮驻 159 厂军代室军代表　杨　莹

二炮工程学院硕士研究生　裴　垒

当前，世界恐怖活动及城市危机事件频发，其出现的形式、手法、规模和强度不断变化更新，迫使国际社会不得不把反恐及应对城市危机作为维护国家安全的重要、甚至是首要任务。因此，深入分析反恐斗争形势及处置城市突发危机事件的特点和规律，研究并形成有效对策，在大城市举办国际性活动日益频繁的形势下，更显得重要和及时。

一、我国城市重要军事目标面临的严峻形势

我国当前正处在高速发展的盛世，但是国内外敌对势力的活动一刻也没有停止过，在我们的前进道路上还存在着许多安全隐患，这些因素不容忽视。

（一）大中城市重要军事目标多，安全形势严峻

多年的和平环境，国家的首脑机关、军队领导机构、研制机构甚至重要仓库，多集中在大中城市。这样对于集中办公和提高办事效率，对于军队实施正规化管理具有积极意义，但是对于做好保密工作和安全防范却带来了很大困难。特别是随着北京奥运会的临近，使重要城市所面临的安全形势更加严峻。

（二）敌对势力关注我国重要军事目标和军事情报，安全防范任务加重

国内“东突独”、“藏独”、“台独”等分裂势力与国际上的敌对势力相互勾结、遥相呼应，积极策划多种破坏活动。一些大城市中的重要军事目标必将成为敌对势力破坏的重点，安全防范任务加重。有关资料表明，美国中央情报局和兰德公司就曾在北京市确定了多个重要战略目标。

（三）敌对势力渗透窃密活动加剧，隐蔽战线斗争形势不容乐观

国内外敌对势力加紧对我国关键岗位上的人员进行策反渗透，对重要军事目标加紧进行多种手段的情报侦察。手段越来越先进，隐蔽性越来越强；互联网、手机、涉密介质使用越来越普及，失、泄密渠道日趋增多，特别是军事网络系统，一旦被侵入，后果将会十分严重。

（四）社会结构和利益关系发生深刻变化，安全稳定工作难度加大

随着市场经济的发展和对外交往的开放，社会物质条件不断改善，军队中安全稳定工作难度加大。极个别官兵政治理想信念淡化、道德观念弱化、个人主义强化，现实思想问题比较突出。另外，在战场建设、军事设施保护等方面与地方经济利益方面存在的矛盾也日趋突出，出现了军事禁区难划定、难把握的问题，也对安全工作带来了新的困难。

（五）对城市重要军事目标的防范还很薄弱

大中城市的首脑机关和重要军事设施等目标的安全防范手段还比较落后，应对力量还比较弱，部分高级指挥机构的安全技术防范手段还不够先进，机关和部队使用的大量电子设备还缺少有效的电磁频谱管控办法、防护标准和检测手段；对于各种突发事件还没有进行过针对性强、高效快速的实践性训练。

二、确立城市重要部位特别是军事目标的安全防范指导

对于城市重要目标，我们必须从宏观上确立科学正确的安全防范规划、指导思想和基本原则，使我们的防范工作有章可循、有法可依。

（一）总体目标

通过几年的努力，完善安全防范理论体系，初步形成较为完善的大城市重要目标安全防范体系，确保具有中高级防范能力；健全必要的法规制度和配套齐全的技术设施；技术手段先进适用，应急处置快捷高效，以有效遏制意外突发事件和重大政治性事件；降低一般性事故案件，为社会稳定和经济发展、“反台独”应急作战准备和部队建设提供良好的安全稳定环境。

（二）指导思想

对于城市各种意外突发事件，都应“积极预防，快速应对”。要认真贯彻胡主席相关的重要指示和军委总部确定的有关法规，全面落实科学发展观，牢固树立安全发展的理念，坚持科学预防、标本兼治、综合施策，积极防范重大安全问题，不断完善法规制度，建立长效机制，倡导安全文化，加大安全投入。充分调动国家的政治、经济、军事、外交、社会、舆论和文化等多种战略资源，最大限度地降低危机发生、发展和升级的可能性；一旦有

意外突发事件发生，组织精干力量快速进行干预处置，将其不利因素和影响控制到最低限度，确保国家安全不受大的影响和冲击，确保国家战略目标不发生重点偏移，确保城市重要军事目标的绝对安全。

（三）基本原则

应对城市重要军事目标的应急防护，应遵循以下五个方面的基本原则：

一是及早预防，争取主动。加强分析危机、预测危机的研究，找出城市危机或重大意外突发事件产生的特点规律，从而确定防范危机行动的对策和措施，加大应对各种危机的设施建设，以达到预有准备的目的。

二是快速决策，迅速行动。在美国太平洋司令部，随处可见一条醒目的标语——“今夜准备战斗”。美军的这种临战精神，很值得我们参考。要在充分掌握情况的基础上，对城市意外突发事件进行快速决策，并在最短的时间内组织应急分队或地方力量实施军事行动。

三是优化组合，资源共享。对参加行动的力量进行优化组合，使其能够发挥最佳的运用效益。根据发生的突发事件，综合运用陆海空天电和网络等全方位的军事手段，形成综合优势，合理使用，共享军地作战资源，使其发挥最大的安全效益。

四是密切联络，信息畅通。应对意外突发事件涉及城市的各个层面，必须随时保持通信、网络等多种渠道的畅通。军地各级指挥决策机构，平时就应建立顺畅的联系，一旦出现意外突发事件，在纵向和横向都应保持密切沟通和随时的联系。

五是全面规划，扎实建设。首先是构建完善的应急防范体系，增强安全防护的科学性和有效性。必须严格遵循突发事件发生和发展的内在规律，统筹规划，特别要抓好法规制度和设施防护等方面的建设；其次是突出重点，特别对大城市的重要机关和要害部门、国防工程等军事目标、交通运输节点及重大政治性安全部位、重大自然灾害等，坚持超前防范，从源头抓起，注重在完善法规制度、健全长效机制、提高技术手段等方面下功夫并进行重点投入，优先保障；再次是要着眼培养应对意外突发事件的组织者和各类骨干，提高安全防范队伍的技能和素质，注重调动和发挥人民群众和军队官兵的积极性、主动性和创造性，形成群策群力、群防群治的良好局面；最后是明确责任，定责问效，要教育人民群众和部队官兵牢固树立综合安全观，坚持各级党委统管、条块结合、齐抓共管，各司其职，各尽其责，逐级逐人定责任，逐项逐条抓落实，保证各项安全防范措施真正落到实处。

三、形成高效快捷的应急防护体系

在新的斗争形势下，对城市重要目标特别是军事目标的防护，必须逐步建立覆盖各个部位、层次分明、上下衔接、系统配套的防护体系，并制订相应的安全工作细则、手册和规程，对容易发生问题的部位和环节做出明确规范，真正确保重要目标的绝对安全。

（一）建立完善全民应急防护机制

军队机关要主动与驻地有关部门加强联系，建立健全军地协作机制。平时，及时通报情况，建立密切的多种联系；一旦有意外事件发生，迅速协调行动，共享救援资源，快捷稳妥地处置各种应急事件，形成高效的军地应急协作机制。

（二）提高应急防护观念和意识

消除和平麻痹、“意外突发事件距离我们很遥远”等模糊思想和观念，深刻认识军事斗争在当前的复杂性和多变性，深刻认识国内外敌对势力破坏行动的残酷性和狡诈性。以多种有效的宣传教育方式，对全民和部队官兵进行相关教育，以从思想上牢固树立随时准备打仗的观念。

（三）构建科学防范体系

加强城市重要目标的安全监管力量。要建立专门的力量并吸收有关领域专家参加，形成安全监管技术专家队伍；加强监管人员业务培训，掌握安全防范的内容和标准；确定多种行动方式。拓宽防范渠道，完善监管手段，落实各项检查制度，疏通多种信息渠道，形成全方位、多层次的安全防范网络；科学设置安全控制点。地方和军队对本系统、本单位可能发生问题的重点部位进行分析梳理，科学设置安全控制点，落实登记、检查、检测制度，及时加强对重点部位的安全防范。

（四）建立应急反应部队

组建由部队、武警、地方公安为主的应急行动部队，这支力量必须精干，机械化和信息化程度很高，配备先进的武器装备和抗干扰能力强的通信联络设备，使其具备快速反应、快速投送并随时投入作战的能力。

（五）研制发展应急反应武器、装备和设备

为适应城市应急作战行动的需要，我们必须积极借鉴外国外军的相关经验，研制发展适应在城市街道快速机动的代步工具，发展适应巷战使用的轻型武器，研制发展抗干扰能力强、频度宽和功率大的信息设备。

（六）组织应急反应联合演练

根据我国大中城市所面临的现实和长远应对重大危机事件需要，我们每年都应有重点、有计划地组织应急行动的仿真演练，特别针对执行重大任务、敏感时期和重要节日，进行有针对性的应急模拟演练。

在军队组织演习、国防施工、接装运输等重大活动或执行重大任务时，应设立专项防范行动分队，以确实把住安全控制点，并稳妥有效地实施全程监控。

构建和谐社区　促进城市安全发展

国防大学马克思主义教研部教授　廖作斌

安全与发展是辩证统一的。没有安全谈不上发展，全面、科学的发展才有安全，安全是发展。构建社会主义和谐社会开辟了中国特色社会主义新境界，和谐社区建设是构建社会主义和谐社会的重要内容。胡锦涛指出，构建和谐社会，“加强城市基层自治组织建设，要从建设和谐社区入手，使社区在提高居民生活水平和质量上发挥服务作用，在密切党和政府同人民群众的关系上发挥桥梁作用，在维护社会稳定、为群众创造安居乐业的良好环境上发挥促进作用”①。胡锦涛的讲话不仅指明了和谐社区对于和谐社会建设的意义，而且阐明了和谐社区建设对于城市安全发展的意义。我们要认识新时期和谐社区建设面临的机遇与挑战，着眼城市安全，全面推进和谐社区建设，让和谐社区建设切实为城市安全发挥作用。

一、和谐社区是城市安全发展的基础

安全的真谛在于和谐。和谐的社会才是安全的社会，和谐的社区才是安

① 胡锦涛在省部级主要领导干部提高构建和谐社会能力专题研讨班上的讲话。

全的社区，和谐的城市才是安全的城市。城市安全是一个广泛的概念，它包括城市的经济安全、政治安全、文化安全、社会公共安全。广义上的公共安全又包括生产安全、环境安全、食品安全、公共卫生安全，其涉及的具体事件包括自然灾害、生产事故、药品安全、生态环境、公共设施、地下空间、社会治安、金融安全、国家安全等30多种有关政治、社会、经济和自然方面的安全防范内容，涉及几十个部门。和谐社区是城市发展与安全的基础，这是由社区在我国城市经济、政治、文化和社会发展进程中的地位和作用决定的。有句古语讲得好："天下祥和在民安。"可以说，社区是群众情绪的晴雨表，是社情民意的信息源，也是透视党和政府工作的窗口。只有社区日趋和谐了，城市的安全发展才有坚实的基础。

（一）城市的基本群众生活在社区，构建和谐社区是稳定城市基层群体的关键

社区是社会的细胞。当前城市社区已形成城市基层的社会共同体。建设和谐社区是党和政府密切联系人民群众的重要纽带，是稳定和谐社会和城市基层群体的关键。城市的居民群体在社区。随着经济转轨、社会转型的深入发展，单位人逐渐演变成社会人，加上大量流动人口进入社区，现代社区内人员构成结构越来越复杂。今天的社区已经成为各种社会群体的聚集点。当前，社区中的重要群体主要有这五类人员：一是外来务工人员。目前我国每年的人口流动量是1.2亿；二是下岗失业人员和贫困群体。目前我国城镇还有1400多万下岗失业人员、2200多万城镇贫困人群，他们中还有许多人是因病、因残致贫的居民，急需社会的各种救助；三是老年人和移交社区管理的企业离退休人员。2003年，我国60岁以上的老年人占总人口的比重已经达到了11%，已有4400万65岁以上的老年人生活在社区，移交到社区的企业离退休职工已达2600多万，老年化的趋势还在进一步加剧；四是未成年人群体。这类群体求知欲和好奇心强、可塑性强，但如果缺少必要的教育和引导，也很容易出问题；五是部分先富群体。这充分说明，社区已经成为一个城市社会最重要的居民群体。而生活在社区中的各种人群的状况都会对社会和谐和城市的安全产生重要影响。做好社区的工作，提高居民生活水平和质量、引导不同类型群体和谐相处，这对于稳定城市，促进城市安全发展无疑具有十分重要的意义。

（二）社区是各种社会矛盾的交汇点，构建和谐社区是化解社会矛盾、促进城市安全发展的重要途径

今天的社区是各种社会矛盾的交汇点。构建和谐社会的矛盾汇集在社区。比如：大量失业人员以及农村大量富余劳动力涌向城市引起的就业问题，沉淀在社会、社区，已经成为不可忽视的社会矛盾；改革深化带来利益的深层次调整，但与之相适应的收入分配调节机制尚不完善，不同群体之间的利益矛盾日益复杂，贫富扩大的现象极易诱发社会矛盾；“安居”已成为居民群众的重要愿望，但一些城区动迁又往往因不能满足动迁户的期望值而发生矛盾，甚至引发群体性事件；各种思想文化相互激荡，一些地方治安状况不好，黄、赌、毒屡禁不止，一些人道德失范、家庭失和、行为越轨，引发一些家庭内部、邻里之间的矛盾。所有这些影响社会稳定的因素虽然都反映在社会，但都发生在社区，所以社区处在所有社会矛盾和社会问题的风口浪尖，只有社区防范好了，提前做好工作，才能最大限度地把各种问题消化在基层、防患于未然。现在农民工总数大约在2亿左右，这么庞大数量的农民工，他们的问题也不是社区都能解决的，但社区多一些仁爱，多一些善举，是对构建和谐社区有好处的。通过社区建设，引导社区居民顾大局、重法治、讲道德、守秩序，以理性、合法的形式表达利益要求，把问题解决在基层，处理在萌芽状态，这对于城市安全无疑具有十分重要的意义。

（三）社区是国家实施基层管理的主渠道，构建和谐社区是巩固国家政权、促进城市安全发展的基础

社区是国家与社会的接口。从1954年12月26日在毛主席主持下通过的《中华人民共和国城市居民委员组织条例》起，政府就是通过居民委员会这个管道把国家的公权力传达给居民群众的。在新的历史条件下，尽管我们的管理体制和管理方式都发生了很大的变化，但国家还是把居民委员会作为基层社会管理的主渠道，作为国家政权的基石。由于社区是国家实施基层管理的主渠道，党和政府了解民意、缓解社会矛盾，维护社会稳定，离不开社区；建立健全市场经济体制，优化投资环境，离不开社区；加强城市规划、建设、管理，提升城市功能，离不开社区；维护城市的公共安全，建立城市危机管理体系离不开社区，加强与群众的沟通联系，增强党和政府对整个社会的凝聚力离不开社区。社区作为人们生产和生活的“共同体”和重要活动

场所，为社会人找到了相应的承接载体。正是从这个意义上讲，和谐社区的建设为城市建设和安全发展提供了一个重要的基础平台。我国共有7.7万多个社区居委会，近40万名社区居委会专职工作者，122万个居民小组。这些为城市的基层政权奠定了基础。近二十几年来，城市居民自治组织在增进居民的公共福利、反映居民的意见和诉求、维护社区治安方面做了大量卓有成效的工作，在建设和谐的现代化新型社区等方面扮演着越来越重要的角色。继续加强和谐社区建设，把群众工作做深、做细、做实，就能更好地凝聚人心，理顺情绪，化解矛盾，促进城市安全发展。

二、新世纪新阶段和谐社区建设面临的机遇与挑战

我国经济社会发展正处于国内生产总值从1000美元向3000美元过渡的关键时期，这既是一个发展机遇期，也是一个矛盾凸显期。进入新世纪新阶段，我国发展呈现一系列阶段性特征，从总体上说是机遇与挑战并存。

新世纪新阶段我国社区建设所面临的机遇：一是我国社会主义总体战略布局由三位一体发展为四位一体，开创了中国特色社会主义新境界。和谐社会的建设为和谐社区建设创造了良好的大环境，把和谐社区建设提到更高的位置上。二是社会转型对社区工作带来了新机遇。社会转型的深化必然要求并促进社区工作转型的深化，不仅促进传统的、农业社会向现代社会的社区工作转变，而且使带有浓厚计划体制色彩的社区工作向市场经济体制下的社区工作转变，以适应和谐社会建设带来的一系列变化，适应市场经济条件下社区工作的新特点。三是市场经济对社区工作提出了更高的标准、更高的要求，而这本身就是一种机遇，它促使人们把压力变为动力，确立新思路，寻求新模式，解决新问题，实现新突破。

什么是和谐社区？民政部在吉林长春召开的全国社区工作会议上的表述是：我们所要建设的和谐社区，应当是居民自治、管理有序、服务完善、治安良好、环境优美、文明祥和的社区。

新世纪新阶段的新特点又对社区工作带来严峻挑战，表现为：

（一）经济社会快速发展与社区基础相对薄弱的矛盾

我们的城市建设随着国家经济社会的发展有了长足的进步，但正与和谐社会构建的现实必然性深藏着经济社会发展的不平衡一样，这种不平衡也体现在社区基础的相对薄弱上。

1. 弱势群体扩大，造成社会阶层结构不合理

和谐社会的重要基础和表现之一是有着合理的社会阶层结构，高、中、低收入人群比例合理。尽管我国人民的生活水平有了很大提高，但差别仍然明显，目前我国社会阶层结构呈金字塔形，其表现是中等收入阶层比重过小，弱势群体数量偏大，这种不合理现象在社区表现十分明显。城市社区中该群体主要是上面所列的如下岗失业人员、低学历、低技能人员和老、残人员等。他们在经济收入、社会地位、自身权益维护、竞争能力等方面常处于困难和不利境地。

2. 高危人群较多，构成社区不稳定因素

城市安全依赖于社区安全。社区治安环境是否安定，群众安全感是否增强，都直接关系到构建和谐社区的工作成效，也关系到城市的安全。社会的流动使社区里的各色人等大量存在，这些构成城市的不稳定因素。前两年公安部曾经公开过一个材料，在一些沿海城市，由于人口的大量流动，这些临时生活在城市的人员犯罪率高达60%左右。

3. 居住条件差，管理难度加大

适宜的居住环境是构建和谐社区不可少的物质条件之一。但目前尽管城市建设有了极大发展，高楼大厦鳞次栉比，但许多社区仍是棚户林立，交通拥堵，消防隐患大，通风透光差，少有绿地和活动场所。同时其中有的居民区因路狭窄，一旦有火灾或者有人患急病，连消防车和救护车都无法进入。

4. 居民法治理念较为淡薄，社区法治环境建设亟待加强

和谐社区的重要标志是民主法治化程度极大提高。目前城市社区建设和治理的法律、法规还不健全，社区利益主体可遵循的行为准则相对缺乏，从而使他们对利益的追逐处于自发和无序的状态，相互之间的冲突难以避免。

较为突出的是当前政府对房地产和物业服务等社区企业的行为规制不力，使房地产和物业服务成为社区纠纷最为集中的两大领域。

（二）社会转型对社区工作的高要求与社区工作者能力不太适应的矛盾

在社会转型不断深化的情况下，党和政府对社区工作者寄予厚望，他们被誉为“小巷总理”。社区工作者工作是积极主动的，成效是明显的，但总体上说，他们的整体素质离人民的期望、离构建和谐社区的要求还有不小差距。社区工作队伍素质偏低，文化程度不高、专业能力不强、社区工作人员在政策认识水平、知识结构及综合协调能力上往往不能满足构建和谐社区管理工作的需要，也无力在社区利益主体的矛盾冲突中发挥协调作用，从而影响着社区工作效率的提高，影响了社区工作职能的体现，也使社区工作者的社会地位难以表现。同时由于社区工作职业化标准尚未实行，导致社区工作的简单化、低水平、小成效的局面，使街道社区工作与构建和谐社区需要的差距更为明显。

（三）社区自治体制化加速与政府职能转变相对滞后的矛盾

体制不顺畅是当前社区工作中一个突出的问题。随着社会体制改革提上日程并不断深入，提高社区工作自治化程度的要求越来越迫切，步伐也日渐加快。但由于政府全能主义的体制性弊端突出，没有真正做到“掌舵而不划桨”，有的地方存在越位而有的地方存在缺位。目前的社区中，许多行政工作仍是政府包办、包揽、控制，社区自治难以真正实现。主要表现在这样几个方面：

1. 居委会协调作用缺失

由于现行城市管理体制和社区权力结构的限制，居委会在社区公共事务的治理和利益协调机制构建中面临着错位的困境。一是居委会功能异化。依据法律规定，居委会是基层群众性自治组织，是居民的利益代理人，同时作为政府创建的社会微观组织，它又是政府利益在基层的代理人，在理想状态下二者利益一致，但现实中，这二个角色常常冲突，导致居委会功能异化。二是角色错位。居委会成员以管理者身份自居，把社区居民作为管理对象对待，使社区自治变形。三是服务宗旨倒置。作为居民自治性组织，其工作不以居民利益为出发点，而是唯上级政府号令是从，完全成了一级行政组织。四是工作重心错位，为政府分忧多，维护居民权益少，接触上级行政组织的时间多，贴近居民的时间少，居委会居中协调的功能发挥不够。

2. 在人、财、事权上未理顺

第一，在人事权上，社委会并不能完全自主，从包括社委会主要负责人的选举到社委会班子的组成，在一定程度上仍习惯于听命于街道；第二，在财权上，当前几乎所有的社区工作人员的工资全是来自于政府财政，由于经费和工资依赖政府，社委会在经济上不能完全自力，所以其在工作职能上也不可能真正做到自主、自治；第三，在工作决策权行使上，社区的日常事务管理主要由党支部书记（社委会主任）决策，但对比较重大的事务，仍由街道办事处决定，二者关系基本上还是领导与被领导的关系，而非指导与被指导的关系。

（四）社区的开放性、复杂性与社区管理工作形式单一、机制不完善的矛盾

现代城市社会是一个高度开放多元的社会，同样社区也是开放、多元的，呈现极端的复杂性。社区工作的管理模式和管理能力应该与此相适应，然而由于多种原因，目前管理模式、管理能力还与之有差距，表现在以下方面：

1. 管理方式单一

社会的开放多元、复杂性要求人们广泛交往，社区管理实行开放。但随着城市规模急剧扩张、流动人口增加等，城市社区居民的安全感日趋下降，加上目前社区形式构成上较为复杂，绝大多数既有高、中档封闭住宅区，也有发展较完善的商业街区，还有老城区的大片平房区等，差异性很大，于是社区实行封闭管理，家家是铁门铁窗，个个小区是铁网围墙。这种社区管理形式就显得单一了。在一个居民普遍缺乏安全感的社区不可能建成和谐社区。管理的形式也很单一，这种状况应该改变。

2. 各种机制尚待完善

一是矛盾解决疏导机制不完善。社区担负着化解矛盾的神圣责任。但目前社区矛盾解决疏导机制不完善，能力不够，许多在社区发生的矛盾得不到有效解决而酿成重大社会动乱。二是社会预警机制不完善。目前社区预警机制很不健全，信息不灵通、反映不灵敏、动作不顺畅。有的报喜不报忧，筛选掉了部分有关居民疾苦的真实信息，从而错过了解决社区存在种种矛盾的时机。三是困难群体利益保护协调机制不完善。构建和谐社会的核心问题是建立一个利益协调机制，目前这方面作用还发挥不到位。社区如何通过社会保险、社会救助、社会福利、慈善事业相连接的社会保障体系，为困难群体编织一个可靠的社会安全网，还有很多工作要做。

（五）社区工作的群众性要求与群众参与不足的矛盾

社区工作对象具有极大广泛性。社区工作的自治性、群众性决定了社区工作是社区工作者和工作对象互动的过程；社区建设的内在动力在于居民参与，只有广大居民、业主积极参与社区事务，社区建设才能获得不断的动力源。而目前社区居民参与社会事务的积极性不高，主要表现在：一是参与主体不足且结构失衡，参与社区工作的基本上都是一些老人；二是有回报性的参与多，奉献性、公益性的参与少；三是文体性的参与多，政治性的参与少；四是参与的动力多是基于人际关系，主动参与精神尚未形成。特别是随着城市化的加快，目前社区开发商与业主的矛盾成为社区矛盾的一个焦点，但是由于种种原因业主维权不强烈、不积极，迄今为止，绝大部分城市住宅小区没有建立业主委员会，即使建立了也没有发挥应有的作用。据调查，北京、石家庄、郑州等城市，多数住宅小区都没建立业委会，即使在业主与物业公司矛盾激化、业主维权运动高涨的情况下，一个小区里真正关心维权活动的积极分子也很少，更多的人是冷眼旁观。

（六）充分发挥党对社区工作领导作用的要求与社区党建工作发展不平衡的矛盾

构建和谐社区关键在党。社区党组织作为党的基层组织处在社会变革第一线，是构建和谐社区的领导力量。加强社区党建对社会主义和谐社区的建设关系重大。但目前，社区党建工作开展还不均衡。其表现为：一是社区党支部建设不完善，对社区的软、硬件建设的投入还不足；社区工作人员的培训和教育不到位；社区工作者的生活待遇偏低。目前，北京社区主任的月工资一般只有一千多元，社工的月工资更少。二是非公经济组织的党建工作尚需进一步的摸索、总结和提高。社区一般只有5—6名工作人员，却要管辖5000—9000多个居民，仅要求社区工作人员对其辖区的非公有制企业进行全面摸底，掌握党员年龄结构、职业构成等基本情况，其工作量非常大，很难再进行组织发展、经常性的党员活动、全面推进党建工作。三是流动党员管理工作不易开展。目前有很多“口袋党员”，无法逐个进行排查，难以使他们参加正常的党组织活动。四是社区能力有限，对下岗职工党员、生活困难党员和部分老党员，协助他们解决实际困难的能力不具备。

三、着眼城市安全发展，推进和谐社区全面建设

全国社区工作会议提出了和谐社区建设的指导原则：必须以邓小平理论和“三个代表”重要思想为指导，用科学发展观统领建设和谐社区的各项工作；必须坚持以人为本、服务居民，始终把广大居民群众的根本利益作为各项工作的出发点和落脚点，不断满足居民群众日益增长的物质文化和生活需要；必须坚持党委领导、政府负责、社会协同、居民参与的工作机制，形成不断推进的整体活力；必须坚持整体推进、分类指导、与时俱进、创新发展，在构建社会主义和谐社会的历史进程中不断发挥基础作用。这四个必须回答了以什么为指导思想来建设、和谐社区为谁而建设、和谐社区依靠谁来建设、和谐社区用什么方式、怎么建四个问题，为和谐社区建设指明了方向。同时会议还提出了建设和谐社区，要重点抓好的七个方面的工作任务：一是切实完善居民自治，推进基层社会民主；二是切实加强社区管理，提高基层治理水平；三是切实拓展社区服务，提高居民生活质量；四是切实搞好社区治安，促进社会稳定；五是切实繁荣社区文化，促进社会进步；六是切实改善人居环境，促进人与自然协调发展；七是切实搞好社区党建，为建设

和谐社区提供保证。围绕这些任务，着眼于城市安全发展，我们应该着力做好以下工作。

（一）大力加强社区和谐文化建设，努力实现社会价值共识，为社区和谐和城市安全发展提供思想基础和精神支撑

和谐之根植于心。社会主义和谐文化是和谐社区建设的精神支撑和有效载体。一个和谐的社会、和谐的社区，首先必须有价值观的和谐，人们看一个社会、一个社区是不是和谐的，一个重要的方面是看人们是否崇尚和谐理念、体现和谐精神、具有和谐的价值判断，看这个社会、社区是否已具备了和谐的文化，和谐的人文环境。构建和谐小区，首先要构建一个小区的文化，要以先进文化引领和谐社区建设，全方位打造社区文化，探索以提升文化“软实力”来推动和谐社区建设的途径。

1. 建设和谐社区文化，核心在使社会主义核心价值体系成为引领人们前进的精神旗帜

按照社会主义核心价值体系的内容要求深化社区教育。开展社区伦理教育，大力弘扬中华民族优秀文化传统中的父母养育情、公婆体贴情、儿女孝顺情、夫妻恩爱情、邻里互助情、兄妹手足情等风尚。深化文明家庭、文明小区、文明单位、文明社区等群众性创建活动。

2. 建设和谐社区文化，努力使崇尚和谐的价值理念内化为居民的心理情感，推进人们按团结、稳定、有序的准则规范行为

和谐文化的基本内容，就是崇尚和谐理念，体现和谐精神，大力倡导社会和谐的理想信念，坚持和实行互助、合作、团结、稳定、有序的社会准则。我国自古崇尚“和为贵”，“君子和而不同，小人同而不和”。一个城市的安全、社区的安全，尤其重要的是人们对和谐的崇尚和行为方式的和谐有序，社区要把人们的关注点引导、凝聚到社会的法规、准则上来，最大限度地消除不和谐因素，维护社会的稳定和安全。根据下岗职工、流动人口和老年人等不同人群特点，积极研究并把握新形势下社区群众思想政治工作的特点和规律，有针对性地做好思想政治工作。

3. 建设和谐社区文化，必须创造群众喜闻乐见的文化形式，营造居民心理愉悦的社会环境

促进社区文化的大发展、大繁荣，要在四方面做文章：一是普及基础文

化，二是活跃群众文化，三是引进高雅文化，四是打造品牌文化。

要通过努力，实现社区要有社区图书室，藏书量达到1000册以上，社区参加全民健身运动的人口达到50％以上，“文明楼院”、“文明家庭”、“卫生之家”分别占辖区总户数的40％、50％和60％的要求。

（二）协调利益关系，保障公平正义，努力实现利益和谐，为社区和谐和城市安全发展提供良好的社会环境和坚实的内在基础

社会和谐、社区和谐不仅是价值层面的和谐，更重要的是利益层面的和谐。通过利益和谐，达到公平正义，各种矛盾得以缓解，社会、社区就会和谐、安全。和谐社会的基础在于通过利益的协调达到利益的均衡。一个和谐的社区必须是各种社会关系、社区群体和谐共处的社区，而一旦公平失衡，实际问题与矛盾不能得到有效解决，各种矛盾不断发生并激化，就谈不上和谐共处，这样的城市、社区就无安全可言。

1. 努力协调好阶层、群体间的关系

和谐社区要协调利益关系，形成一种大体均衡的利益格局，搞好不同利益群体间的利益协调就显得十分重要。

要努力协调好先富与未富群体的关系。社区居民分化的多样性和需求的差异性对构建和谐社区提出了重要课题，社区工作必须高度重视协调不同群体利益，努力使社区和谐。当前在社区先富与未富群体的关系还不太协调，开发商与业主的矛盾就是突出表现。而许多先富人员的社会形象不佳。据统计：我国国内工商注册登记登记的企业超过1000万家，但有过捐赠记录的不超过10万家，99％的企业从来没有参与过捐赠。有的地方出现富翁被杀、汽车被砸的现象。协调好先富与未富群体的关系是社区工作的重要责任。要使先富者既保持发展活力，又富有社会责任心。

要协调好本地居民和外来人员的关系。社区中外来人员多，矛盾客观存在。城市要以博大的胸怀接纳外来人员。要真正把农民工作为城市的建设者和主人翁看待，努力为他们排忧解难。

要协调好干群关系。针对仇“腐”现象，要加强对干部的监督，防止干部腐败现象的发生，真正落实执政为民的要求，充分发挥社区在协调干群关系中的重要作用。

2. 要注重对人民内部矛盾的处理

处理人民内部矛盾是社区协调利益关系的重要内容，是社区工作的基本主题。随着改革的深入，社会生活的多样化，人民内部矛盾呈现主体多元化、成因复杂化、处理关联化、形式激烈化的新特点。许多群体性事件是在社区发生的。由于一些人生活处于贫困状况，他们的窘境往往为社会所漠视，但也正是在这个时期，容易积聚起不满情绪和对抗社会的力量，当时机到来时，会突然间爆发，造成社会动乱。因此注重人民内部矛盾的处理是社区管理的一个重要课题。

处理好人民内部矛盾要把握好三个环节。一是各级干部要廉洁，从源头减少矛盾。二是要畅通群众表达利益诉求的渠道。要完善信访工作责任制，畅通社情民意反映渠道，建立人民内部矛盾常态化、规范化、法制化的调处机制。群体性事件或多或少总是与经济政治体制上的弊端有关，与群众的要求缺乏畅通有效的合法诉求和合理解决途径有关。一定要畅通有效的合法诉求和合理解决途径，要让群众有表达利益诉求的渠道。三是群体性事件发生后要理性应对，积极疏导。首先要进行周密的调查研究和综合分析，正确区分矛盾的性质。群体性事件往往呈现复杂情况，群众要求的合理性同反映形式的违法性相交织，现实问题同历史遗留问题相交织，多数人的合理诉求与少数人的无理取闹交织在一起，群众的自发行为与一些别有用心的人插手利用交织在一起。其次是要坚持积极疏导的方针。既要引导群众正确对待自身利益，摆正个人利益和集体利益、局部利益和整体利益、当前利益和长远利益的关系，又要引导群众按程序、依据政策法律去维护自身的合法权益。另外在事件处理中保持冷静、注意政策。避免因我们处理矛盾的方式、方法不当而使一些本是人民内部的矛盾转化为敌我矛盾。

（三）强化法治，完善社会管理体制机制，用制度法纪促进管理和谐，为社区和谐和城市安全发展奠定体制基础

社会的和谐不仅在于价值的和谐、利益的和谐，而且在于管理的和谐。社会和谐是社会各要素各系统处于相互协调、相互平衡、相互促进的状态。这种相互协调、相互平衡关键在于社会机制的健全和配套。社会矛盾是永远存在的，和谐社会的实质不在于人们的社会行为不再发生社会矛盾而在于制约社会行为的各种社会制度形成了一种协调关系，社会行为引发的社会矛盾被纳入有序过程中展开和处理，因此构建和谐社区的基本任务就是通过科学

的管理形成稳定协调的社会秩序，我们的眼光和重点就应该是通过制度、机制的健全和完善，来实现社会和谐、社区和谐的任务。

1. 社区管理要坚持党委领导、政府负责、社会协同、居民参与的工作机制，形成系统化管理格局

推进社会管理体制改革是十七大的亮点之一。社区管理要探索规律，不断增强社会管理的科学性：一是社区党组织要成为社区各种组织和各项工作的领导核心，充分发挥服务群众、凝聚人心的作用；二是加强居委会居民会议及其他居民自治制度建设，发挥居委会自我管理、自我教育、自我服务、自我监督的作用，发挥协调利益、化解矛盾、排忧解难的作用；三是建立健全以院长、楼长、组长、居民代表、社区志愿者为骨干的社区工作网络，畅通社区联系群众、服务群众的组织渠道；四是要注重推行现代信息技术在社区管理中的运用，梳理和整合各类服务热线、呼叫热线，形成社区公共资源共建共享机制，逐步实现社区办公、服务管理自动化、现代化；有条件的地方要加快建设信息快速反应管理平台，提升新型现代社区的管理水平。

2. 社区管理要坚持以人为本，实行人性化管理

确立以人为本的社会公共管理新理念。要坚持以人为本，离开了以人为本原则，和谐社会、和谐社区的建设就失去了根本意义和力量源泉，就不可能获得成功。把以人为本作为社区一切工作的出发点和落脚点是我们的根本原则。

把严格的执法与有情的管理结合起来。社区的和谐管理坚持以人为本体现在：我们的一切工作都要使每个人的尊严都能得到维护，使每个人的权利都能得到保障，使每个人的价值都能得到提升，使每个人的全面发展都能得到充分实现。法律是无情的但管理是有情的。落实以人为本的理念，杜绝为了政绩搞虚的、假的而不顾人民的冷暖、健康的现象，要在严格执法中认真进行思想政治工作，以对人民群众真挚情感进行管理。

把城市管理与保障民生结合起来。要把维护人的尊严、提高人的价值作为我们的社区一切工作的出发点、落脚点，作为管理的出发点和落脚点。城市管理的本质是保障民生。宽容谋生才有和谐城市、和谐社区。不应该出现驱赶小摊贩、剥夺其谋生手段的事情，也不应该为了“创卫生城市”，把小摊贩都赶走了，使农民无处卖枣卖瓜。小摊贩处于社会低层，我们的城管砸了他谋生的手段，这还是执政为民吗？2003 年夏季，武汉遭遇了百年一遇的高温天气，他们在社区开辟了1180个纳凉点，使37万名孤寡老人、残疾人、下岗工人等社会弱势群体平安地度过了夏季。

3. 社区管理要突出公共安全管理的重点

近年来，由于影响社会公共安全的事件不断发生，社会各界对公共安全的关注程度越来越高，进一步加深了我们对建立公共安全日常管理体系和应急处置机制的必要性和紧迫性的认识。社区安全管理不仅要健全治安防范网络，积极构筑以社区民警为主导，社区治保会和物业保安为依托，社区居民积极参与的群防群治网络，全面提升社区防范水平，而且要突出城市公共安全管理的重点。目前城市公共安全管理的形势不容乐观：意识淡薄，教育薄弱，急需建立和完善公共安全教育培训体系；注重应急，忽略防范，急需建立公共安全日常管理协调机制；自成体系，管理分散，急需建立协作统一的管理平台。社区公共安全管理要纳入城市公共安全管理的大系统中，作好城市公共安全管理的基础和助手。在城市危机应急指挥系统中，社区要充分发挥作用；在专群结合的救助队伍中，社区要组织人员，建立训练有素的紧急救援专业队伍，充实到信息、救治、支援、宣传、维稳、保障、医疗等若干小组中去，平时要对其反应性、协调性、实效性进行检查和训练，以便发挥应急救援的生力军作用。此外在构建城市紧急救援群众力量体系，形成民防救援专业队伍、民防应急救援队伍、志愿者队伍等专业或非专业的应急服务队伍，形成“多位一体”的应急救援系统中，社区也应该有所作为。

城市安全与犯罪预警方法初探

南昌市人民警察学校副教授　陈　利

城市作为国家的重要载体，城市安全就成为国家安全的重要有机组成部分。传统城市安全的大厦是以城市治安为基石构建的，对侵蚀大厦基石的“白蚁”——犯罪的控制研究，就成为我们对城市安全预警构建的动因。

城市犯罪递增是任何一个国家或地区在由自然经济向商品经济、农业社会向现代化社会过渡过程中，都要出现的一种社会现象。纵览发达和发展中国家与地区的情况，几乎都在城市化过程中出现了一个相应的犯罪大幅度增多时期。近30年来，我国通过改革开放，逐步实现了由高度计划经济向社会主义市场经济的过渡，城市化过程明显加速，犯罪也出现了持续较快增长的情况，而且已经、也将继续成为社会关注的热点，甚至在一定程度上影响政治稳定和经济发展。十七大报告中强调指出：“健全社会治安防控体系，加强社会治安综合治理，深入开展平安创建活动，改革和加强城乡社区警务工作，依法防范和打击违法犯罪活动，保障人民生命财产安全。完善国家安全战略，健全国家安全体制，高度警惕和坚决防范各种分裂、渗透、颠覆活动，切实维护国家安全。”因此，很有必要就城市化过程对犯罪的影响进行分析研究，以便做好犯罪预警工作。

一、城市化进程中的犯罪数量变化

我国城市安全管理初始阶段的理论基础根植于计划经济。政府按战争年代军队建制编排城市社会，群众也以空前的热情投入到火热的社会主义建设。城市社会结构以行政管理为框架从纵横两个系统展开：纵向按行政隶属关系构成体系，即中央—省—市—区—街道；横向按各级经济管理部门组织和各企事业单位构成体系，即主管厅—局—厂—车间—班组。两个系统主线分明、责任清楚。在企事业单位内部有严密的组织结构，在街道居委会就可把闲散人口管住管死。这种城市管理模式在计划经济体制时期，所有物质都按人口分配的年代十分有效，操作起来准确便利。犯罪率之低有口皆碑，我国确有过如1957年犯罪数仅为8万起那样的夜不闭户、路不拾遗的“太平盛世”。

工业化所导致的城市化，随着城市人口比重的增加，犯罪问题也日趋严重起来。时至80年代初期，由于“十年动乱”沉积下来的社会安全问题已相当严重，1981年立案89万起，达到顶峰。其中，1980—1993年，全国的城市人口比重由占总人口的19%增加到28%左右，在此期间，全国立案数由约75万起增至158万起，查获犯罪人数由约60万人增至约130万人。结合相应年份全国总人口推算，1980年的作案率为万分之七点六，犯罪率为万分之六；1993年的作案率为万分之十三点四，犯罪率为万分之十一。14年中立案绝对数约增111%，立案率约增了5.8个万分点，犯罪率增加了5个万分点。也就是说，城市人口比重每增加1个百分点，全国的犯罪案件就要增加近6.5个百分点，作案率就要增加0.31个万分点，犯罪率就要增加0.17个万分点。如果再考虑到占全部案件80%左右的盗窃等案件的立案标准，较物价指数和居民收入都有更大幅度的提高，从而使物化立案标准提高，案件的统计口径减小，以及立案不实的问题严重，犯罪分子查获率有所下降，上述发案数、作案率和犯罪率，相对于全国总人口和城市人口的增加幅度，显然都要更大一些。其中，若以1980年的立案率为70%、1993年的立案率为20%计算，则仅立案不实一个因素，就要使以上各项数字都要扩大2.5倍左右。

二、城市化过程中犯罪增多的原因

我国现行的城市安全管理体制，雏形于20世纪50年代，成型于80年代，改革于21世纪初。其基本特征是政府集权、城市分级、城乡隔离、垂直切割。相应地，也就缺乏地方自治、城市平等、城乡一体、横向合作等，从而不适应城市经济市场化、社会民主化、人口流动化的发展趋势。城市化不是一个机械的人口向城市集中的社会现象，而是与犯罪有关的社会政治、经济因素共同推动的过程。城市化水平的高低，既是一个国家或地区经济发展和社会现代化的标尺，也是社会矛盾多少和犯罪张力大小的指标。至于城市化过程何以难免引起犯罪的增多，至少主要有以下几点原因：

1. 城市化过程引起严重的社会解组和失范状态

城市化过程是社会转型的伴生现象。社会转型是社会经济、政治结构的全面调整和转换，从广义上讲，是指在经济、政治、社会关系及社会结构等多层面发生变迁的过程。就中国国情具体而言，它包括：政治上由人治向法治，从全能国家向民主政治转变；社会关系上由封闭社会向开放的法理社会转变；经济上从计划经济向社会主义市场经济转变。政企分离和多种经济成分并存，弱化了行政管理的凝聚力和控制力；单元楼群住宅兴起，淡化了城市居民互相约束监督义务感，社区阵地控制能力大大削弱，原来行之有效的管理办法不灵了。

由社会转型伴随的生产方式变化，必然引起上层建筑发生深刻变化，出现社会的分化加速、流动加快、冲突加剧的现象，并由此导致一定程度的甚至是从未有过的社会解组和失范状态，导致社会整合能力显著下降。而市场经济的运行模式，在实现资源最佳配置和满足人们日益多样化的物质需要的时候，也确实使社会中出现并存在着较多的可以诱发犯罪的因素。例如：它要创造更多的物质财富，必然更加看重金钱的价值，并在一定程度上导致不择手段谋取金钱的行为；它为了激发人们的工作积极性，必然摈弃平均主义，拉大收入差距，并造成一定程度的贫富悬殊；它要实现社会资源的最佳配置，必然要满足人财物的自由流动，致使犯罪机会增多，控制难度增大。

这样就使伴随着城市化过程在启动和完成阶段之间存在着明显的“犯罪高差”，使城市化水平的提高和犯罪的增加成为市场经济发达程度的两个重要指标。

2. 城市化过程使人与人之间发生冲突的概率增加

数学推演和犯罪统计资料都证明，犯罪率和人口密度之间，也存在着一个明显不对称的“乘数效应”，即在一个相对独立的社区或一定的空间范围内，人口数量呈算术级数增长，会带动犯罪率呈几何级数增长；人口数量呈算术级数回落，犯罪率就会呈几何级数下降，但下降的幅度则相应较小。造成这种情况的原因，按社会行为学的解释，是人们之间都存在着由特定生活环境形成交往距离、安全距离和冲突距离等空间尺度，空间距离越小，发生社会交往和矛盾冲突的概率越高。这样城市人口密度增加到一定程度的时候，就必然会使人们之间社会交往和矛盾冲突的概率按一定的倍数关系增加。而农村则由于原来的犯罪率较低，而使人口密度下降所导致的犯罪减少幅度相对较小。同时，更重要的是，在发生由城市化所引起的人口密度变动之前，农村和城市社区的社会控制系统所具有的控制能力，都与人口密度所产生的犯罪张力实现了大致平衡，从而都能把犯罪率控制在较低水平。这样，当城市化使人们向城市集中的时候，便会出现两种情况：一方面，农村社区人口密度下降，犯罪张力减小，原有的某些犯罪控制能力（主要是道德和宗族控制能力）相对闲置；另一方面，城市社区由于人口密度的增加，而使人们之间发生交往和冲突的概率成倍增加，犯罪张力急剧增大，而城市的犯罪控制系统却一时无法实现机制的调整和能力的增强，从而使犯罪处于某种程度的失控状态。

3. 城市化过程往往使文化冲突、贫富差距更加明显

城市化过程的最突出现象，是农村人口大量流向城市。这些农村人口世世代代定居于土地和特定的地理单元上，在长期的农业社会、乡村社会的生活经历中以及代代相继的文化沉淀中，形成了一些具有普遍性的心理和行为方式，其中最突出的有：强烈地忠于乡土和地方习俗；强烈的自卑和自尊并存；具有更多非理性的社会破坏倾向。而不同农村地区的地理环境、生活方式、文化形态又千差万别，以至具有不同习俗，表现出不同的思想观念、气质性格、审美情趣等。这样，就使城市化过程中的城市地区，既存在着原有人口和新增人口的文化冲突，又存在着来自不同农村地区新增人口的文化冲突。加之来自不同地区的农村人口，还会由于使用不同的语言或方言，而与原有城市人口和来自其他地区的新增人口存在着直接沟通、交流上的困难，从而使这种文化冲突更加复杂、剧烈。因认知方式、价值判断的不同以及纯粹的误会而发生的相互间的犯罪侵害行为增多。同时，城市化过程伴随着城乡居民收入差距的进一步扩大，使更多的农民陷入相对或绝对贫困状态甚至破产。而首先转入城市的农村人口，又以贫困或破产农民为多。这些人在进入城市以后，由于文化水平低、劳动技能差、生活极为窘迫、行为方式与城市环境格格不入等，倍受城市原有人口的歧视，以致产生强烈的被剥夺感和被社会抛弃感，并在同一人口群体中交叉感染，形成一种与城市主流文化对抗的“城市贫民文化”。

4. 城市化过程中使人口数量迅速增加

城市化过程加速阶段同时又是经济尤其是工业经济起飞阶段，处于这一阶段的地区，首先迅速发展起来的往往都是劳动密集型工业和行业，大都要出现本地劳动力不能满足经济发展要求的情况。当这地区的原有劳动力资源，不能满足庞大的劳动力需求时，都会通过放松移民限制和劳务输入限制，来保证经济发展尤其是工业生产的正常进行。这种劳务移民，不但都以15—35岁的高犯罪年龄为主，而且又都来自于差异很大的文化环境，致使城市化过程在一定程度上表现为接纳移民和引进劳务的过程，进而成为接纳、引进其他地区犯罪的过程。

5. 城市化过程也是第三产业加速发展的过程，而这一产业的许多部门，无论在什么社会都是易滋生犯罪和易遭受犯罪侵害的地方，从而使犯罪的实际发生率较高

城市化水平较高的地区大都具有“小政府”的特点，犯罪控制工作一般都只有警察机关来进行，因此也就难以动员全社会的力量同犯罪作斗争；一些城市化水平较高的国家和地区，尤其是其中的西方国家，大都实行无罪推定的诉讼原则，并通过立法来限制警察机关的权力，以致难以有力打击犯罪。

三、城市化过程中犯罪原因分析

我国全面建设小康社会的阶段，正是人均国内生产总值从1000美元向

3000 美元跨越的关键时期。许多国家的发展进程表明，这个时期既是“发展机遇期”，又是“矛盾凸显期”。随着改革的深化、体制的转换和利益格局的不断调整，加上人们受各种思想文化和生活方式的影响，不可避免地会出现一些经济利益的摩擦、思想观念的碰撞，各种社会矛盾随之增多，社会利益关系更为复杂。

第一，在城市化过程的启动阶段，犯罪率的增长往往更迅猛，随着城市化水平达到极限，犯罪数量会在波动中保持大体稳定。这是因为从因果链的考察中发现，在导致城市化过程中犯罪增多的诸多因素中，由生产方式改变所引起的人口变动因素是“基础性因素”，而社会解组和失范状态以及文化冲突，都是“伴生性因素”。在城市化过程的启动阶段，首先发展起来的都是劳动密集产业，人口由第一产业向第二和第三产业、由农村向城市的集中，都显得更快，社会解组和文化冲突也都表现得更加强烈。但当城市化水平很高时都通过产业升级或把劳动力密集工业向他地转移，完成了由劳动和原材料密集向技术和资金密集的转变，从而使人口向城市集中以及因外来移民增多而超常增加趋势明显缓慢甚至停止下来。来自农村的人口及其他地区的移民，会由于在城市或移居地工作、生活时间已经较长，而大大缩小了不同人口群体在习俗、语言、价值观等方面的差异，因文化冲突引起的犯罪相应减少。同时，在与犯罪斗争形势严重化过程中，与城市社会相配套的社会控制和保障体系也逐步健全起来，从而使犯罪失去内部增长推力和外部扩张空间。

第二，城市化过程中的犯罪增长速度，与城市化进程的速度，大都具有一定程度的正比例关系，有以下特点：地域有限，人口高度集中，异质性明显，人们容易发生矛盾冲突；城市生活节奏快，环境喧闹，人际关系功利化、冷漠化，人们心理压力大；城市社会分工细密，人们的角色复杂化、多样化，转换频繁，容易错位；城市阶层分化严重，贫富差距大而明显化，低收入阶层人口容易产生被剥夺感；城市人口传统观念淡薄，价值判断尺度多元化，自我意识和冒险精神强，较易发生越轨行为。从而，使城市人口和农村人口之间存在着明显大的“犯罪率高差”。而与此同时。城市化过程是否完成也不是一种主观判断，而是由城市人口比重、三大产业比重等一系列数量指标所衡定的；城市与农村人口的“犯罪率高差”，也不是经过努力就能从根本上缩小的。这样，在与城市化水平的有关数量指标大致相同的情况下，城市化过程的加速就是城市化时间的缩短，就是单位时间内城市人口比重、第三产业比重增加的幅度扩大，也就难免出现犯罪增长期缩短而单位时间内幅度增大的情况。

第三，暴力犯罪和非暴力犯罪的比重随城市化水平地不断提高而分别向减少和增加的方向发展。这是因为在城市化过程初期甚至中期，往往伴随着部分农民的相对或绝对贫困化，伴随着特别明显的社会分化和文化冲突，致使农村人口尤其是进城的农村人口所为的犯罪比重明显增加。而这一人口群体中的绝大部分人都具有文化水平低、非理性破坏倾向明显、习惯使用暴力或不具有智能犯罪技术的特点，以致杀人、伤害等暴力犯罪案件数量猛增、比重上升。而在城市化水平达到很高程度以后，农村人口比例已经很小，城乡人口流动也大致出现了平衡，以致犯罪分子的绝大多数都是城市人口。这些犯罪分子无论其祖籍是在城市还是农村，无论是初犯还是惯犯，都由于文化水平较高而使犯罪方法增多、技能增强，由于价值判断中的功利化倾向更加明显而看重财产犯罪的“价值”。同时，这个时候由于文化冲突减弱，价值判断趋同，人们之间的纯粹暴力攻击行为明显减少。由于社会人财物的流动规模继续扩大，财产犯罪的成功率则明显增高，致使更多的犯罪分子都更加青睐于隐蔽性强、犯罪惩罚较轻的财产犯罪、高科技犯罪、智能犯罪。最终导致在市场经济逐步成熟之后，暴力犯罪的比重逐步下降，而财产犯罪的比重则进一步上升，智能犯罪、高科技犯罪比重逐步增大。

第四，城市郊区以及新生工矿区往往是犯罪的增长点，而城市中心区和贫民区又是各种犯罪最集中的地区。这是因为城市化过程加速的国家和地区，首先发展起来的往往都是劳动密集产业，都需要大量的农村劳动力甚至是国外劳动力，从而导致城市和工矿区的人口数量、密度和占总人口比重急剧增加。而新增的这些城市和矿区人口，一方面会由于大都处于相对或绝对贫困状态以及城市住房供应不足等原因，而把城市郊区和工矿区的棚屋作为栖身之地，致使城市郊区和贫民区往往是新增城市人口聚集的地方；另一方面，又因来自不同文化环境，具有不同的生活习惯和认知方式等，而发生较多的误会和冲突。与此同时，城市郊区或矿区的棚户区，又恰好是社会控制和救助网络最薄弱或没有覆盖的地方，以致贫富差距、文化冲突、社会整合能力缺失等因素纠缠在一起，引发更多的犯罪。

第五，通货膨胀尤其是“滞胀”时期，往往是城市化水平较高国家或地区刑事犯罪的高峰期。这是因为在城市化水平达到较高程度之后，城市人口数量和比重、第三产业规模等一般都不再发生明显的变化，文化冲突已经明显趋于缓和，与城市化社会相配套的社会控制和保障网络也基本完善，以致通货膨胀和失业两大因素在犯罪增减变化上的作用被凸显出来。而通货膨胀时期，不但物价居高不下使社会收入再分配明显不公，贫富差距相应扩大，而且由于社会需求不足，生产能力相对过剩明显，使就业率有所下降，失业队伍不断扩大，社会中的不安定因素也会因此更多一些。

四、城市安全预警系统的构建

在美国“9·11”等一系列恐怖活动发生后，世界各国对城市安全有了更加深刻地认识，尤其要树立风险意识、预警意识和应急意识。各国都在研究与构建各类的预警系统，而预警指标体系的构建，是预警系统的关键组成部分。城市安全预警指标体系是城市安全预警系统中最基本和最关键的组成部分，它是研究组成和影响城市安全系统变化的各要素现状、发展趋势和发现各种问题的一种量化指示器。根据全面评价与预警社会安全状况的要求和安全指标的性质、特点、功能，选择从数量与质量上最具有代表性、最能综合反映社会安全状况的指标组成安全预警指标体系，例如发案率、犯罪率、报警案件增长率、重大案件增长率等。

1. 安全监测、预警是预防工作的先导

城市安全预防工作包括：监测、预警、预控和预防四个环节内容。其中监测、预警阶段是预防工作的先导，把多种渠道和各种手段收集到的有关涉及社会安全秩序稳定的情报信息综合分析评估，进行有针对性的风险预报。

2. 安全预警指标体系的形成依据

通过对城市安全风险成因分析，找到监测与预警的对象，再对这个复杂非物化的社会现象进行测定，就构成安全预警指标体系。建立城市安全预警指标体系的基本框架的理论解释系统，是建立在两个理论支撑点上的：一是城市公共安全与社会稳定之间的影响关系；二是社会稳定存在着动态性和过程性特征。社会出现不稳定状态一般呈孕育、发展、表现三个阶段，这个过程体现了社会安全秩序从稳定状态到不稳定状态的内在逻辑结构关系。以这种理论解释来构建包括有预警源、预警兆、预警情和社会控制能力为主要因素的安全预警指标体系的基本框架。预警源是产生警情的根源，预警兆是预警情先行暴露出来的征兆，预警情是由社会不稳定所引起城市安全问题的外部形态表现。

3. 城市安全预警指标体系的整体架构

根据构建城市安全风险监测预警指标体系的理论和分层、分类要求，把安全预警指标体系分为三个层次，最高层次由预警情、预警兆、预警源和预警控制力四个方面组成；中间层次对于最高层次的四个方面而言，每个方面都分别由主观指标与客观指标两个部分组成；最低层次根据最高层次与中间层次的内容要求，分别由筛选出来的具体反映安全状况的预警情、预警兆、预警源、预警控制力等具有代表性、综合性的指标组成。而且这些指标可以根据不同地区、不同时间要求不断补充和更新。为了改变过去评价预警因素指标单一的状况，指标应体现多元化结构。不仅要有数量指标，也要有质量指标；既有客观指标，还应有主观指标；既有现状指标，又有先兆指标；同时还有相对于静态状况的动态指标等。最低层次的具体指标选择如下：

（1）预警情是社会不稳定因素的外部形态的表现，它的预警指标选择包括：客观指标如接报警案件数及每万人口报警增长率、各类安全案件受理数及其发案率等；主观指标如公民安全感调查、地区与部门公共安全感调查等。

（2）预警兆是社会不稳定因素在孕育和滋生过程中暴露出来的现象，它的预警指标选择包括：客观指标如群体与个体上访增加率、迹象特征的出现等；主观指标如有关体制与政策的变化幅度与频率、有关部门管理工作失职或失职的影响广度与深度等。

（3）预警源是产生城市社会安全不稳定的根源和风险因素，它的预警指标选择包括：客观指标如国内生产总值及其年均增长率、人均国内生产总值及其年均增长率、通货膨胀率等；主观指标如国民经济第三产业占 GDP 比例、城镇居民储蓄变化率、政府对国债的依存度与居民应债能力。

（4）预警控制力是维护社会安全秩序稳定发展的资源配置保障，其预警指标选择包括：客观指标如每万人口中警察数、安全一线人员队伍人数的比例等；主观指标如预防性督察、预案处置支持与生成能力、情报获取与信息整合能力等。

上述指标既包括了警察机关在日常管理工作中需要统计能反映安全状况的主要业务指标，也包括了构建安全预警指标体系所需要的其他方面具有代表性的指标。如若在预警中，还可以从上述指标中再选择少量的综合性指标，对较长的时间段（如年度）进行预警。

五、城市安全预警标准值确定方法

如何确定城市安全预警指标量化的标准值，这是一个对复杂非物化社会现象的测量，是比较困难的问题。目前国内外尚没有比较成熟的统一方法和标准，但有一个原则是共同的，即在制定城市安全预警指标体系中，要有能衡量社会对违法犯罪现象和安全灾害事故造成的不良影响和构成的威胁所能承受的最低程度和最小范围，以及公众对此所能承受的心理压力程度和对事物的敏感程度与满意程度。由于各类安全预警指标内容、性质与后果的影响程度不同，就应分别采取不同的方法来确定城市安全预警指标的标准值。

1. 常模比较法

即通过列出指标正常年份的最高增长率的数值、平均增长率的数值和最低增长率的数值，设计出“重警”“中警”“轻警”和“无警”的不同“警度”与“警限”等级的常模指标数值（基础期），然后用指标的报告期数值进行对比，就能判断出该指标数是哪个“警度”等级，再经过专家的评估及时发出预警信号，供领导决策参考。

2. 专项治理斗争评价法

即通过对历届的专项治理斗争的评价分析，从每次开展专项治理前夕的背景资料中，找出该项案件高发数值及其造成的严重后果和影响程度，以及经过本次专项治理斗争后的常年案发值变化状况。这样就可以参考该项特征值来确定一种指标的标准值。

3. 以国家统一规定和国际上公认的通用警示标准值作为预警指标的标准值

例如失业率、通货膨胀率、物价上涨指数、流动人口增长率等危险界限值。

4. 把指标值在不同地区或不同时段的定量预测值或定性分析值作为预警信号的参考值

以上四种方法可根据指标具体情况，既可单独使用，也可结合起来考虑。

城市安全风险预警指标体系只是城市安全预警系统的一个主要组成部分，还应有信息采集子系统、数据统计与分析评价子系统以及报警子系统等组成，才能最终完成预警系统的全部功能。

一个成熟的刑事政策必须经过长时间和反复实践的检验。犯罪学家李斯特经典理论：最好的社会政策就是最好的刑事政策。警察不可能完全满足社会安全的所有需要。众所周知，犯罪的根源在于生产力和生产关系这对社会基本矛盾的运动，情况十分复杂。储槐植先生认为，犯罪原因是一个多层次系统，这个系统深藏于社会物质生活条件的矛盾过程中。马克思主义犯罪学认为："犯罪现象也表明了个人与社会之间的冲突状况。犯罪行为是个人对社会的一种对抗形式，是个人与社会之间的关系紧张的一种表现。"因为社会基本矛盾作为推动社会前进的重要动力不可能消除，所以犯罪也是不能被消灭的。所谓城市安全稳定，不过是城市社会内部各结构要素实现良性协调、有序运动的客观结果和表现形式、社会协调发展程度高，社会秩序就良好，反之，社会矛盾尖锐，社会秩序就混乱。所以，犯罪率的涨落与国家、社会矛盾有关，而不是仅靠警察努力就能遏制，或通过严打达到理想控制社会安全稳定的效果。任何作为外力的刑事政策只能在特定时空区域内对犯罪发生作用。"只有在消除或者至少减少社会矛盾与社会结构中的诸多致罪因素的作用力的前提和基础上，刑罚才能发挥其预防犯罪的功效。"城市安全管理作为一项社会的工程，必须发动全社会共同参与。

第六届中国国家安全论坛

——聚焦城市发展与国家安全（摘要）

“城市化进程既是积聚财富的过程，也是积聚风险的过程。城市规模越大，功能越复杂，潜在的危险也就越明显。”“城市安全任何时候都是国家安全的重要组成部分。”这是在第六届中国国家安全论坛上，论坛主席巴忠倓开宗明义的一番话。

2007年12月7日，节气恰逢“大雪”，已是岁尾年终。来自全国主要城市的军地专家、高校及科研机构的学者百余人聚首北京，围绕党的十七大推动科学发展，促进社会和谐的论述，研讨城市良性发展规律，寻求建设和谐城市、安全城市的科学对策，进行了热烈讨论。

全国人大常务委员会副委员长顾秀莲作了《科学建设城市，保障城市安全》的主题报告。她在报告中指出：城市化是社会生产力发展的必然产物，是一个国家或地区实现现代化过程中的必经之路，今后每年我国的城市人口将以近一个百分点的速度提高，相当于每年新建一个1200万以上人口的特大型城市，可能是人类历史上最大规模的城市运动。我们在看到城市化给我们带来效率、便利和进步的同时，必须高度重视城市化带来的负面影响，加强战略对策研究。

国际生态安全合作组织主席蒋明君、中国社会科学院当代城乡发展规划院院长傅崇兰等学者的专题报告，紧密联系当前国际国内形势，参照借鉴发达国家城市化过程中的经验教训，精辟分析了我国城市发展面临的安全挑战，强调解决好城市的发展和安全问题关系我国全面建设小康社会的战略全局，并且对成功举办2008年北京奥运会和2010年上海世博会有重要的现实性和紧迫性。

聚首论坛的各方专家、学者在讨论中，深感农业社会因袭的传统、城乡二元结构的历史包袱以及庞大农村劳动力涌入城市的现实压力，已经使各级政府遇到了许多危机控制与管理的新课题。因此，必须深入贯彻科学发展观，超越“GDP 挂帅”，确立以发展解决矛盾的理念，确立以人为本推进社会和谐的理念，确立各领域全面协调可持续发展的理念，确立统筹兼顾、妥善处理各种利益关系的理念。唯有如此，我们才能构建并不断完善中国特色的城市安全保障体系，拿出缜密科学的解决方案。也有些专家对未来战争中的城市反空袭斗争作了有益的探讨。

全国政协副主席郝建秀到会表示祝贺，国家安全政策委员会名誉会长赵南起发来贺信，预祝论坛圆满成功。